西方心理学大师
经|典|译|丛

目击者证词

EYEWITNESS TESTIMONY
With a New Preface

Elizabeth F. Loftus

[美] 伊丽莎白·洛夫特斯 ◎著

李倩 ◎译

中国人民大学出版社
·北京·

献给我最亲密的朋友

杰弗里·洛夫特斯（Geoffrey R. Loftus）

目 录

1996年版序　　　　　　　　　　　　　　　　　　　　/ i
初版序　　　　　　　　　　　　　　　　　　　　　　/ vii

第一章　错误辨认　　　　　　　　　　　　　　　　　/ 1
第二章　目击者证词的影响　　　　　　　　　　　　　/ 7
第三章　感知事件　　　　　　　　　　　　　　　　　/ 19
第四章　保留记忆中的信息　　　　　　　　　　　　　/ 48
第五章　从记忆中提取信息　　　　　　　　　　　　　/ 82
第六章　记忆研究的理论问题　　　　　　　　　　　　/ 103
第七章　人身辨认　　　　　　　　　　　　　　　　　/ 123
第八章　目击能力的个体差异　　　　　　　　　　　　/ 140
第九章　对目击者证词的普遍认识　　　　　　　　　　/ 156
第十章　目击者与法律系统　　　　　　　　　　　　　/ 163
第十一章　一起真实的谋杀案：检方公诉加西亚　　　　/ 187

参考文献　　　　　　　　　　　　　　　　　　　　　/ 201
附录　　　　　　　　　　　　　　　　　　　　　　　/ 213
索引　　　　　　　　　　　　　　　　　　　　　　　/ 233

1996 年版序

说到目击者证词的问题,再也没有人比霍华德·豪普特(Howard Haupt)体会更深了。他是圣迭戈的一名计算机程序员,被控谋杀一个名叫亚历山大(Alexander)的 7 岁男孩。亚历山大于一个周末从威士奇·皮特(Whiskey Pete's)的电子游戏厅内失踪了。威士奇·皮特是内华达州的一家大型赌场酒店,霍华德当时为参加陆地风帆车比赛而下榻该酒店。亚历山大被拐一个月后,有人在附近的一辆旅行拖车下面发现了他的尸体。没有人直接目睹了诱拐经过,但有几名目击证人在庭审时作证称,他们看到最后与亚历山大在一起的人正是霍华德。

霍华德没有犯罪记录,通过了两次测谎测试,还有许多证人证实亚历山大失踪时,他正在参加风帆车比赛。霍华德遭到逮捕后,从加利福尼亚州被引渡到内华达州,锒铛入狱,经历漫长审判,这种种痛苦摧毁了他的生活和经济收入。不过最终出现了一个重大转机——陪审团判定他无罪。之后,霍华德起诉侦查人员篡改和伪造证据,主要是对目击证人进行不当诱导。几年后,另一个陪审团判给了他 100 万美元。但他的生活却仍没有恢复正常。他在生活的迷宫中兜转,想要消除一种挥之不去的恼人感受,他觉得要是没有不在场证明,他就哪儿也不能去,哪儿也不能待。然而,还有些时候即便有不在场证明也无济于事,一如我们稍后会讲到的埃迪·博比·麦克唐纳的案子。

目击者证词是所有庭审证据中最可怕的。当目击证人指着被告信誓旦旦地说:"就是他干的!我都看到了。太可怕了,我永远忘不了那张脸!"案件基本就已宣告结束。就像一位检察官说的:"棺材板上敲钉子——钉死没跑了。"被告无助地坐着，了无希望，眼睛睁得大大的，恐惧开始变成恐慌。只有遭遇过莫须有的指控的人，才明白这是何等可怕的经历。我曾听一个被诬告的人说："我宁愿罹患绝症，也不愿经历这些。"

我们没有办法明确地估计错误的目击者证词有多大可能造成错误指控。即便这种情况发生的概率很低，迄今已知的冤假错案的绝对数量也不容乐观。1986年以前，已知就有1 000多人遭到错判，其中一些人更不幸被处决。此外，据可靠估计，现在单是美国一年内酿成的冤案数量就相当惊人——超过8 000起。尽量减轻无辜者受到的伤害固然重要，但找出真正的罪犯给予他们适当的惩罚也同样重要。毫无疑问，准确地找出真凶，予以定罪，符合我们所有人的利益。毕竟，谁乐意生活在一个罪犯销声匿迹逃出法网，继续奸淫掳掠的世界里呢？

自《目击者证词》首次面世以来，心理学界和法律界都发生了不小的变化。然而十多年过去了，世界许多地方的律师、心理学家和学生仍然在阅读这本书。我相信本书依旧为理解犯罪、意外事故和其他重大事件的目击者的行为，提供了一个很好的入门介绍。我希望公众不要止步于此，还要继续阅读无数优秀的心理学家撰写的相关书籍和文章。

《目击者证词》出版后，依旧不断有无辜者因错误的目击者证词而被定罪。其中一些人最终获释，但遗憾的是，他们早已蹲了多年冤狱。

心理学家一直在发表研究目击者证词的新发现。其中一些发现推动了技术的进步，改善了对犯罪和其他重大法律事件的目击者的询问方式。心理学家就目击者证词的问题出庭作证，也更能为法律系统所接受了。有时，他们向陪审团和法官解释心理学研究成果的这份努力，成功让有罪者遭到起诉，让无辜者重获自由。

十五年来，我收到过许多囚犯及其亲属的求助信。一名男子从杰克逊州立监狱来函说："我给许多不同的人写了无数封信，想获得一些帮助，但都石沉大海。我已经在监狱里待了七年了，一直在打官司，我和

1996年版序

我兄弟对我们犯的案子一无所知。我们没有犯罪,却被判终身监禁。我们之所以获罪,主要是被不法辨认所害。"

田纳西州尤宁城的一位母亲在信中写道:"受害者'明确'认定我儿子就是强奸犯。但他是无辜的,[案发时]他根本就在家里……能否**恳请**您将您掌握的'错误辨认'的资料发给我们?"

人们很容易认为这些求助信是囚犯或囚犯之母的孤注一掷,想找人脱罪罢了。实际也可能真是如此。没有确凿的证据,谁敢说致使他人被判有罪的目击者证词是对是错?但我们现在真的了解到,有许多人都曾顶着莫须有的罪名长期服刑。近来新兴的 DNA 技术已证明了这一点。

《目击者证词》介绍了前几代人的科研和学术成果。读完这些材料后,你便为踏入当代的实验室做好了充足的准备,可以去探索这一领域如今的研究现状,有哪些新的实证发现揭示了影响目击者准确性的因素,以及提高目击者准确性的方法。以前,我们的经典研究差不多就是个很朴实的课堂演示而已,一名预先安排的同伙当众扰乱课堂,佯装射杀教授。而现代的目击辨认研究已达到了相当精密和复杂的水平。

针对事件——犯罪或意外事故——亲历者的心理学实验表明,记忆可以被操纵,就像我们更偏好打广告的商品一样。越来越多的研究显示,新的事后信息往往会融入记忆中,补充和更改人们的回忆。新"信息"之所以可以像特洛伊木马似的侵入得神鬼不觉,正是因为我们没有觉察到它的影响。要理解记忆重构的本质,关键是要理解那些篡改我们过去经历的数据究竟是怎样欺骗了我们。

在《目击者证词》一书中,我花了好几章的篇幅探讨记忆的可塑性。现在和过去的相关研究均表明,当人们吸收新数据时,记忆就可能发生扭曲。这类研究的程序相当简单。被试首先目睹一个复杂事件,譬如模拟的暴力犯罪或交通事故。然后半数被试会收到相关事件的新的误导信息,另一半被试则不会收到误导信息。最后,所有被试都要尽量回忆原始事件。在一项采用这套程序的典型研究中,被试目睹了一场模拟的交通事故。随后他们收到了一份关于该事故的书面资料，但其中部分被试收到的信息具有误导性，例如，停车让行标志被说成是减速让行标志。当问及他们最初看到的是停车让行还是减速让行的标志时，收到虚假信息的人倾向于将这类信息当作自己的记忆，答说看到了减速让行标志。在另一个实验中，被试观看了一段政治集会的录像，集会中发生了暴力事件。随后一半人收到了与刚刚看到过的录像不符的虚假信息。在这两个实验中，没有收到虚假信息的人的记忆都要准确得多。

大量研究使用各种各样的研究材料，均发现了这种程度的记忆扭曲。人们回忆起了并不存在的碎玻璃和录音机，剃了须的男性被记成了蓄须的男性，直发被记成了卷发，甚至还在根本没有建筑物的空旷田野中，回忆出了像谷仓这样又大又显眼的建筑。简而言之，误导性事后信息能以一种强有力而又可预测的方式改变一个人的记忆。

事件亲历者之间相互交谈，听到别人的谈话，或是从媒体、审讯者和其他渠道获得新信息时，通常就可能出现误导信息。十多年来，科研人员一直在研究误导信息的威力，已经弄清了促使人们接受其有害影响的条件。随着时间的流逝，原始记忆逐渐淡化，此时个体的记忆便特别容易遭到修改。这种脆弱的记忆，就像一具病魔缠身的躯体，极易遭受反复攻击。若再诱导我们"说谎"，将误导信息当作事实复述出来，我们便更容易受到影响。

无论是警察询问受害人，还是侦查人员询问目击者，如不谨慎搜集报告，就可能使对方的记忆中混入错误信息。失真的记忆可能给相关人员带来惨痛的后果。

多年来，心理学家和其他心理健康专家也一直在法律的水域中潜泳，他们评估被告受审时的精神行为能力或被告犯罪时是否可能精神错乱。至于目击者证词方面，自20世纪70年代起，越来越多的心理学家受邀为法律系统提供另一种类型的心理协助，将具有普遍适用性的研究成果引入法律程序。《目击者证词》刚出版时，利用专家证词探讨目击者证词的可靠性，还是种极具争议的做法。法官往往拒绝让陪审团听取专家证词，理由是专家证词的内容不过是陪审团人人都有的常识，并不是个恰当的主题，这么做还可能侵害陪审团的职权，而专家的证词也并非科学界的共识。

被告往往被判有罪，上诉失败。1983年，**亚利桑那州诉查普尔案**（*State of Arizona v. Chapple*）的判决为此带来了转机。在庭审中，多兰·查普尔（Dolan Chapple）被判犯下三项谋杀罪和两项贩毒罪，主要依据是两名目击证人的证词，他们当庭认出了他。之前，他们曾从警方出示的照片中把他挑了出来，此时距离案发已过去一年有余。查普尔的律师申请提出专家证词，但法官不予采纳，声称专家要说的东西无不是陪审员早就知道了的。亚利桑那州最高法院却有不同意见，主张专家证词能为延迟辨认的准确性、压力对感知的影响以及信心与准确性之间的关系等问题提供科学数据。查普尔案的判决被撤销了，获准重审。

一年后，加利福尼亚州最高法院效仿亚利桑那州，撤销了对埃迪·博比·麦克唐纳（Eddy Booby McDonald）的判决。麦克唐纳之前被判在一次抢劫中杀害了南加州一家餐厅的员工。七名检方证人认出麦克唐纳就是持枪歹徒，六名不在场证人表示枪击案当天麦克唐纳正在亚拉巴马州看望他的祖父，陪审团选择相信前者。主审法官驳回了辩方提请心理学家出庭作证的申请，加州最高法院后来撤销了此次判决。

时至今日，许多州和联邦司法管辖区都允许专家出庭作证。他们判定陪审团有权听取关于目击者证词可靠性的研究。他们意识到普通民众，尤其是陪审员，常常对记忆的运作方式抱有误解。他们明白人的记忆是可以改变的，我们自以为知道的事情、全心全意相信的东西，都未必是真的。这些法官也很重视心理学界一个世纪以来的智慧结晶。据《华尔街日报》报道，已有上百位心理学家曾以研究目击者记忆的专家的身份，在各式各样的案件中出庭作证。

目击者证词

犯罪产生了很多受害者。抢劫或袭击给人带来了致命的伤害——这点毋庸置疑。我们所有人都有责任携起手来,竭尽所能地减少这类经历。然而,在此过程中,我们不能忘记被诬告的伤害也足以致命。每每有人被控犯下了莫须有的罪名,就有两个人都被困在正义照不到的阴影里,而真正的罪犯还逍遥法外。

初版序

我写这本书的一个主要原因是，我长期以来一直在关注那些无辜者遭到错误辨认，就此定罪乃至入狱的案子。这类案件通常能获得一定的关注度，但很快就被遗忘了。爱德蒙·杰克逊（Edmond D. Jackson）的案子就是如此，他于1970年被判谋杀一名纽约酒保。案发时，店内的50名顾客都在争先恐后地寻找掩护。随后的侦查锁定了四名目击者，他们看了大量的嫌疑人面部照片后表示，其中一人与持枪歹徒很相似。最后仅仅因为这几名目击者的辨认，被告被判有罪，而这些目击者在酒吧里看到持枪歹徒的时间不过短短几秒钟而已。杰克逊在狱中为求获释"昼夜祷告"——他的祷告在近八年的时间里都了无回应。1978年8月，联邦上诉法院撤销了对杰克逊的判决。该院认为，警方在侦查过程中采取的暗示性程序，严重污染了检方提出的目击者证词，因此将其作为指控杰克逊的不利证据，有违正当程序。

我试着在本书中为关于目击者证词的实证研究归纳出一个连贯的框架，并考察这类证词在美国法律系统中所发挥的作用。近一个世纪以来，实验心理学家一直致力于研究人类的知觉和记忆。这类研究使用的部分研究材料与现实生活经历有一定的相似性——例如，模拟犯罪或交通事故，或使用相关影片。目击者证词离不开对复杂事件的感知、记忆和回忆，现有大量研究与此息息相关。我试着为这类研究整合出了一个理论框架，从三个阶段来分析目击者证词。第一阶段为获得，即感知到一个事件，并将事件信息首次存入记忆中。第二阶段为保持，即将信息保留在记忆里。第三阶段为提取,即搜索记忆,提取相关信息并表达出来。

每个阶段都受到不同变量的影响。影响获得、保持和提取阶段的具体变量将在第三、第四和第五章分别论述。我所在实验室的一些研究将在第四章(论述保持阶段的章节)进行介绍,因为我主要关注的是需要记忆的信息保留在记忆系统中时,周遭发生的事情对其造成的影响。譬如,问题的措辞及其暗含的假设,能对储存的信息产生微妙而深刻的影响。在我们做过的一个实验中,目击者观看了一段车祸的影片,然后回答相关问题。其中一个关键问题以两种不同的措辞方式,询问两组不同的目击者。一组目击者拿到的问题是:"两车发生猛撞时速度有多快?"另一组拿到的问题是:"两车发生碰撞时速度有多快?"一周后,召回所有目击者并询问他们:"你是否在车祸中看到了碎玻璃?"事实上,现场并没有玻璃碎裂。但原先在问题中看到"猛撞"(smashed)一词的目击者比看到"碰撞"(hit)一词的目击者更容易错误地报告(即记起)现场有碎玻璃。

这一结果无疑对询问目击证人的整个程序提出了质疑,无论是庭审前警方的询问还是庭审时律师的询问。这两种情况下询问的问题都可能在记忆中留下信息,从而彻底改变之后的证词。解释这类影响的理论涉及两种假设的记忆信息:在获得阶段取得的信息和在保持阶段取得的信息。这两种信息可能融合得密不可分,故而在提取阶段人们可能无以分辨二者。

接下来的章节将结合三阶段理论框架,论述与目击者证词相关的其他重大问题。这些问题包括储存在记忆中的信息在多大程度上是永久不变的(第六章),影响个体再认之前见过的人的因素(第七章),准确记忆复杂信息的个体差异(第八章)。

人们普遍认为信息一旦进入记忆系统后,就不会再改变了。而记忆中的错误要么是由于没能找到之前储存的信息(提取失败),要么是由于一开始就对事件产生了错误的感知(获得失败)。另一种观点则认为,储存在记忆中的信息具有高度可塑性，容易因保持阶段发生的事（譬如误导性问题或听到他人谈话）而产生改变和扭曲。第六章提供的证据表明，人们对事件的记忆一旦被干预事件所扭曲，在感知原始事件时获得的信息就可能永远无法恢复。

第二、第九、第十和第十一章主要探讨目击者证词的影响，尤其是对法律系统的影响。第二章提供的信息显示，陪审团在审判中可能赋予目击者证词极大的可信度。第九章介绍了一些对目击者证词的常见误解，并评估了这些误解可能在多大程度上导致错误判决。第十章有些类似于法律摘要，讲述了目击者证词的法律地位和专家证词在这个问题上发挥的作用。最后，第十一章详细讲述了一起案件，该案的关键就是目击者证词，而心理学家就这一问题向陪审团提供的专家证词，似乎影响了审判结果。

本书面向两个方向。一是向内面向实验心理学，旨在提出一个整合多种实证发现的理论框架。一是向外面向现实世界，旨在说明如何将这一研究体系应用于社会，特别是应用于法律系统。

我要向国家心理健康研究所（NIMH）、国家科学基金会（NSF）和美国交通运输部致以深切感谢，过去十年间，他们都在不同时期支持过我的研究。这本书的手稿是我有幸在1978—1979年度获得行为科学高级研究中心（CASBS）颁发的研究基金奖时撰写的，感谢安德鲁·威廉·梅隆基金会和国家科学基金会对研究中心的资助。我还要感谢哈佛大学出版社的工作人员，尤其是埃里克·万纳（Eric Wanner）和苏珊·华莱士（Susan Wallace），他们给我提出了非常有用的意见和建议。最后，我要感谢一个世纪以来的所有研究人员，他们的工作对本书而言必不可少。

书中涉及犯罪、警方调查和庭审的部分，为保护当事人隐私，许多人名均为化名。

第一章
错误辨认

1920年4月15日下午，安妮·尼克尔斯（Annie Nichols）太太做完家务稍事休息时，偶然看到窗外有两名男子倚靠着近旁的篱笆墙。随后又来了两名男子，是工厂的出纳和他的保镖，两人各拎一个黑袋子，里面装的钱合计超过15 000美元。突然，一名原本倚着篱笆的男子纵身上前，从衣兜里掏出一把枪，直接击杀了保镖。工厂出纳试图逃跑，也惨遭不幸，手里还紧紧攥着那个黑袋子。尼克尔斯太太吓呆了，只见一辆汽车在尸体旁停了下来。二人窜入车中，绝尘而去。装工资的袋子也不见了踪影。

尼克尔斯太太和其他目睹这起凶杀的人都无法向警方准确描述两名持枪歹徒的相貌。一位目击者觉得其中一名歹徒看起来"非常"黑，另一位目击者则说那人发色很浅，看着像是瑞典裔或芬兰裔。第三位目击者起初认为那辆车的司机留有胡子，但很快又断定那人的胡须剃得一干二净。对歹徒的描述虽莫衷一是，但工厂的两名员工无疑是被一把自动手枪所杀，0.32口径，用的是钢壳子弹。

几周后，鞋匠尼古拉·萨科（Nicola Sacco）和鱼贩巴尔托洛梅奥·范泽蒂（Bartolomeo Vanzetti）被捕。两人都持有枪械，萨科的是把 0.32 口径的柯尔特自动手枪。二者均无犯罪记录。警方确信他们抓到了罪犯，试图获得辨认证据，但他们采用的程序按今天的标准来看是不可接受的。目击者受邀前往监狱观察二人，指出他们是不是开枪的歹徒。

两人的案子于 1921 年 5 月 31 日开庭审理。检方提出了五名目击证人指认萨科的证词。然而，其中一名目击证人在预审时曾作证说，她几乎没怎么看到两名抢匪，无法确认萨科是不是其中之一。另一名目击证人曾告诉警察，她没有看到抢匪的脸。萨科刚被捕时，还有一名目击证人曾表示，他没怎么看清当时的情况，谁也认不出来。第四名目击证人则先后跟三个人说过，他认不出抢匪。

四名目击证人作证称，在凶案现场或附近地区看到了范泽蒂。其中一名目击证人曾在枪击案发生后不久跟他朋友说，他一看到枪就赶紧躲了起来，因此即便再见到抢匪也认不出来。他朋友讲述了他们之间的对话："他说有几个人开车从旁经过，他突然听到了枪声，然后……他们其中一人拿枪指着他，他……立马躲进了棚屋。我问他是否认识那些人。他说，不认识……他说他就只看到了枪，然后就躲了起来。"（Frankfurter, 1927/1962, pp. 27–28）但在庭审时，这名目击证人却明确认出了范泽蒂。

目击证人怎能从如此不确定变得言之凿凿呢？分析辨认技术的法律学者称，这是许多不恰当的方法所致。还有些报告则表明，最初没有一人认出范泽蒂，但向不同的目击者反复出示他的照片后，最终致使一些人认出了他。在另一起对范泽蒂提起诉讼的案子中也能见到这种影响，该案就发生在他与萨科因马萨诸塞州布伦特里镇的谋杀案共同出庭受审之前。几名目击证人称，在 1919 年马萨诸塞州布里奇沃特镇发生的一起工资抢劫案中看到了范泽蒂，该案是持枪抢劫，犯罪未遂。其中一名目击证人案发当天曾跟一位侦探说，他没有看清抢匪的脸。两周后，他又跟另一名侦探说了同样的话。范泽蒂被捕后，这名目击证人曾被带去见他，之后在预审时，他的描述一下子变得十分完整：持枪歹徒肤色黝黑，高颧骨，红脸颊，后脑勺的头发剃得很短，胡须也修剪过。开庭后，这名目击证人又补充了几点其他特征，如今他已十分肯定自己清楚地看到了罪犯的相貌。范泽蒂被判有罪，处12年至15年有期徒刑。获得这份判决后，警方乘胜追击，造成了有史以来最具争议的一大刑事案件——对萨科和范泽蒂的判决。

检方虽有目击证人，但辩方自认有无懈可击的不在场证明。萨科称案发当天，他离开住地乘火车前往波士顿，去那儿的意大利领事馆申请通行证了。领事馆的办事员对他印象深刻，因为萨科想用一张全家福当作通行证上的照片，这一不寻常的举动逗乐了办事员，留下了特殊印象。范泽蒂则表示，案发当天他在普利茅斯卖鱼。他从一名商人那儿买了一截布料，那人还记得他。

萨科和范泽蒂的庭审笔录长达2 200页，从书记员的开庭声明开始，一直记到陪审团做出判决（Feuerlicht, 1977）。最终，陪审团相信目击证人胜于不在场证人，于7月14日宣判萨科和范泽蒂有罪。1927年8月23日午夜，两人在查尔斯顿监狱中被送上电椅处死。范泽蒂被绑在电椅上时，说了这样的遗言："我想说我是无辜的。我虽有一些过失，但从未犯下任何罪行。但愿我能原谅那些让我落到这个下场的人。"他多年的牢狱生涯终于宣告结束。那一刻，成百上千的民众都忐忑地守望着监狱塔楼的灯光，他们知道灯光会在行刑的刹那倏忽熄灭（Porter, 1977）。

萨科和范泽蒂的案子催生了大量图书出版，这些书均着眼于他们的审判和等待死亡的漫长过程。争论的焦点无疑集中在是有罪还是无罪这一关键问题上，但这个问题反过来又牵扯出其他一连串不确定因素，其中许多因素都与目击者证词有关。例如，为什么有那么多目击证人之前非常不确定，却在庭审时明确认出了萨科和范泽蒂？这些目击证人是否受到了警方的不当影响，若如此，这些影响又是怎么造成的？为什么纵然有充足的不在场证明，陪审员仍宁愿相信指控萨科和范泽蒂的目击证人？陪审团如此相信目击者证词是否正确？

在萨科和范泽蒂的案子中，我们无从知晓那些辨认结果是否有误，但在很多不太知名的案件里确实发生过这类错误。证实这些错误并非易事，因为之后必须要有其他人认罪伏法，或是拿出证据证明一度遭到指认的人是清白的。索耶（Sawyer）兄弟的案子就是如此（Pearlman, 1977）。

索耶兄弟二人来自北卡罗来纳州的明特希尔小镇，弟弟朗尼（Lonnie）18岁，哥哥桑迪（Sandy）20岁。他们万万没想到自己会因1975年5月15日发生的一起绑架案而被捕。北卡罗来纳州门罗市柯林斯百货公司的副经理罗伯特·辛森（Robert Hinson）被两名男子强行塞入车中，其中一人拿枪指着他，命令他在后座躺下。他只匆匆瞥了绑匪一眼，他们就拉下了蒙面面罩，再看不见相貌。两人计划驱车将辛森带去商场，让他打开商场的保险柜。然而，辛森坚称他不知道密码，两人最终从他的钱夹里拿走35美元后放了他。

对于绑匪，辛森几乎说不出个所以然来。他报告说，其中一人看着像西班牙裔，开一辆1965年款的米色道奇·达特，类似他们商场里一位女性员工的座驾。他声称，有名绑匪看着很像最近来商场应聘的一名男子，警方根据他提供的少量信息，合成了其中一名嫌疑人的画像。

案发三天后，警方拦下一辆1965年款的白色普利茅斯·瓦利安特，逮捕了车上的司机和乘客，也就是桑迪和朗尼两兄弟。那辆瓦利安特看着很像1965年款的道奇。然而，这两人都与嫌疑人的合成画像相去甚远，也都不曾前往商场应聘，而且均一口咬定对绑架案一无所知。

庭审时，检方提出了受害者罗伯特·辛森的证词，他肯定索耶兄弟就是持枪绑架他的人。一如萨科和范泽蒂，索耶兄弟也有不在场证明。四名证人作证案发时桑迪正待在家中，还有四名证人作证朗尼当时在一家印刷厂看望他女朋友。经过两小时的审议，陪审团陷入僵局，其中9人认为被告有罪。法官指示陪审团尽量做出一致判决，几分钟后，12名陪审员均投了"有罪"票。弟弟被判处28年至32年监禁，哥哥被判处32年至40年监禁（部分源于有前科）。兄弟俩被带出法庭时，朗尼冲父母高喊："爸，妈，上诉。不是我们干的。"

通常说来，他们的希望不大。但在他们的亲朋好友、一名执着的私家侦探和一位对本案感兴趣的电视制片人的不懈努力下，索耶兄弟确实有了一线希望。这一干人都相信兄弟俩的测谎结果，结果显示他们与此次犯罪并无干系。及至1976年，关押索耶兄弟的青少年拘留中心里有一名囚犯信誓旦旦地说，囚犯罗伯特·托马斯（Robert Thomas）曾承认是他绑架了辛森。掌握这一传闻后，那名私家侦探与辛森进行了深入交流，发现他最初提供给警方的一些重要信息，警方并未透露给辩方。这其中就包括辛森最早对绑匪的描述、警方合成的嫌疑人画像，以及辛森觉得有名绑匪很像最近来过商场的某个应聘者。

这名侦探查找了商场留存的档案，从中发现了一份求职申请，上面的日期是案发前一周。申请人是罗伯特·托马斯，那个据说承认自己就是绑匪的囚犯。这名侦探随后发现托马斯有个朋友的母亲，就有一辆1965年款的道奇·达特。线索逐渐串联了起来，但要做的事还远没有结束。

力图解救兄弟俩的这些人仍有一事不解。庭审时，许多证人都表示索耶兄弟不可能是绑匪，只有一人——受害者——不同意这个说法。但陪审团却宁肯相信那一人，也不信其余多数人。为什么？有几位陪审员接受了采访，承认他们最终之所以服从多数，改投"有罪"票，只是因为太累了。

由此看来，翻案本该轻而易举：有了新的嫌疑人、新的证据，陪审员也承认他们没有凭良心投票。但实际却并没这么轻易。索耶兄弟的案子眼看就能获准重审，但法官裁定，尽管存在新的证据，本案也已过去太久了。辩护律师请求州长给予特赦。罗伯特·托马斯通过书面和录像形式认了罪，然后又撤销了认罪，再然后又撤回了之前的撤销声明。直至1977年1月7日，这个案子才终于宣告结束。那一天，北卡罗来纳州州长宣布赦免索耶兄弟。但兄弟俩已然失去了近两年的人生，他们原本就贫困的家庭也为此筹措并花费了数千美元，许多人都深受这场噩梦的折磨。

一如萨科和范泽蒂的案子，索耶兄弟的案子也对目击者证词提出了一些重要质疑——这个案子所提出的质疑甚而更为尖锐，因为本案确凿地显示，人们对目击者证词的依赖造成了一个可怕的错误。为什么目击证人错误地认出了一个素未谋面的人？目击证人原本只是匆忙一瞥，自认事后没有能力做出准确辨认，但最终为何还是明确认出了被告？为什么陪审员宁愿相信受害者一个人的证词，也不愿相信五个、十个乃至数十个声称被告不在犯罪现场的不在场证人呢？这种错误是罕见的孤立事件吗？还是法院系统可能普遍高估了目击者证词的可靠性？

目击者证词不仅涉及目击者认人的能力，还涉及目击者准确回忆重大事件中其他细节的能力。后一种情形也存在很多错误。例如，《飞行杂志》(*Flying Magazine*，1977年7月) 报道过一起伤亡惨重的飞行事故。一架小型飞机坠毁，造成机上八人全部遇难，地面也有一人死亡。虽然出席事故调查听证会的目击者仅是少数，但共有60名目击者接受了采访。有两名目击者看到了飞机濒临坠毁时的情况，其中一人确信"飞机笔直地朝地面撞来——垂直坠毁"。这名目击者显然不知道，拍摄于坠机现场的几张照片清楚地表明，飞机以极小的角度近乎水平地撞向地面，滑行了快1 000英尺①。

无论是认人还是准确叙述事件细节，目击者证词所提供的证据都存在问题。简要说来就是：一方面，目击者证词非常令人信服，能对陪审团的判决产生相当大的影响；另一方面，目击者证词却未必可靠。仅是获得、保持和试着提取信息这些自然而然的记忆过程，就足以令目击者证词出现瑕疵。

---

① 1英尺约合0.3米。——译者注

第二章
目击者证词的影响

过去十年间，英国因错误辨认酿成了两起臭名昭著的冤案，引发英国法律界极大的关注。多尔蒂（Dougherty）先生是第一起案件的当事人，他因盗窃罪被判处监禁15个月，服刑近9个月。他后来得到了一笔2 000英镑的补偿款。第二起案件的当事人是维拉格（Virag）先生，他被控多项罪名，包括意图拒捕伤及一名警察，被判10年监禁，服刑近5年。他后来得到17 500英镑的补偿款。

1974年5月，在德夫林法官的主持下成立了一个委员会，专门审查这类案件和一般的辨认程序。德夫林法官曾是德高望重的上议院高级法官，以精通刑法及刑事诉讼程序著称。1976年4月，该委员会报告了相关审查结果，后俗称《德夫林报告》（Devlin, 1976）。德夫林委员会审查了1973年英格兰和威尔士地区进行过的所有列队辨认（在不列颠群岛上也被称为列队认人）。他们分析得出的结果颇有意思：辨认队列共计2 116组，其中45%的队列最终选出了嫌疑人。从队列中被认出来后，有850人遭到起诉，其中82%被判有罪。更耐人寻味的是，即便**唯一**的不利证据就是一名（169起案件）或多名（178起案件）目击证人的辨认，仍有347人因此被起诉。在这347起案件中，

74%的被告最终被判有罪。这个74%的数据表明，在没有其他证据的情况下，一名或多名目击证人的证词可能产生压倒性的影响。陪审团似乎认为只要有人指着另一个人说"我敢肯定就是他干的！"，就足以为证了。

众所周知，即便无罪证据**远比**目击者证词更有分量，陪审员也会采信证明被告有罪的目击者证词。哈利·卡辛（Harry Cashin）的案子就是如此（Wall, 1965）；该案缘起于1931年2月中旬在纽约一家地下酒吧发生的一起事件。两名男子进入地下酒吧抢劫，两名警察随后赶到，引发枪战，致使一名抢匪和一名警察身亡。警方确认了死亡抢匪的身份后，开始寻找他的朋友和熟人，最终问到了19岁的哈利·卡辛头上，他曾在那家地下酒吧打工。卡辛去警局接受问话时，抢劫案的所有目击者悉数在场，但没有人认出他。几个月后，一名据说当时也在酒吧现场的妓女认出了卡辛，他立即因涉嫌谋杀而被捕，开始接受审判。如果罪名成立，他可能被判处死刑。

在对卡辛的审判中，唯一的有罪证据就是那名妓女的辨认。与此同时，能证明其清白的证据则多得多。例如，没有其他目击者认出卡辛。他根本不符合这些目击者最早对抢匪的描述。认出他的妓女先前也曾信誓旦旦地说她认不出卡辛。有证据表明逃逸的抢匪受了伤，但事发后几小时，卡辛露面时身上并无伤口。卡辛的不在场证明还得到了他的未婚妻和姊姊的佐证。但听取了案件双方的陈述后，陪审团仍然判决哈利·卡辛一级谋杀罪名成立。此次判决后来遭到了撤销。

为探明目击者证词的影响，理想情况下最好能进行一场有目击者证词的庭审，再将庭审结果与没有目击者证词的同一场庭审进行比较。这在现实世界中虽无法实现，但在实验室里却可以。

在几年前的一个实验中（Loftus, 1974），被试扮演陪审员审理了一桩刑事案件，对被告做出有罪或无罪判决。受试陪审员收到的案情陈述如下：1970年11月12日，星期五，一家小杂货店的老板X先生遭到一名男子的要挟，要他交出收银机里的钱。X 先生立即交出 110 美元给抢匪，抢匪拿了钱，正欲离开。突然，不知何故，抢匪回身朝 X 先生还有他站在柜台后面的 5 岁小孙女连开两枪。两名受害者当场身亡。两个半小时后，警方将嫌疑人逮捕归案，并以抢劫杀人为由对其提起诉讼。庭审日期定在 1971 年 2 月 3 日。

接着检方向受试陪审员提出了以下论据：有人看到抢匪跑进了一间公寓，也就是被告居住的公寓；从被告的房间里搜出 123 美元；在被告的鞋子上发现了杂货店用来清洁地板的氢氧化铵；还有石蜡测试（用于判断个体手上是否残留着开枪后的火药颗粒）的结果显示，被告有些微可能在当天开过枪。

陪审员从辩方处获悉，被告自我辩护称他没有犯罪。房间里的钱是他两个月攒下的积蓄，鞋上的氢氧化铵可能是在别的地方沾上的，因为他是个快递员，还有他这辈子都没碰过枪。

根据以上证据，有多少陪审员认为被告有罪？50 名陪审员中，仅有 18% 判定被告有罪。然而，我们为 50 名新陪审员增加了一项控诉证据：一名店员作证称，他亲眼看到被告射杀了两名受害者。在有"目击证人"出现的第二版庭审中，50 名陪审员里有 72% 的人判定被告有罪。

在为另外 50 名陪审员准备的第三个版本中，辩方律师质疑了目击证人的可信度，指出案发当天目击证人没有佩戴眼镜，鉴于其裸眼视力低于 20/400，不可能从他站立的位置看清抢匪的相貌。陪审员虽听取了对目击证人的质疑，但仍有 68% 的人罔顾辩方律师的说辞，投了"有罪"票。这一结果表明，在做出判决时，陪审员对目击者证词的重视远超其他种类的证据。

另一项研究则显示出，这种重视究竟到了何种程度。特沃斯基和卡尼曼（Tversky & Kahneman, 1977）给被试出了这样一道题：一辆出租车涉嫌在夜间肇事逃逸。该市有两家出租车公司，绿色出租车公

11

司和蓝色出租车公司。市内 85% 的出租车为绿色，15% 为蓝色。一名目击者认出肇事车为蓝色出租车。法庭测试了这名目击者在适当的能见度条件下辨认出租车的能力。在呈现的出租车样本中（一半为蓝色，一半为绿色），该名目击者辨认正确的概率达 80%，错误率为 20%。问：肇事车是蓝色出租车的概率为多少？

数百名被试收到了不同版本的题面，均回答说概率为 80%。而在上述版本中，纵然市内的绿色出租车占大多数，但被试仍旧认为肇事车更可能是蓝色出租车。显而易见，他们几乎完全相信目击者的报告，基本忽视了蓝绿两色出租车的客观占比。即便这些百分比发生变化，被试的回答依旧取决于目击者的可信度，而非蓝绿两色出租车的相对比。（当然，在所有出租车均为绿色的极端情况下，不会出现这种结果。）例如，如果测试结果显示目击者辨认的正确率为 60%，被试最终的答案就是 60%；如果目击者的正确率为 30%，被试的答案就是 30%；以此类推。

我用另一个版本的题面，研究了被试对**普通**目击者的信任程度。题中不提供任何关于目击者可信度的信息，只点明他视力"正常"。在这种情况下，被试的答案应该能反映他们对普通目击者的证词的信任程度。呈现给被试的题目如下：一辆出租车涉嫌在夜间肇事逃逸。该市有两家出租车公司，绿色出租车公司和蓝色出租车公司。市内 85% 的出租车为绿色，15% 为蓝色。一名目击者认出肇事车为蓝色出租车。法庭对这名目击者进行了视力测试，发现他视力正常。问：肇事车是蓝色出租车的概率为多少？

大多数被试认为肇事车是蓝色出租车的概率超过 70%，哪怕蓝色出租车远比绿色出租车罕见得多。事实上，还有位被试写道："肇事车有 98% 的概率是蓝色的。由于蓝色出租车相对稀少（15%），目击者多半不会看错。"许多被试均做出了类似回答——他们认为人们多半不会看错相对罕见的东西。不过，还有一些被试认为人们在夜间很难区分蓝色和绿色。因此，少数被试表示，肇事出租车是蓝色的概率为50%。也就是说，目击者可能是对的，也可能看错了。

将题面稍做修改，表明事故发生在白天后，再呈现给另一组被试。在这种情况下，几乎所有被试均认为肇事出租车是蓝色的概率超过80%。这一证明非常有力，人们看重目击者的说辞，会根据他们的报告认定事实真相。

探究目击者重要性的另一种方法是去询问检察官，他们和警察通常与目击者接触最多。检察官既是最初决定对被告提起公诉的人，也是在庭审时提请目击证人作证的人。

拉弗拉卡斯和比克曼（Lavrakas & Bickman, 1975）让一座大都市里的54名检察官，评判目击证人的不同特征对诉讼的四个主要阶段，即重罪审查、预审、控辩交易和庭审的结果造成的影响。例如，检察官要评估目击证人对被告相貌的记忆、目击证人的年龄和目击证人的种族的重要性。回答采用5点量表，"1"代表该特征与某一诉讼阶段的结果毫无干系，"5"代表该特征与结果密切相关。

研究人员发现，对诉讼某一阶段影响重大的特征，在其他阶段往往也很有分量。例如，被试认为目击证人能明确认出被告，对诉讼各阶段的结果来说都很重要。鉴于这种一致性，研究人员给出了每种特征在四个诉讼阶段中的平均得分。以下是部分特征及其重要性评分：

特征	平均评分
受害者是否可以出庭作证	4.53
是否有目击证人清楚记得被告的相貌	4.44
受害者是否清楚记得案发经过	4.37
目击证人的年龄	3.62
目击证人是否吸毒	3.55
目击证人的智力	3.46
目击证人是否有前科	3.40
目击证人是否讲英语	2.70

续表

特征	平均评分
目击证人的社会经济地位	1.90
目击证人与被告是否是同一种族	1.88
目击证人的种族	1.59

显而易见，受害者和其他目击证人的证词是胜诉的关键。目击辨认和受害者对案件的记忆（也是种目击者证词）远比目击证人的其他特征（如年龄、种族或收入水平）更为重要。拉弗拉卡斯和比克曼认为检察官们的答案表明，在他们看来有一名能准确回忆事件的目击证人，绝对是公正处理刑事案件的关键。

还有一些看似无关的其他因素，也会影响陪审团对目击者证词的接纳。例如，目击证人是否讨人喜欢就会造成差异。加西亚和格里菲特（Garcia & Griffitt, 1978）的一个实验就展现了这种影响。被试担任陪审员，审判一起汽车撞人的交通事故。案子的关键问题在于被告撞上受害者时是否闯了红灯。陪审员阅读了当时在场的两名目击证人的证词。检方证人作证称被告闯了红灯，辩方证人的证词则与此相反。除证词之外，陪审员还收到了关于目击证人的书面描述，其中包括一名据说正在旁观庭审的心理学家撰写的报告，其报告的内容要么正面要么负面。研究人员当然知道，正式提出这种证据，真正的庭审是不会采纳的。但以这种形式呈现的正面或负面信息，能为被试提供一个依据，使他们形成对目击证人的印象。在真实的庭审中，陪审员很可能会靠观察目击证人的行为形成这类印象。

被试读完材料后，要对被告的罪行在 7 点量表上进行评分，"1"代表无罪，"7"代表有罪。此外，被试还要表明他们认为每位目击证人有多可信。研究结果很容易归纳，如表 2.1 所示。无论是检方还是辩方的目击证人，只要被描述得讨人喜欢，就比被描述得不讨喜时更受信赖。目击证人是否讨喜还影响到了对罪行的评分。若对检方证人给予正面描述，对辩方证人给予负面描述，被试会更加确信被告有罪。

表 2.1　根据心理学家对目击证人的描述，被告的罪行和目击证人的可信度所获得的平均评分

对目击证人的描述		罪行的平均评分	目击证人的可信度评分	
P	D		P	D
正面	正面	3.25	22.10	25.20
正面	负面	4.10	26.00	17.80
负面	正面	2.50	16.10	27.00
负面	负面	3.45	16.80	19.80

注：P = 检方；D = 辩方。可信度评分表示的是，评分越高，目击证人便越受信赖。罪行评分的分值范围是 1～7，"7" 代表有罪。
来源：Garcia & Griffitt, 1978。

除了目击证人是什么样的人之外，作证时的**措辞**也会影响陪审员对证词的接纳。人们发现语言因素对审判庭的整体气氛有着至关重要的影响。以下是两段不同版本的虚构庭审笔录：

问：你和她是什么关系？

答：我们，呃，是很好的朋友。呃，她甚至有点像我母亲。

问：她是什么时候离开派对的？

答：要是我没记错的话，好像是，差不多午夜12点吧。

问：你和她是什么关系？

答：我们是好朋友，她就像我母亲。

问：她是什么时候离开派对的？

答：刚过午夜的时候。

依据证据法，二者均是对事实的等效陈述，但奥巴尔及其同事（O'Barr & Conley, 1976; Erickson et al., 1978）却证明了这些细微的差会会对陪审团造成影响。这其中究竟有何差异呢？为了回答这个问题，研究人员开始求教于语言学家莱考夫（Lakoff, 1975）的研究，她指出女性具

有以下区别于男性的语言特征:

1. 频繁使用模糊限制语,例如"我觉得""好像""要是我没记错的话""可能""有点"。
2. 陈述句的语调上扬,例如,假设问及车辆的行驶速度,说话人会答说:"20、25码①?"说话时语调上扬,好似在为这一回答寻求认可。
3. 语句重复,显得没把握。
4. 使用加强词,例如,不说是"好朋友"或者"朋友",而说是"很好的朋友"。
5. 经常直接引述,显示出对权威的尊重。
6. 使用空洞的形容词,例如"非凡的""迷人的""可爱的"。

有了这些认识之后,奥巴尔和康利分析了北卡罗来纳州达勒姆县的一些庭审录音。他们发现男性在讲话时,偶尔也会表现出莱考夫所说的女性的语言风格。而且,并非所有女性都这么说话。因此,他们认为从无力的语言(具备上述特征)到有力的语言(不具备上述特征),可以建构一个"语言力量"的连续体。任何性别的个体都可能处于连续体的不同位置。

奥巴尔和康利从一场真实的庭审中截取了一个 10 分钟的片段,以此为蓝本建构实验。案件的起因是,一辆私家车与救护车发生了碰撞。救护车上的患者当时已经病危,正被送往医院急救,事故发生后很快便身亡了。患者家属起诉救护公司和私家车司机,要求对患者的死亡进行赔偿。庭审时,陪同患者搭乘救护车的一位要好的邻居,接受了辩方律师的询问。在奥巴尔和康利设计的证词中,一个版本的目击证人在接受询问时使用相对有力的语言,另一个版本则使用相对无力的语言。有力版删除了所有模糊限制语,最大限度地减少重复用语和加

---

① 1 码约合 0.9 米。——译者注

强词，整篇证词基本没有无力的语言所具有的大部分特征。有力和无力两个版本的证词，均由一名男性"邻居"和一名女性"邻居"进行录制。

将四份录音分别播放给不同组别的被试，并告知所有被试他们收听的片段摘自真实的庭审，听完后需以书面形式回答一些问题。研究人员分析这些回答后发现，被试对言语有力和言语无力的目击证人的看法迥然不同。"无力"的目击证人在智力、能力、喜好度和最重要的可信度上的得分都明显较低。无论目击证人是男是女，对比有力和无力的言语模式都能发现这种影响。部分实验数据见表2.2。

被试评估了目击证人的可信度、喜好度等特征后，还要判定赔偿金额，数额从0到50 000美元不等。据表2.2可以看出，目击证人使用有力的语言时，赔偿的金额更大。若目击证人是名言语有力的女性，陪审团判定的平均赔偿金额超过29 000美元。若男性在作证时言语无力，赔偿金额仅为19 000美元。可见，目击证人作证时的措辞似乎能影响原告获得的赔偿金额。

表2.2 女性与男性目击证人采用有力和无力的言语模式所获得的平均得分

特征	女性目击证人		男性目击证人	
	言语有力	言语无力	言语有力	言语无力
能力	8.61	6.85	8.44	6.18
智力	8.57	5.77	7.80	6.18
喜好度	8.48	6.54	8.52	7.23
可信度	9.70	7.88	10.24	8.86
赔偿金额	$29 608	$22 730	$25 319	$18 909

注：分值越高，表明在该项特征上越受肯定。评分范围为0~11。
来源：数据由奥巴尔（William M. O'Barr）提供。

除了目击证人喜好度及其说话方式，还有许多其他证据之外的因素也会影响陪审员的判决（见Gerbasi et al., 1977）。陪审员选择相信某位目击证人的证词，不相信另一位，是出于多种原因。在萨科和范泽蒂以及索耶兄弟的案子中，陪审员很可能认为辩方证人存在歪曲事实的动机，而检方证人则不然，这肯定有助于提高检方证人证词的可信度。喜好度或可信度在陪审员对被告的评价中所起的作用，可能不同于在对目击证人的评价中所起的作用，在陪审员看来，目击证人在回忆过去时不会带有这样那样的特殊动机。如果目击证人说辞不一，在回忆事实时也都没有特殊动机，陪审团无疑倾向于相信更可信、更讨喜的证人。不过大多数情况下，个体从别人那儿获取信息时都是如此。

在沃尔（Wall, 1965）援引的一些实例中，陪审员在闭庭后谈到了他们对目击者证词的看法。沃尔从这些案件中得出的结论是，陪审员往往会过度接纳辨认证据。他列举的其中一个例子，就是萨科与范泽蒂的案子。检方提出的一些目击者证词，看起来太过薄弱，连法院大门都不配进。一位名叫玛丽·斯普莱恩（Mary Spline）的目击证人称，她看到布伦特里镇的那伙杀人犯在 60 英尺开外的地方驾车经过，而且她只看到车子行驶了短短五六十英尺的距离。尽管目击条件如此苛刻，她还是明确认出了萨科，而且她的证词还最为详尽，摘录如下（p. 20）：

问：你能向在场的诸位先生描述一下他吗？

答：好的，先生。我想他比我高一点。体重可能介于 140 磅到 145 磅[①]。他肌肉发达——看上去很精神。我特别留意到他的左手很大，看着很有力量，还有肩膀……

问：你说的那只手放在什么位置？

答：他的左手就放在……前排座椅的靠背上。他穿一件灰衣服，我觉着像是衬衫——浅灰色，类似海军那种颜色。他的脸就是我们说的那种轮廓分明的脸型。这里［动手指了指］有点窄，只

---

① 1 磅约合 0.45 千克。——译者注

是稍微有点窄而已。前额很高,头发向后梳,发长大概在两英寸到两英寸半①的样子。眉毛很黑,但肤色很白,白得有些发青。

一位心理学家就玛丽·斯普莱恩的证词发表评论说:"心理学轻易就能证明,要在那种条件下形成这样的知觉和记忆是不可能的。每位心理学家都知道这一点——胡迪尼②也知道。"(Frankfurter, 1927/1962, p.14)检方一定认为这份证词很有用,不然为什么要提出来?陪审团相信这份证词了吗?在1950年受访的六名陪审员中,至少有两人表示他们对此印象深刻。

在威尔斯及其同事(Wells et al., 1978)的一项研究中,陪审员要表明他们对在模拟庭审中出庭作证的一名目击证人的印象。研究分为两个阶段,犯罪阶段和庭审阶段。在犯罪阶段,被试(每组三人)稍坐了几分钟后,一名"小偷"走了进来,谎称也是来参与实验的。她很快"发现"之前一位被试留下了一台计算器。她检查了一下计算器,说想要留着用,于是放进自己的手提包里,离开了实验室。整个事件仅持续了短短几分钟。大约30秒后,实验人员进入房间,给每位目击者发了一张问卷,询问方才那名小偷的相貌,然后要求目击者从六张照片中辨认小偷。目击者在回答时要勾选六张照片中的一张(或注明"都不是"),并给出信心评分。

在第二阶段,也就是庭审阶段,一组新的被试——陪审员——听取了这起模拟盗窃案的详情和目击证人的辨认。接着陪审员要旁观对其中一名做出了辨认的目击证人的交叉询问,并判断这名目击证人的辨认是否有误。一些陪审员旁观的是辨认正确的目击证人的证词,而另一些陪审员旁观的是辨认错误的目击证人的证词。最后,询问陪审

---

① 1英寸约合2.54厘米。——译者注
② 哈利·胡迪尼(Harry Houdini, 1874—1926),美国著名幻象大师、魔术师和特技演员,以在众目睽睽下表演不可思议的逃脱术而享誉世界。——译者注

员对目击证人的反应。结果很是惊人。总的说来，陪审员在 80% 的情况下都倾向于相信目击证人的证词。然而，就像相信辨认正确的目击证人一样，陪审员也很容易相信辨认错误的目击证人。

目击证人的信心在此同样发挥了作用。陪审员倾向于相信高度自信的目击证人，不太相信缺乏信心的目击证人。这个实验得出的结论是，尽管证词的准确性和目击证人的信心可能毫无关系，陪审员仍很有可能选择相信目击证人的证词，特别是目击证人在作证时显得高度自信的话。所有证据都相当显著地指向同一个结论，几乎再没有什么能比一个大活人站上证人席，指着被告说"就是他干的！"更具说服力的了。

第三章
感知事件

据于果·明斯特伯格（Hugo Munsterberg, 1908）所言，最早证明目击者不可靠的实验大约发生在 1902 年的柏林。

几年前，在柏林大学著名犯罪学家冯·李斯特教授的课堂上发生了令人痛心的一幕。教授谈到了一本书。一个年长的学生突然喊道："我想依据基督教的道德体系来谈谈这本书！"另一个学生插话说："我接受不了！"第一个学生猛地站了起来，厉声道："你这是在侮辱我！"第二个学生握紧拳头，高喊道："你胆敢再多说一个字——"第一个学生掏出了一把左轮手枪。第二个学生发疯似的冲了过去。教授快步走到两人中间，抓住持枪者的胳膊，这时手枪走火了。众人乱成一片。李斯特教授立即维持住现场秩序，要求部分学生将刚才发生的事准确地写下来。这一切全是一场闹剧，由三位演员精心策划排练而成，为的是研究观察和回忆的准确性。那些当时没有写下事件报告的学生，其中一部分人在第二天或一周后被要求写下报告，余下的学生则要在交叉询问中为他们观察到的情况作证。整场客观表演分作 14 小节，部分小节是行为表演，部分是言语表演。被试出现的错误包括三类，遗漏、添加和篡改。出错最少的报告中有26%的错误陈述,最多的则有80%的错误陈述。后半段表演的情绪色彩更为强烈,这部分报告的出错率比前半段报告平均高出15个百分点。一些话语被硬塞进从始至终一言未发的旁观者口中,一些行为被毫无根据地强加在主要肇事者身上,还有一些目击者完全忘记了这出悲喜剧的主干。

明斯特伯格表示,这场充满戏剧性但又有些杂乱无章的实验,在许多地方开启了一连串类似的测试,实验条件也不断得到改善。时至今日,研究人员依旧在开展这类实验,每次实验都是为了进一步揭示目击者的心理活动。以下将检验其中部分实验,以说明我们对知觉和记忆的本质已有哪些认识,这些认识或许也能引起法律界的关注。

经历重大事件时,我们并非像录像机一样将事件简单地刻录在记忆里。我们的情况要复杂得多。几乎所有分析这一过程的理论都将其分作三个阶段(例见 Crowder, 1976; Loftus & Loftus, 1976)。首先是**获得**阶段——感知原始事件,即对信息进行编码、存放或将其输入记忆系统。其次是**保持**阶段,即从事件发生到最终回忆某一特定信息之间的那段时间。最后是**提取**阶段,个体在此阶段会对储存的信息进行回忆。这个三阶段分析是理解人类记忆的核心,几乎已为心理学家所公认。

经历复杂事件时,我们首先会摘取这段经历的部分特征储存起来,之后再利用这些信息决定该如何行动。在前期的获得阶段,观察者必须决定要关注哪些方面的视觉刺激。我们的视觉环境中通常包含大量信息,而我们实际感知到的信息只是其中很少的一部分。决定关注对象的过程可以分解为一系列更为精细的决定,每一个决定都关系到个体的下一个注视点。

事件的相关信息一旦被编码或存入记忆后,其中一些信息可能保持不变,还有一些则不然。在这一关键的保持阶段,目击者会经历很多事情。他可能与他人谈论该事件,听到相关谈话,阅读新闻报道——所有这些都可能使目击者的记忆产生意想不到的巨大变化。

最后,事件发生后,目击者随时都可能被问及此事。此时,目击者必须从长时记忆中再现回答问题所需的那部分事件经过。这种再现的基础可能既包含从原始经历中获得的信息,也包含事发后获得的信息。换言之,获得阶段和保持阶段都对提取阶段的表现起着关键作用。个体所给出的回答正源于这种再现。

但凡要全面分析记忆过程,都必须对这三个阶段中每一阶段发生的事情做出解释。而研究人类记忆要解释的最关键的一个问题是,个体为何无法准确提取信息。任何一个或多个阶段发生的事,都可能导致提取失败。信息可能一开始就没有被感知到——获得阶段的失败。信息可能被准确感知到了,但在之后的保持阶段却遭到了遗忘或干扰。最后,信息一开始可能被准确感知到了,但在接受询问时却找不到了——提取阶段的失败。我们通常很难确定哪个阶段才是失败的根源。本章将重点探讨在获得阶段失败的原因。

目击者要能回忆一起复杂事件,一开始就必须准确感知事件,并将其储存于记忆中。而事件要能被储存起来,就必须处于目击者的感知范围内,也就是说事件必须发生得足够引人注意、足够接近,使寻常人的感官能够接收到信息。例如,要感知视觉上的细节,现场就必须有良好的光照。目击者必须先注意到这些信息,之后才谈得上回忆。可即便事件发生得足够鲜明、响亮、接近,也确实受到了关注,我们仍能在目击者的回忆中发现重大错误,而且两名目击者对同一事件的回忆也经常天差地别。为什么?在获得阶段,有两组变量会影响目击者准确感知的能力:事件因素和目击者因素。

▶▶ 事件因素

事件固有的一些因素,原本就会降低目击者准确报告的能力。其中一个明显因素是目击者有多少时间观察需要记忆的内容，观察时间越短，感知越不准确。惠普尔（Whipple, 1909）早在20世纪之初就曾指出，事件发生时，目击者观察的时间越长，便能越好地回忆事件。然而，即使我们能凭直觉察觉有些因素是如何起作用的，心理学家仍认为有必要进行实验，因为直觉未必总合乎事实。

呈现时间

劳格瑞及其同事（Laughery et al., 1971）让被试观看了四张幻灯片，上面显示的是从不同角度拍摄的某张面孔，幻灯片一次出示一张。一些被试观看幻灯片的时长为10秒（每张2.5秒），另一些被试观看的时长为32秒（每张8秒）。实验使用了两张不同的目标面孔——被试看到的要么是个发色较浅、皮肤白皙、戴着眼镜的男性白人，要么是个发色和肤色都比较深且不戴眼镜的男性白人。大约8分钟后，被试观看了150张用于测试的面孔幻灯片。被试的任务是在答题纸上回答测试中出现的每张幻灯片上的面孔是不是目标面孔。

不出所料，研究人员发现之前看了32秒的被试比看了10秒的被试，对面孔的记忆要准确得多。当测试中出现目标面孔时，看了32秒的被试中有58%的人回答正确，而看了10秒的被试中只有47%的人回答正确。

研究人员询问被试在辨认过程中使用了哪些特征，并以表格的形式统计了各种特征被不同被试提到的次数。以下是128名被试的回答，不过其中并未分别列出两组呈现时间：

整体面相	73
眼睛	66
鼻子	53
皮肤	42
嘴巴	33

嘴唇、下巴	31
头发	28
耳朵	19

在后续两项研究中，被试提到的特征与上述特征高度一致。眼睛经常被提及，耳朵却鲜有提及。研究人员并未对这些结果做出太多解释，只是说被试在辨认过程中使用了哪些特征是个重要的问题，值得进行更广泛和详细的研究。显然，个体观察一张面孔的时间越长，感知到的特征就越多，也就有越多特征可以用于再认。

频率

另一个事件因素频率，指的是个体有多少次机会去感知需要记忆的细节。也许因为这个因素在很大程度上属于常识，研究目击报告的实验并未专门检验过这一点。不过，呈现频率无疑会对记忆产生影响。早在 20 世纪开始以前，艾宾浩斯（Ebbinghaus, 1885/1964）就已证实，在初学时重复学习材料，能提高个体之后再学习这些材料的能力。艾宾浩斯最著名的研究是由他自己充当珍贵的被试，记忆无意义音节。他通常采用的程序如下：首先学习一张音节表，上面可能含有 16 个无意义音节，重复次数从 0 到 64 次不等。大约一天后，他会再学习这张表，直到能回忆起所有音节为止。他发现正确回忆所有音节所需的时间，随前一天重复次数的增加而减少。

许多实验室采用各式各样的学习材料、学习条件和测试条件，均验证了艾宾浩斯的实验结果。伯特（Burtt, 1948）在论述对犯罪细节的记忆时指出，多次经历的事情比只遇见过一次的事情记得更牢。"看到同一名嫌疑人多次走进某扇门的人，多半比只看到过一次的人记得更清楚。"（p. 302）

目击者证词

细节的显著性

目击复杂事件时，不是所有细节对观者或听者来说都同样显著，同样令人难忘。有些东西会比其他东西更引人注目。显著细节指的是，目击某一事件的个体极有可能自主提及的细节。

马歇尔及其同事（Marshall et al., 1971）报告的一个实验，反映出了细节是否显著的重要性。研究人员向151名被试播放了一段影片，这些被试均为男性，年龄在21岁至64岁之间，招募自几个社区服务俱乐部和密歇根州安娜堡市消防队。播放的影片是彩色有声电影，时长两分钟。原文对影片的描述如下：

> 两名大学生模样的男孩来回扔着一个橄榄球。镜头从他们身上移开，扫过一栋大型建筑和停车场，最终停在一家超市门口，有几个人从中走了出来。一对年轻男女拎着大包小包，一边聊天一边走出超市，来到了一排汽车后面。男人说他忘拿了一些东西，便走开了。女人继续往前走，却被一辆从停车位上倒车出来的汽车撞倒了。她跌倒在人行道上，手里的购物袋也掉落在地。车子停了下来，司机下车走到女人面前说："你走路不长眼睛吗？"女人站起身来，臭骂他。她的同伴这时也跑了过来，嚷了几句，接着就和司机扭打在了一起。女人的同伴被一把推倒在人行道上，购物袋里的东西洒了一地。先前在画面里玩橄榄球的那两个男孩出现了，询问发生了什么事，并阻止他们继续动手。其中一个男孩说他去报警，便匆匆向超市入口跑去。（p. 1662）

被试看完影片后，听到了以下指导语："你们都是片中这起事件的目击证人。你们每个人都将接受一位法律专家的询问。他想知道你们这些目击证人，从影片中看到和听到的所有内容。他没有看过片子，不知道事情真相。因此，务必细致且准确地回答他的问题。"这些目击证人被分配到不同的房间，单独接受询问。从放映结束到询问开始，大约只过了两三分钟。每名目击证人都被要求尽量完整且准确地作答，就跟站上法庭一样，"所言句句属实，完整陈述，绝无虚言"。

实验开始前，研究人员对影片进行了测试，通过测量片中可感项被提及的频率来确定这些项目的显著性。一些高中生和其中一名研究人员的同事观看了影片。这些被试只需列出他们的所见即可。片中呈现了近900个可感项，有些从未被人提及，有些几乎人人都提到了。后者就被视作高显著性项目。

研究人员想弄清项目的显著性，是否会影响目击者报告这些细节的准确性与完整性。比如，研究人员想知道高显著性项目的准确性得分，就只需查看那些提到了高显著性项目的回答即可。准确性得分的计算方法是用抽样项目被正确提及的次数，除以抽样项目被提及的总次数。完整性得分的计算方法是用抽样项目被提及的数量，除以抽样项目原本的总数量。这套方法同样可以用于计算不太显著的项目的准确性与完整性得分。

表3.1显示的结果全部源自被试在多项选择题中的回答（题如："事件发生在哪里：空地、大街、人行道、停车场，还是其他地方？"）。相较低显著性项目，被试对高显著性项目的报告要完整准确得多。显著性最高的项目获得的准确性与完整性得分高达98分。而显著性最低的项目两项得分均不足70分。

表3.1　不同显著水平的项目在准确性与完整性上获得的平均指数得分

显著等级	准确性	完整性
0.00	61	64
0.01～0.12	78	81
0.13～0.25	81	82
0.26～0.50	83	92
0.51～1.00	98	98

注：0.51～1.00表示该项目高度显著，也就是说，观看影片的被试中有50%以上的人注意到了这一项目。以上数据反映的是被试接受多项选择测试的结果。

来源：Marshall et al., 1971。

在这个实验中，项目的显著性由人为评分决定。但我们无法完全弄清这些评分的基准是什么。高显著性项目是指该项目长时间可见、位于视野中心、体积庞大、颜色鲜艳或光照充足、处于运动状态或高度活跃，还是具有相当重要的功用？其中任何一个因素都可能让一个项目被归为显著项。这些不同的"显著方式"很可能会影响我们对项目的记忆率。加德纳（Gardner, 1933）就在很大程度上谈到了这一点："那些独特、鲜艳、新奇、不同寻常、趣味无穷的场面会引发我们的兴趣，吸引我们的注意力，而注意力和兴趣都对记忆有很大帮助。反之亦然——常规、平凡、微不足道的情形则很少被人当回事记在心上。"（p. 324）

事实的类型

除了目击者需要记忆的细节是否显著外，还必须考虑另外一个事件因素，即我们所询问的细节或事实的类型。我们要求目击者记忆的是罪犯的身高体重、事件持续的时间、事故发生前的车速、谈话的详细内容，还是信号灯的颜色？这些不同类型的事实，并非都很容易感知和回忆。

卡特尔（Cattell, 1895）的研究最早考察了人们对不同类型的信息的回忆。1893年3月，他在择定进行研究的这一天，向56名来上课的大三学生提出了一连串问题。他的第一个问题是："上周的今天天气如何？"学生的回答几乎涵盖了三月初所有可能的天气状况，而且分布得很平均。56名回答问题的学生中，16人说是晴天，12人说是雨天，7人说是下雪，9人说是暴风雨，6人说是阴天，还有6人说是暴雨转晴。事实上，那天上午下了雪，下午晚些时候就放晴了。卡特尔在反思这些结果时称："让普通人在一定时间内回想上一周的天气，似乎比要他预测下一周的天气好不到哪儿去。"（p. 761）

接着，为了探究寻常观察的准确性，卡特尔又问了学生几个问题："秋天是栗树的叶子掉得早，还是橡树的叶子掉得早？""田野里的马是顺风而立，还是逆风而立？""苹果籽朝着哪个方向？"虽然回答这些问题的正确率高于错误率，但二者差异很小。学生的正确率约为60%。30名学生认为秋天栗树落叶早，还有21人持相反意见。34名学生认为马在田间逆风而立，还有19人认为是顺风。24名学生认为苹果籽"朝上"或"朝着果茎"，18人认为"朝着中心"，13人认为"朝下"，还有3人认为"朝外"。卡特尔将答案留待读者自行去啃个苹果，看看苹果籽的实际朝向。他真正想要提出的问题是：观察收集到的这些回答，我们能从中获取什么信息？

在之后的提问中，卡特尔想要弄清人们在估计重量、距离和时间上的平均准确率。他让学生估计他们使用的教科书（威廉·詹姆斯的《心理学简编》）的重量，校内两栋建筑物之间的距离，还有平时从教学楼大门走到教室门口所花的时间。

教科书实际重24盎司[①]，学生的平均估值为17盎司，略低。两栋建筑物实际间隔310英尺，估值为356英尺。从教学楼大门走到教室门口的实际耗时为35秒，而平均估值是66秒。由此，卡特尔首次证明了人们总是倾向于高估某项活动花费或寻常需要花费的时间。

还有一些问题旨在引导学生回忆上周老师说过的话，以及上课地点的一些细节。学生在这些方面的回忆一塌糊涂，以致卡特尔评论称，就算只是"凸显了千百次随意观察也不如一次测量有用"（p. 764），他的发现也很有价值。

卡特尔认为他的研究和其他所有针对观察准确性的研究，都能被有效地运用于法庭。他认为可以测量出目击证人的大致准确性，并据此衡量目击证人的证词。"我们可以根据时间间隔、平均失真率、个人利益的平均影响等因素进行数值修正。证词经独立收集后交予专家，他们或许能够确定凶案系被告所为的概率是19比1，预谋作案的概率是4比1。"（pp. 765-766）卡特尔有些异想天开了。专家无法依据针对

[①] 1盎司约合28.35克。——译者注

观察准确性的研究，宣布被告是有罪还是无罪。不过，他们完全有能力详细讲解影响目击证人观察的一些因素和不利于准确观察的一些条件。

继卡特尔的早期研究之后，许多研究人员都证明了人们在报告时间、速度和距离等细节方面存在明显的不准确性。特别是速度尤其难以判断，几乎每场交通事故的各个目击者对车辆实际行驶速度的判断都差异巨大（Gardner, 1933）。在一项以空军人员为被试的测试中，被试事先知道研究人员会询问一辆汽车的行驶速度，他们最终给出的估值从每小时 10 英里至 50 英里[①]不等。而他们看到的那辆车实际行驶速度仅为每小时 12 英里（Marshall, 1966/1969, p. 12）。

就像卡特尔发现的那样，大部分人很难准确估计事件持续的时间。不过在这种情况下，人们所犯的错误几乎都如出一辙：高估事件耗时。为在现实环境中研究目击者证词的影响，巴克霍特及其同事在加州一所州立大学内上演了一出袭击事件（Buckhout, 1977; Buckhout et al., 1975）。一名发狂的学生当着 141 名目击者的面"袭击"了一位教授。整个事件都被录了下来，以便将实际经过与目击者证词做比较。袭击仅持续了 34 秒，结束后，每名目击者都提供了宣了誓的证词。问及事件持续的时间，得到的平均估值是 81 秒。因此，目击者差不多高估了近 2.5 倍。

还有两项研究也显示了这种高估时间的倾向。在第一项研究中（Marshall, 1966），被试观看了一段时长 42 秒的影片，片中一名少年在摇晃一辆婴儿车，随后一名女性冲了过来，他立马逃跑了。被试看完影片后，依据自己的记忆做出了书面或口头报告，一周后，向他们询问影片的时长。被试平均认为片长在一分半左右。在第二项研究中（Johnson & Scott, 1976），毫不知情的被试在等着参与实验时，无意中听到隔壁房间传来的对话，对话内容要么中性要么暴力。随后，"目标"从隔壁走了出来，在等候的被试面前停留了大约 4 秒。被试无论

[①] 1 英里约合 1.6 千米。——译者注

男女均高估了他们看到目标的时长。女性平均报告看到了此人25秒，而男性的平均估值是7秒。故而，我们有充分的证据表明，人们会高估复杂事件的耗时。此外，也有证据显示，当个体处于压力或焦虑中时，高估耗时的倾向甚至还会进一步加剧（Sarason & Stoops, 1978）。

尽管目击证人缺乏这种能力，法庭却经常要求他们给出估时。事情的耗时有时可能成为左右庭审结果的关键。例如，几年前，我曾与西雅图公共辩护律师办公室合作处理过一桩案件，一名年轻女性杀害了她的男友。检察官认为她犯有一级谋杀罪，但她的律师声称是正当防卫。被告在二人发生争执时，跑进卧室拿出一把枪，冲她男友开了六枪，这是不争的事实。庭审的争论点在于，从被告拿到枪到第一次开枪之间的时间间隔。被告及其姊妹说是两秒，而检方证人说是五分钟。确切的时间间隔是辩护的关键，辩方坚称被告是在惊恐之下，来不及犹豫，陡然杀了人。最后，陪审团宣判被告无罪，他们必定相信检方证人是高估了时间间隔。

综上所述，有确凿证据表明，人们会错估事件的耗时，而且这种错估总是倾向于高估。当然，人们也会错估身高体重、形状颜色、面部特征等因素，但这类错估并无特定倾向。如果人们一开始就难以准确感知这类信息，那么我们可以肯定这种困难会在他们之后的回忆中反映出来。

事件的暴力程度

克利福特和斯科特（Clifford & Scott, 1978）想知道人们感知暴力与非暴力事件的能力是否有差别。他们制作了两份黑白录像，片中两名警察在搜寻一个罪犯，他们强迫第三人提供协助才终于找到了罪犯。在第一份录像中——非暴力版——因第三人不愿提供协助，双方有些言语交锋，其中一名警察做出了一些轻微束缚第三人的举动。在暴力版中，一名警察直接殴打了第三人。关键片段被拼接进了录像中段，因此两份录像的开头和结尾完全一致。

48名被试一半男性一半女性，均观看了其中一个版本的录像。继一些过渡活动后，被试填写了一份共计44个项目的调查问卷。结果发现，无论是男性还是女性，观看暴力事件的被试的回忆能力都明显次于观看非暴力事件的被试。克利福特和斯科特认为，这种影响可能是因为暴力事件造成的压力更大。无论观看暴力事件的被试表现较差的确切原因是什么，其现实意义都很明确：相比不那么情绪化的事件，我们应该更加谨慎地对待情绪化事件的证词。

▶▶ 目击者因素

除了事件固有的一些因素会影响目击者的感知外，目击者自身也存在一些影响因素。例如，目击者所承受的压力或恐惧，还有目击者对事件的预备知识和预期，都会影响感知。目击者在事件发生时的所作所为也很重要。例如，有些目击者竭尽所能地想要记住所有细节，而另一些目击者脑子里只有一个念头："我怎样才能脱身？"

压力

耶克斯—多德森定律阐释了压力在目击者感知复杂事件时所起的作用，该定律最早发现于1908年，以两位发现者的名字命名。该定律主要是说强烈的动机状态，诸如压力或其他情绪唤醒，能在一定程度上促进学习和表现，之后则出现下滑。表现会从哪个点位开始下滑，则取决于任务的难易程度。希尔加德及其同事在阐述该定律时说："轻度的情绪唤醒往往能激发对任务的警觉和兴趣。然而，若情绪变得激烈，无论愉快与否，通常都会导致一定程度的表现下滑。"（Hilgard et al., 1975, p. 357）当唤醒水平非常低下时（例如刚睡醒的时候），神经系统可能并未充分运作，无法传递感官信息。唤醒水平处于中等强度时，最有利于表现。达到高度唤醒后，表现开始下滑。最佳唤醒水平及曲线的形状因任务而异。相比需要整合多种思维过程的复杂反应，简单稳固的习惯更不易受情绪唤醒的干扰。在极度恐惧之际，个体可能仍会拼写自己的名字，但下象棋的能力会大幅削弱。

耶克斯和多德森提出的定律源自小鼠实验，该实验以电击作为应激源，进行简单的明暗辨别任务。不过经证实，这一定律——尤其是极端压力会使表现大打折扣这一点——也适用于人类在执行各种任务时的情形。巴德利（Baddeley, 1972）做过一个有趣的探讨，他在文章中写道，观察士兵在战斗中的表现，也能发现个体受压力影响的证据。士兵在激战中有效使用步枪的概率比训练时低得多。例如，在美国南北战争的葛底斯堡战役中，超过两百杆前装枪在没开过火的情况下被装填了五次或五次以上。其中一杆枪甚至被装填了二十一次，却一枪未发。

不过，战场可不是收集数据的理想之所。因此，一些研究人员尝试模拟战场，也就是模拟危险情境，用以观察表现下滑的现象。其中一个实验就通过模拟战术演习，让新兵产生压力。除了一条通信线路外，这些新兵完全孤立无援。其中一些人被告知他们受到的攻击中阴差阳错地混入了实弹，或是不小心把他们安排在了一个受到强烈原子辐射的区域，从而令他们心生焦虑。待到新兵承受了足够的压力后，他们会接到指示要用无线电与指挥部取得联络。然而，无线电却坏掉了，他们必须遵照复杂的操作指南进行修理。模拟的危险情境无疑制造了大量焦虑，往往也会削弱表现（Berkun et al., 1962）。

最后一次实验开展于 20 世纪 60 年代初，这些实验很可能有悖于今天的伦理标准。心理学家在科学实验的名义下能对人类和其他动物进行何种测试，当时的伦理标准与今日大不相同。不管怎样，这些实验确实为我们理解压力对认知能力造成的影响，提供了一些有用的信息。模拟危险研究存在诸多问题，不仅是现实问题，还包括道德问题。许多研究人员认为，即便是为了科研，也不该让实验被试暴露在如此高水平的压力之下。有鉴于此，一些研究人员选择以自愿参与跳伞、攀岩和深潜等危险活动的人为研究对象。在一项研究中，一些伞兵要在跳伞开始以前、即将跳伞之际和刚跳完伞后，分别完成一个实验任务。在即将跳伞之际的任务中，新手伞兵的表现受到了削弱，老练的伞兵则不然。老练的伞兵之所以不那么焦虑，一种合理的假设是，他们对跳伞更在行、对自身能力更有信心。还有一种解释是，老练的伞兵学会了抑制焦虑，因为焦虑往往有损他们的表现。这种解释引起了巴德利的兴趣，他说："反复暴露于危险情境的被试，似乎会以某种尚不清楚的方式学会抑制焦虑，摆脱对最危险的情况的焦虑。"（Baddeley, 1972, p.544）这么做可能更有利于生存，因为这意味着关键时刻表现不会受到削弱。

35 大多数人不会反复暴露于危险情境，因此多数人的表现会有所欠缺。现在我们有必要问问为何会发生这种削弱现象。一种比较有前景的解释是，压力的增加导致注意变得狭窄。人在高压下会越来越关注环境中的少数几个特征，越来越注意不到其他特征（Easterbrook, 1959）。故而，犯罪的受害者绝大部分时间可能紧盯着袭击者手中挥动的枪支，几乎没什么余裕加工其他方面的信息。事实上，有证据显示真实情况就是如此。**武器聚焦**形容的就是受害者面对持械袭击时的情况。相较其他事物，武器似乎攫住了受害者的大部分注意力，进而减弱了受害者事后回忆其他环境细节、回忆袭击者的特征和再认袭击者的能力。

我们之前介绍过的实验中也存在武器聚焦现象。在该实验中，毫不知情的被试坐在实验室外等着参与实验（Johnson & Scott, 1976）。接待员与被试一起稍坐几分钟后，借口有事要办，便留下被试走了。在"无武器"事件中，被试听到了一席无伤大雅的谈话，说的是有台设备出了故障。之后有人（目标）满手油污地拿着一支笔，走进接待室，说了一句话就走了。在"有武器"事件中，另一位等候参与实验的被试听到了一场剑拔弩张的言语交锋——最后还传来砸瓶子、摔椅子的声音，接着目标拿着一把染血的开信刀冲进接待室，也只说了一句话就走了。先后两个情境中，目标均在被试面前出现了大约4秒。被试要么立即就目击事件接受询问，要么于一周后接受询问。有武器组的每位被试几乎都提到了某种武器，而无武器组的被试则很少提及他们所看到的对照项。此外，武器的出现还与被试从50张照片中准确辨认目标的能力下滑有关。所有观看照片的被试均听到了以下指导语："这组照片中可能有也可能没有嫌疑人的照片。此外，他的照片可能是近照，也可能不是。请仔细观察，如果看到了你在之前的房间里见过的那人，就请告诉我。"在无武器的情况下，49%的被试正确认出了目标；而有武器时，仅有33%的人辨认正确。

在此必须提醒的一点是，该实验远不能完美地测试武器所产生的影响，因为两种实验情境存在诸多不同，并非仅是武器的有无。目标在一个情境中手染鲜血，在另一个情境中则满手油污；目标进入接待室之前的对话，一个剑拔弩张，一个无伤大雅；还有目标在被试面前说的那句话也不一样。因此，我们只能说这项研究具有启发性，为武器聚焦现象提供了一些证据，但远谈不上定论。

预期

20世纪50年代末的一个下午，一支一行五人的狩猎队外出猎鹿。途经一片湿滑的田地时，车子陷进了雪里，最终变速器也彻底坏掉了。其中两人主动请缨，去附近的农舍找人来帮忙。余下三人，一人留在车里，另外两人就站在车前。然而，去农舍的其中一人行至半道，突然觉得找人帮忙用不着两个人，他不如趁此机会去找找有没有鹿。留守的人并不知道他们的朋友，就在前面的山坡上转悠。站在车旁的一人看到有什么东西在动，便跟他朋友说："那是只鹿吧？"他朋友也觉得是鹿，于是第一个人就冲那只鹿开了一枪。鹿向前跌了一跤，发出一声惊叫——那声音听着就像是鹿受伤时的哀鸣。鹿再度跑了起来，他朋友喊道："别让它跑了，帮我捉住它。"第一个人又开了一枪。然而鹿还在动，第三枪接踵而至，彻底击倒了那只鹿。两人跑了过去，这时他们才发现那根本不是鹿，却是他们的朋友，而且已经身亡（Sommer, 1959）。

这起可怕的事件中显然有预期在作祟。猎人热切地扫视四周，搜寻鹿的身影，看到有东西在动便认为是鹿。他们预期能听到鹿的哀鸣，便将朋友的惊叫听成了鹿鸣。"我脑子里想的、眼睛里看到的，都是只鹿。"其中一名男子在审理本案的法庭上如是说。然而，一名警察作证称，他后来在同样的条件下看到人时，能够认出那是人。这名警察在事发第二天曾赶赴现场，进行了细致的勘察。他说在接近5点以前，裸眼视物没有任何困难。但是这名警察知道出现在视野中的应该是个人，所以他认为自己看到的是人。他的知觉同样受预期影响。

心理学家罗伯特·索默（Robert Sommer）受邀出庭作证，他讲解了人如何观看外界，并将证词的重点放在过往经验对知觉的影响上。索默的证词依据的是其他人和他自己针对预期的作用的研究。预期极大地影响着目击的可靠性并非什么新鲜事，早已为人所知。例如，惠普尔（Whipple, 1918）就曾说过："观察特别容易受预期影响，以致可能产生非常明显的错觉或幻觉之类的错误……我们耳闻目睹的往往是我们期望见到和听到的东西。"（p. 228）

我们可以确定有四种不同类型的预期会影响知觉：文化预期或刻板印象，源自过往经验的预期，个人偏见，临时或暂时性预期。其中任何一种预期都能扭曲知觉，被储存进记忆中的感知材料会发生相应地扭曲，以合乎预期。

文化预期 文化预期是指在特定文化中由许多人共同持有的一种信念。有时也可能是种特征，我们无差别地认为某些群体的成员或某一类型的情境都具备这种特征。故而，许多人认为亚洲人都特别整洁，胖子都很开朗，台球室总脏兮兮的。文化预期有时也被称为刻板印象，通常都简单明了，被广泛接受，但往往谬以千里。奥尔波特和波斯特曼（Allport & Postman, 1947）的一个实验很好地证明了文化预期能对知觉造成极大的影响。

两位研究人员向被试出示了一张带有故事性的图片，图中含有大量相关细节（见图3.1）。画面展现的是在一节满员的纽约地铁车厢里，大多数乘客坐在位置上，唯有两人正站着交谈：一名系着领带的黑人男子和一名手持剃刀的白人男子。通常，被试快速地看过图片后，立马就要向第二名被试（没看过该幻灯片）讲述他能回忆起的所有内容。第二名被试接着告诉第三名被试，以此类推，大约要经过六七名被试。实验使用了40多组被试，其中包括本科生、受训新兵、社区论坛成员、军医院的病患以及学警。被试中既有成人也有儿童，既有黑人也有白人。

图3.1　文化预期对知觉的影响

注：被试对图中所示内容的报告显示，文化预期能对知觉产生重大影响。
来源：Allport & Postman, 1947; By permission of Gardner Lindzey。

在超过半数的实验中，最后一名被试均报告称手持剃刀的是黑人，而非白人。有几人还报告说他"疯狂地挥舞着剃刀"或"持刀威胁白人"。以下是位于传话链末尾的被试所给出的典型报告:"在纽约地铁上,有一名犹太女性和一名手握剃刀的黑人。那名女性抱着一个婴儿还是一只狗。"(p. 57)正是预期导致了这样的结果。一如研究人员所言:"我们无法确定这种令人不安的扭曲是否反映了对黑人的仇恨和恐惧……然而即便被试对黑人没有偏见,也会产生这种扭曲。我们有种不假思索的文化刻板印象,认为黑人脾气暴躁,喜欢使用剃刀和其他武器。"(p. 63)起码在1947年,这项研究发表时,这种文化刻板印象可能真的存在。

奥尔波特和波斯特曼在探讨预期的重要性时,说得非常贴切:"人们会以事物惯常的形态感知和记忆事物。故而,在作为刺激源的图片中,药店原本坐落于街道中央;但在报告时,却变到了两条街相交的夹角处,成了我们熟悉的'街角药店'。载着炸药的红十字会救护车被说成载着医疗用品,因为它'应该'运载医疗用品。路标上的公里数变成了英里数,因为美国人习惯用英里表示距离。"(p. 62)他们的研究为我们理解文化预期对知觉的影响提供了一个范例。

源自过往经验的预期 两名男子入室行窃后,被人目睹了他们步出作案公寓的一幕。目击者仔细观察了其中一名男子,发现是自己认识的人。虽然她没看清另一人,但她认定他是第一人的好友。这第二个人却有确凿的不在场证明:案发时他身在别的州。

上述事件虽是虚构的,但在真实的犯罪中却发生过类似的事。我们所假设的对第二人的错误辨认表明,过往经验在知觉中发挥着重要作用。目击者仔细观察了第一人,发现他是某人的好友,于是推断第二人一定就是那位好友。

在布鲁纳和波斯特曼(Bruner & Postman, 1949)进行的一个有趣的实验中,也可以看到预期的作用。研究人员向被试快速呈现一组扑克牌(囊括四种花色的12张A),随后要求被试报告他们看到或自认看到的内容。匆匆一瞥后，大部分被试报告称他们看到了三张黑桃A。事实上，一共是五张，不过其中两张黑桃被涂成了红色。被试没有看到红色的黑桃A，是因为他们不习惯看到红色的黑桃。当他们看到红色的黑桃时，显然立刻忽略了它。有时，被试会认为他们看到的红色黑桃A是"紫色"或"褪了色的黑色"——其实际所见与预期所见的折中。他们之所以记住了这样的颜色，是为了使之更符合他们平常的预期，即颜色与花色有固定的配对。还有一些被试表现得心烦意乱。提及红色的黑桃时，一位被试彻底陷入了混乱："不管这是什么花色，我反正不认识。刚才乍一看甚至不像是张扑克牌。我分不清这是什么颜色，也分不清这是黑桃还是红桃。我现在就连黑桃原本长什么样都不知道了！天呐！"（p. 218）这一经典实验表明，个体之前的经验在他的感知和回忆中发挥着重要作用。布鲁纳和波斯特曼在结论中指出，当环境违背了我们的预期时，"感知者所表现出来的行为，可以说是对出乎意料或相互龃龉的认知的抗拒"（p. 222）。

个人偏见　就像群体共同持有的刻板信念会影响知觉一样，个体持有的个人偏见也会影响知觉。这些个人信念通常也像文化刻板印象那样简单明了，指向特定的个体、集体或情境，而且往往也是信口开河。因此，假如有人认为凡是女性都开不好车，那么一旦情境中存在女性驾驶员，就可能影响他准确感知情境的能力。

再没有哪项研究像哈斯托夫和坎特里尔（Hastorf & Cantrill, 1954）的研究一样完美地展现了这种影响。两位心理学家研究了人们对达特茅斯印第安人队与普林斯顿老虎队之间的一场橄榄球赛的感知——那是两支球队有史以来打得最激烈、最粗暴的一场球赛。比赛于1951年11月一个凉爽的周六下午打响，两支球队都势在必得，因为这是本赛季最后一场比赛。普林斯顿的一位球员迪克·卡兹迈尔（Dick Kazmaier）不仅享有全美最佳球员提名的荣誉，不久前还登上了《时代周刊》的封面。这是卡兹迈尔为普林斯顿效力的最后一场比赛，而该队目前还未尝败绩。

比赛才开始不过几分钟，裁判的哨声就不绝于耳，判罚不断。达特茅斯的球员有意要对付卡兹迈尔——他们擒住他，压在他身上，还殴打他。比赛刚进入第二节，他就因鼻骨骨折下场了。第三节比赛期间，一名达特茅斯的球员腿骨骨折，被抬出场外。一时间群情激愤。场上爆发了一顿拳脚。双方都有多名球员受伤。

之后出了件怪事：普林斯顿与达特茅斯双方的报刊对赛事的报道大相径庭！这些文章的作者看的是同一场比赛吗？例如，普林斯顿的学生报纸写道："观众从未见过如此令人作呕的'运动'。虽然两支球队都有错，但达特茅斯应负主要责任。普林斯顿显然技高一筹，没有理由对达特茅斯动粗。理智地想来，我们不明白为什么印第安人队要蓄意打伤迪克·卡兹迈尔或其他普林斯顿球员。然而，达特茅斯的心理却并无理性可言。"（《普林斯顿人》，*Princetonian*，1951年11月27日）《普林斯顿校友周刊》（*Princeton Alumni Weekly*）报道称："但我们对这些事的记忆无法轻易抹消。迪克·卡兹迈尔在投出一记传球后，立刻遭对手擒抱，致使其鼻骨骨折并伴有轻微脑震荡，被迫下场。他职业生涯的最后一场比赛为此缩水一大半，这必将在史册中留下不可磨灭的一笔。继第二节后，第三节比赛中的暴行更是登峰造极，布拉德·格拉斯（Brad Glass）仰面摔倒在地时，达特茅斯的一名球员蓄意踢中了他的肋骨。这个多有不快的下午无可否认地证明了失败者战术的确是种真实的打法，达特茅斯本赛季其他比赛的赛事报道也证实了这一点。"（1951年11月30日）

然而……在达特茅斯学生报纸的编辑看来："奈何达特茅斯对阵普林斯顿的这场比赛，却开创了另一种卑鄙的橄榄球赛，我们或可称之为泼脏水。比赛开始没多久迪克·卡兹迈尔就负伤了……事故发生后，[该队教练]向球员们灌输了那套老掉牙的'以牙还牙'的做法。他的训话见到了成效。[达特茅斯的]吉恩·霍华德（Gene Howard）与吉姆·米勒（Jim Miller）双双负伤。两人均做出了后撤步传球，并且球已经出手，只是毫无防备地站在后场。结果是，一人腿受伤，一人腿骨折。比赛进行得非常激烈，到了第三节的确有些失控。但大多数犯规冲撞的判罚吹的是普林斯顿。"（《达特茅斯校报》，*Dartmouth*，11月27日）

显然，人们对比赛中看到的情况持有不同意见。两位心理学家哈斯托夫和坎特里尔决定做项简单的研究：他们分别向两所学校的学生播放了比赛录像，要求他们在观看时注意场上的犯规行为，并分辨这些犯规是"轻微"还是"恶劣"。研究人员要求被试完全客观。结果显示，两所大学的学生对比赛的看法存在巨大差异。普林斯顿的学生平均看到达特茅斯队犯规了9.8次，是他们看到自己球队犯规次数（4.2）的两倍多。此外，他们看到的达特茅斯队的犯规次数，也是达特茅斯的学生看到自己球队犯规次数（4.3）的两倍多。普林斯顿的学生往往认为自己的球队是轻微犯规，而达特茅斯队的犯规则性质恶劣。至于达特茅斯的学生，他们在录像中看到的双方的犯规次数相差无几——达特茅斯4.3次，普林斯顿4.4次。但是，他们也倾向于认为对方球队的犯规比自己球队的犯规更恶劣。

这个实验无疑表明，受试学生强烈地倾向于将自己的同学视作非法侵害的受害者，而非加害者。"显然，这场'比赛'实际上有许多不同版本，而每一个版本在特定的个体看来都是'真实的'，就像其他版本之于其他个体。"（p. 132）

暂时性偏向　偏向性影响着人们对各类事件的感知——犯罪、车祸、狩猎事故。尤其是狩猎事故，让我们多次见到了暂时性偏向的威力。大多数人并不清楚误导性预期引发了多少狩猎悲剧。例如，1974—1975年的狩猎季期间，至少有700人死于狩猎事故（《纽约时报》，1976年11月12日）。国内报刊不时会报道这些事故，但并不能阻止悲剧重演："在猎鹿季刚拉开帷幕的48小时内，就有至少六名猎人遭到枪杀，其中两人年仅15岁。"（合众社）"周六上午，威尔明顿市的一名16岁男孩头戴松鼠皮帽，和表兄弟一起外出打猎时被枪杀。坎伯兰县的验尸官阿尔法·克拉克（Alph Clark）称，阿奇·李·巴特勒三世（Archie Lee Butler Ⅲ）是被他16岁的表兄弟威利·巴特勒（Willie Butler）开枪击中头部而不幸身亡的。"（《罗利时报》，*Raleigh Times*）"卡利斯佩尔市一名18岁的猎鹿人中弹身亡，而他的父亲十日前才刚于狩猎事故中丧生。"（美联社）这类死亡尤其惨痛，因为许多受害者是被自己的亲友射杀的。如果人们能更清楚地认识到暂时性偏向或预期产生的重要影响，也许就能避免这类事故。

西波拉（Siipola, 1935）的研究为探究暂时性偏向的影响提供了一个范例。研究人员向两组被试出示一套单词（或拟单词），不过其中一组被试得知这些单词是关于动物或鸟类的（A组），而另一组得知这些单词是关于交通或运输的（T组）。单词均通过速示器呈现给被试——这是一种光学仪器（也称t-scope），能向被试高速呈现文字或图片，如实验需要，可以快到若干分之一秒。该实验使用了10个项目，每个项目的呈现时间约为0.1秒。其中一些是真词，如"horse"（马）、"baggage"（行李）和"monkey"（猴子）；还有一些是拟单词，如"sael"、"wharl"和"dack"。被试只需写下他们感知到的单词即可。

西波拉收集了160名被试的实验结果，80人一组。若是真词，被试通常都能正确感知。[只有一个词除外，T组的被试往往将"monkey"（猴子）认作"money"（金钱）。]但若是意义不明的单词，测试结果则不同寻常。被试显然倾向于依据预期来感知意义不明的单词。故而，A组将"sael"认作"seal"（海豹），而T组则认作"sail"（航行）。同理，"wharl"也依据被试事先的预期要么被认作"whale"（鲸），要么被认作"wharf"（码头）。"dack"在A组看来是"duck"（鸭子），在T组看来是"dock"（船坞）或"deck"（甲板）。被试想要感知真词的倾向非常强烈，以至于能正确报告实际刺激的情况极其罕见。譬如，89%的T组被试给出的答案均是"dock"（船坞）或"deck"（甲板），只有3%的人正确认出了"dack"。而在A组中，80%的被试都回答是"duck"（鸭子），只有7.5%的人回答是"dack"。

西波拉的研究表明，人们会依据他们的暂时性预期，将意义不明的单词转换成他们认为自己会看到的单词。不过，暂时性偏向能影响我们对图片的感知吗？答案是肯定的。图3.2显示的图片名为"鼠—人"，因为这张图既可以被看作一只老鼠也可以被看作一个人。如果被试期望看到人脸，就会从图中看到人。相反，期望看到动物，就会从图中看到老鼠。这种预期很容易建立。只要被试在观看"鼠—人"图之前先看过图片下方的那排人脸，就会预期这张图是张人脸。而若被试在观看"鼠—人"图之前先看过图片下方的那排动物，就会预期这张图是只动物。巴杰尔斯基和阿兰姆佩（Bugelski & Alampay, 1961）发现，85%至95%的被试若先看过其他人脸就会将"鼠—人"图认作人，若先看过其他动物就会将"鼠—人"图认作鼠。

图3.2　"鼠—人"图和引发暂时性偏向的系列图片

来源：Bugelski & Alampay, 1961。

使用其他图片也得到了同样的结果。图3.3最顶上的那张图究竟是一位女性的身体还是一位男性的面孔？大多数人若先看过下方的第一排图片，便会将之认作男性的面孔，而先看过第二排图片，便会认作女性的身体（Fisher, 1968）。

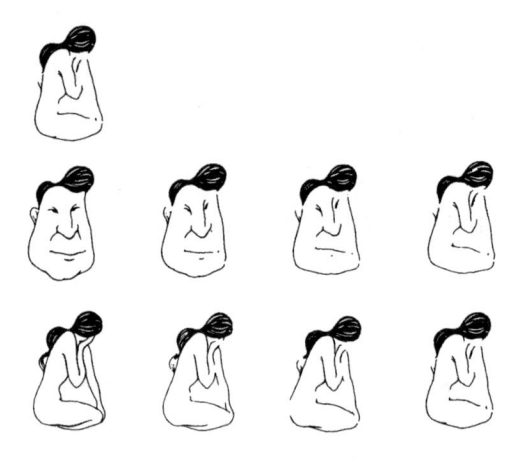

图3.3　面孔还是身体？

来源：Fisher, 1968。

在结束探讨暂时性偏向之前，我们再来看最后一个实验，彼得森（Peterson, 1976）在该实验中采用了高度自然的实验材料。256名受试学生观看了一段含有捣乱和争斗场面的录像。录像长约七分钟，播放的是据说发生在加州大学洛杉矶分校的一场论坛上的事件。论坛的目的在于探讨弹劾理查德·尼克松的提案。被试在录像中看到的事件如下：

主持人介绍了一位支持尼克松的演讲者，他开始为尼克松辩护，很快就有听众插话打断了他的演讲。他坚持又讲了几分钟，仍有听众不时插嘴。演讲者还在讲话时，两名学生从听众席中站了起来，走上讲台。其中一名学生走向了演讲者身后的黑板。他将黑板上的"开放"论坛改成了"封闭"论坛，并写下了"弹劾"二字。第二名学生则径直朝演讲者走去，夺过他的话筒，开始发表支持弹劾的言论。这名反尼克松的学生讲了一分多钟后，演讲者试图拿回话筒。

为此，演讲者与两名学生开始相互推搡。主持人在台下叫他们住手，并随即返回台上，要两名学生回到自己的座位上去。学生走下了讲台，但演讲者拒绝继续发表演说。

在观看这起捣乱事件以前，所有被试均先看了一份预备录像。预备录像有两个版本，分别对参与破坏和打斗的两名主要演员的动机做出了迥然相异的解释。其中一个版本——"有罪"录像——将两名学生描绘成满腔怒火、威逼他人的激进分子，企图阻止演讲者发表一场有争议的演说。而在另一个版本中——"无罪"录像——两名演员是文质彬彬的学生，看重言论自由，希望确保争论双方都能平等发声。有罪录像旨在让目击者偏向于相信捣乱的学生纯粹是为了阻止对方的演讲，有意攻击或伤害演讲者。无罪录像则力图让目击者相信捣乱的学生无意伤害他人，只是想表达自己的观点。观看了其中一份预备录像和随后的事件录像后，所有被试都要就捣乱事件发生时的情况回答一些问题。

两份带有偏向性的录像确实令目击者对事件的看法产生了重大差异。虽然两份录像的目击者都认为捣乱的学生意图不正，但那些看过有罪录像，即将学生描绘成愤怒的激进分子的录像的目击者，他们的这种观点更强烈。不过这是否还影响了被试对捣乱事件的细节记忆呢？不出所料，看过有罪录像的目击者记住了更多示威学生行为失当的细节，这些细节符合他们对事件的看法。例如，以下就是一些与其看法一致的细节。（此处用A与B代指录像中捣乱的两名学生。）

1. B刚开始时用手里的文件制造噪声。
2. A屡次插嘴道："跟我们说说水门事件的录音。"
3. B擦掉了黑板上的"开放"一词，改成了"封闭"。

相比观看另一份录像的被试，观看有罪录像的被试更容易记住这些行为失当的细节。

与此同时，相比另一组目击者，看过有罪录像的目击者不太能记住两名学生行为得当的细节，比如以下这些：

1. A 只是拿走了话筒，并未对演讲者动手。
2. A 跟演讲者说了声"抱歉"。
3. 主持人要两人回到座位上，A 与 B 便走下了讲台。

如果看过录像后适当间隔一段时间再来回忆事件，符合目击者原始看法的细节记忆会变得更为鲜明。随着时间的流逝，目击者的记忆越来越模糊，其他记忆不太可能再与目击者的错误结论发生冲突。这一观察结果表明，偏向性至少对原始感知形成后的记忆存在一定影响。事实上，多年来心理学家对预期在知觉中发挥的作用一直存在理论争议。一些心理学家认为，预期会切实改变个体的感知。如果一个人期望看到女性的身体而非男性的面孔，期望看到罪恶的暴徒而非和平的民众，那么符合这些预期的特性在感知中会变得更清晰、更鲜活。它们更为突出，受到我们更多的关注。然而，另一些心理学家认为，预期并不直接影响感知，而是影响我们对自身所见所闻的解释或反应。无论哪种理论正确（也可能两种理论都有一定道理），有一点是公认的：预期对个体自认看到的东西存在巨大影响。

感知活动

目击者亲历一起事件时，可能从事各式各样的活动。例如，抢劫案的目击者可能大部分时间在审视抢匪的面部特征，也可能大部分时间都只是呆望着抢匪的脸，实际却在想该如何摆脱这样难熬的处境。目击者对事件的不同方面记得有多清楚，在很大程度上取决于他所从事的活动。

鲍尔和卡林（Bower & Karlin, 1974）的研究就简单地证明了这一点，他们向被试呈现人的面部照片，并要求被试根据这些照片完成多项实验任务。一些被试要判断这些面孔的性别，这种判断较为浅显。还有一些被试要判断这些面孔看着是否讨喜或是否老实，这种判断要深入一些。在之后的再认记忆测试中，判断面孔是否讨喜或是否老实的被试表现较好，判断性别的被试表现较差。无论被试是否提前得知稍后会有再认测试，这种影响都是存在的。鲍尔和卡林在结论中提出了一个实用的办法："如果你想记住别人的长相，可以在初次见面时对他的面容做些有难度的个人评判。"（pp. 756-757）

鲍尔和卡林报告的原始实验结果，在全球多个实验室中得到了反复验证。米勒及其同事（Mueller et al., 1977）在研究中要求一组被试判断照片中那些面孔的性格特征，如大方或友善，另一组被试则要判断面孔的生理特征，如额头的高度。在突击再认测试中，前者的表现优于后者。在帕特森和巴德利（Patterson & Baddeley, 1977）的研究中，一些被试要判断面孔的多项性格特征，例如这人是友好还是可恶，而另一些被试要判断的则是面部特征，例如鼻子是大是小。同样，依据性格特征来感知面孔比依据面部特征来感知面孔在再认测试中的得分更高。

为什么判断性格比判断性别或面部特征更有助于再认呢？可能是因为后一种判断只需留意单一线索或关注单一特征——例如，系领带、蓄须、短发、浓眉、前额很高。相比之下，判断是否老实或讨喜，可能需要更全面地扫视整张面孔。被试可能会试着回想一位老实或讨喜的熟人，然后判断作为刺激源的这张面孔与他从记忆中提取的熟人是否相似。无论这些复杂判断究竟通过何种途径提高了个体对之前见过的面孔的再认能力，其效果都毋庸置疑。它们强有力地证明了目击者的感知活动对回忆的准确性有着重要影响。

预先略微知晓……

有证据显示，预期与感知活动——这两个因素均会影响目击者对事件的知觉——实际上是相互关联的。在事件发生**以前**就对事件略有知晓，能影响我们看待事件的方式，影响我们要看些什么，关注些什么，对不同的细节要给予何种程度的关注。换言之，目击者预先知道的信息能影响他在关键事件发生时的行为。

为检验这一关联性，利佩及其同事（Leippe et al., 1978）提出了一个简单的问题：目击者预先知道某件物品很昂贵，是否会影响他辨认偷盗该物品的嫌疑人的准确性？受试学生聚集在实验室后，研究人员走进来问："之前的一名被试打电话来说，她落了一个袋子。有人看见吗？"事先串通好的一名被试指着旁边桌子上的一个棕色纸袋说："是不是那个？"这时，研究人员答说"没错，那是她的计算器"，表明袋子里的东西很贵重。而在另一组被试面前，研究人员说里面是"香烟"而非"计算器"，表明东西并不值钱。研究人员离开房间后，那名串通好的被试就抓起纸袋，开始往外走。半途纸袋掉了，他赶忙捡起，夺路而逃。（此举是为保证所有被试均看到了盗窃经过。）大约一分钟后，研究人员返回房间，询问纸袋的下落。得知被盗后，研究人员表示现在再去追小偷可能已经迟了，但之后会进行追查。几分钟后，被试开始被一个个单独转移到另一个房间，并得知方才的盗窃案是演戏。接着研究人员向被试呈现一组六人照片，要求被试辨认小偷。

必须要报告的一点是，若失物是计算器，被试会认为该失物比香烟值钱。在第一种情境中，失物的平均估价为46.44美元，而在第二种情境中只有1.49美元。罪行的严重程度对辨认的准确性有所影响。在失物昂贵、罪行严重的情况下，56%的被试做出了准确辨认。而在罪行较轻的情况下，仅有19%的被试做出了准确辨认。可见，对罪行严重程度的感知——在本实验中，被试预先知晓了失物的价值——可能是决定目击辨认准确性的重要因素。正如这一实验的其他版本所显示的那样，关键是要预先就有所知晓，等小偷逃之夭夭后再获取信息，已无法产生任何影响。研究人员认为，预先知晓之所以有效，是因为它能促使目击者积极关注犯罪经过。人们可能会比平时更加仔细地审视面部特征，而这就是辨认准确性有所提高的原因。换言之，预先知晓可能会改变人们加工信息的方式，进而改变他们的感知活动。

若犯罪或车祸等重大事件的目击者，之后必须对事件进行回忆，可以确定要经历三个主要阶段：获得阶段、保持阶段和提取阶段。在获得阶段，许多因素都会影响原始感知的准确性。其中一些是事件固有的因素，如目击者有多少时间观看需要记忆的内容。还有一些是目击者自身的因素，如他所承受的压力。事件因素与目击者因素均极大地影响着目击者准确感知的能力。

信息一旦进入记忆，就可能需要在记忆里保持一段时间，直至目击者试图提取信息。这一阶段又有新的影响因素在发挥作用。下一章便致力于探讨在保持阶段发生的事情会对目击者最终的回忆有着怎样的影响。

第四章
保留记忆中的信息

1975年4月6日，一个名叫亚伦·路易斯（Aaron Lewis）的男子在离开杂货店后遭到了逮捕，他身上还有几瓶未付款的葡萄酒和啤酒。他之所以被捕是因为店员报警称，刚刚离店的男子就是1975年2月15日持刀抢劫的那人。警方在距杂货店几个街区外的地方带走了路易斯，将他带回警察局，并指控他于七周前犯下了一起持械抢劫案。

虽然路易斯承认他顺手偷了一些啤酒和葡萄酒（人赃并获），但他否认犯下了持械抢劫这等严重的罪行。他对此次被捕提出了抗议，声称那名店员认错了人。然而，那名店员却说尽管已经过去七周了，但他肯定路易斯就是那个抢劫犯。因此，在该起持械抢劫案的审判中，唯一不利于路易斯的证据就是一名目击证人的证词。诸如此类的事件令我们不禁要问，一个人的记忆在一段时间内（比如七周）会发生怎样的变化。如果间隔的时间更短或更长呢？

目击者感知一起复杂事件时，有许多因素都会影响感知和记忆的准确性，诸如呈现时间、事件的显著性或目击者事先的预期。而材料一旦被编码，还会进一步发生变化，使得问题愈发复杂。从经历复杂事件到目击者回忆那段经历之间的时间间隔是一个关键时期。这段保持间隔的长短与在此期间发生的事情均会影响目击者的证词。

相比短期间隔,经过长期的保持间隔后,目击者证词的准确性与完整性更差,这已是公认的事实。论及记忆保持量随时间而减少的问题,最常为人引用的研究可能当属艾宾浩斯于 1885 年进行的一项经典研究。艾宾浩斯的实验只有一个被试——他自己。他的典型做法是先学习一组无意义音节,间隔一段时间后,进行再学习。他记录了再学习时节省的时间或阅读次数,并假定自己记得越清楚,再学习材料所需的时间就越短。他的实验结果(他绘制成了著名的"遗忘曲线")表明,事件发生后我们一开始会忘得很快,但随着时间的推移,遗忘变得越来越缓慢。

后续的研究采用不同类型的被试和不同类型的学习材料,反复证实了艾宾浩斯的发现。谢巴德(Shepard, 1967)测试了 34 名文员在间隔两小时、三天、一周和四个月后对图片的再认能力。谢巴德发现,图片材料的保持率从两小时后的 100% 正确再认降到了四个月后的 57%。57% 的概率虽看似很高,但被试其实可能只是蒙对的:该测试会向被试一张一张地呈现图片,如果被试认出这是之前看过的图片就答是,反之就答否。即便从未看过这些图片,仅靠运气瞎猜也能猜对一半(得到 50% 的正确率)。

上一章已简要提过,马歇尔(Marshall, 1966)在研究中向被试呈现了一起较为真实的事件。被试观看了一段时长 42 秒的影片,片中内容如马歇尔所述(pp. 53-54):

> 影片大部分内容配有背景音乐。开头是一个少年掀开了一辆婴儿车的蚊帐。少年大约十几二十岁,中等身材,身着深色夹克、宽松的浅色休闲裤和一件大敞着领口的白衬衫。他的夹克上缀着白色的纽扣,脖子上还挂着两根绳子或项链,其中一根坠着一个小笛子或口哨,另一根坠着一面镜子。他一头卷发,留有鬓角。婴儿哭闹

了起来。少年起初只是冲着婴儿车微笑，而后逐渐慌了神。他面朝婴儿车，抓住车把手，开始摇晃车身，随即又松开了车把。婴儿哭得更厉害了。少年来回摇晃着婴儿车，身体重心不断从一只脚转移到另一只脚。他摇晃得越发粗暴，将原本停在草地上的婴儿车拖到了车道上。一位女性高喊道："杰勒德太太，杰勒德太太，快来呀！有人要抱走你的孩子。"少年转向院子的围栏，看向了里面的房子。一名女性从屋里冲了出来，朝少年和婴儿车跑去。她看上去很年轻，身着宽松的白色长衫和深色半身裙，边跑边挥舞着手臂，高嚷着："你个臭小子！臭小子！"少年看起来吓坏了，迟疑片刻，跑出了大门，紧挨着灌木丛，蜷身躲进了一排白色尖桩篱笆的角落里。

片中显然包含了诸多细节，被试——167名法学生、102名学警和22名低收入者——看过影片后要么立即回答相关问题，要么间隔一周。被试立即回答问题的准确性始终高于一周后。马歇尔将这种衰退称为"记忆滑落"，他表示很想看看被试的记忆在一个月乃至一年后会发生什么变化。答案似乎不言而喻。众多研究均告诉我们，间隔一年的记忆不如间隔一月的记忆准确，间隔一月的记忆不如间隔一周的记忆准确。当然，这同样也验证了艾宾浩斯百年前的发现，只是换了一种表述方式。

▶ 事后信息

单是时间并不会导致记忆滑落，导致记忆滑落的部分原因是在这段时间内发生的事情。目睹一起重大事件后，目击者通常会接触到与此相关的新信息。譬如，有人目睹了一起车祸，然后从报纸上得知司机出事前喝了酒。或是有人目睹了一场争执，然后听到一位朋友向第三人巨细无靡地讲述这起争执的所有细节。近来，越来越多的证据显示，事后经历（如接触新发布的信息）会极大地影响我们对原始事件的记忆。伯德（Bird, 1927）就提供了一个较早的例子。在一次例行授课的过程中，老师探讨了一系列实验结果。当地报刊的一名记者虽是好意但行事欠妥，刊发了一篇错误百出的授课报道。很多学生都读了那篇报道，几乎所有人都认为报道得很准确。老师在周末举行了一次考试，除常规试题外，他还让每个学生写明自己是否看过那篇报道。那些看过报道的学生在考试中出错较多，他们记住了报纸上的错误信息，以为那就是老师原本讲授的内容。

若目击者在事后读过或听过有关事件的信息，待到回忆事件时也会发生同样的情况。事后信息不仅能增强现有记忆，还能改变目击者的记忆，乃至将不存在的细节融入先前获得的记忆中。

增强记忆

重大事件的目击者通常会在事后谈论那起事件。例如，抢劫犯离开杂货店后，一名收银员对另一名收银员说："你看到那个戴绿帽子的人了吗？"我们先姑且假设其中一名抢劫犯确实戴着一顶绿帽子。第一名收银员的这句话会如何影响第二名收银员的记忆？事实证明，这句话能增加第二名收银员也声称看到有人戴绿帽子的可能性。

下面这个实验（Loftus, 1975）就证实了这一点。受试目击者观看了一起多车事故的录像，其中一辆车没有遵守停车让行标志，直接右转驶入主干道。迎面而来的车辆为了避让，踩了急刹，最终致使五车连环相撞。录像时长不足一分钟，事发更只在短短四秒间。看完录像后，被试拿到了一张示意图，字母 A 代表违反停车让行标志右转的那辆车，字母 B 到 F 代表卷入事故的其余车辆。所有被试均要回答十个问题。第一个问题问的是肇事车辆的车速，采用两种不同问法：

1. 车辆 A 违反停车让行标志时，车速有多快？
2. 车辆 A 右转时，车速有多快？

75 名被试遇到的是第一种题目,另外 75 名被试遇到的是第二种题目。所有被试的最后一题,也就是第十题的题目是一致的,问的是被试是否真的看到了停车让行标志。如果前面的问题提到了停车让行标志,53% 的被试最终报告称他们看到了该标志。然而,如果前面的问题没有提到停车让行标志,就仅有 35% 的被试表示看到了标志。因此,只是提及一个真实存在的物体,就能增加它之后被回忆起来的可能性。

记忆折中

若目击者目击事件后,得知了一些与先前所见相悖的新信息会怎样?可能的话,许多目击者似是会在当时的所见与后来的所闻之间取一个折中。

在一个实验中(Loftus, 1975),40 名受试目击者观看了从电影《学生革命日记》(Diary of a Student Revolution)中截取的一个片段,时长三分钟。8 名示威者制造了一起扰乱课堂事件。对峙的场面比较喧哗,打断了教授的授课,直至示威者离开教室才作罢。看完录像后,被试拿到了一份问卷,问卷有两种,卷面均包括 1 个关键问题和 19 个充数的问题。半数被试看到的关键问题是:"进入教室的 4 名示威者中的领导人物是男性吗?"另外半数被试看到的问题是:"进入教室的 12 名示威者中的领导人物是男性吗?"所有问题被试都只需圈选是或否。一周后,召回所有被试,回答一组新问题。这次的关键问题是:"你看到有多少示威者进入了教室?"那些之前在问卷中看到"12"人的被试,一周后平均报告有 8.9 名示威者,而在问卷中看到"4"人的被试,平均回忆称有 6.4 名示威者。研究人员在检查被试的回答时发现,大多数被试倾向于在他们的实际所见(即 8 人)与后来的所闻(一是 4 人,一是 12 人)之间取一个折中。

在第二个研究折中反应的实验中(Loftus, 1977),研究人员向 100 名被试呈现了 30 张描绘一起汽车撞人事故的彩色幻灯片,每张幻灯片呈现三秒。从幻灯片中可以看到，一辆红色的达特桑顺着一条小巷往十字路口行驶。该车右转时，撞倒了一名沿人行横道过马路的行人。一辆绿色的轿车驶过事故现场，却没有停下来（图4.1）。警车赶到现场后，警察设法救助受害者，达特桑上的一名乘客也跑去找人帮忙。

看完幻灯片后，被试要立即回答12道问题。其中半数被试的第10题，将途经事故现场的绿色车辆误说成了是蓝色。其余半数被试（对照组）的题目中并未提及车辆颜色。经过20分钟的过渡活动后，开始进行颜色再认测试。研究人员向被试呈现一个含有30条色带的色盘和一张列有10个物体的列表。被试的任务是根据自己的记忆选出每个物体的颜色。

图4.1　30张彩色幻灯片的一张黑白复印件

注：该组幻灯片描绘了一起汽车撞人事故。被试对关键项目的记忆——位于本图中央的绿色轿车——往往是他们看到的绿色与被告知的蓝色之间的折中。

来源：Loftus, 1977。

结果表明，接触过蓝色信息的被试在回忆途经事故现场的车辆的颜色时，倾向于选择蓝色或蓝绿色。那些没有接触过颜色信息的被试选择的颜色往往更接近实际的绿色。因此，植入错误的颜色信息显著影响了被试正确辨认之前见过的颜色的能力。

植入不存在的物体

在估计人数或回忆颜色时，目击者很容易在实际所见和后来所闻之间进行折中。这种折中可能是有意为之，也可能是无意识的。不过，就另一些类型的物体而言，想要做出这样的折中并不容易。例如，目击者看到一辆车闯了停车让行标志，随后得知那其实是减速让行标志。目击者就不太可能想出什么折中的标志，大多数人要么坚持认为是自己看到的停车让行标志，要么决定相信是之后听说的减速让行标志。事实上，人们往往也真是这么做的。

在洛夫特斯及其同事（Loftus et al., 1978）的一个实验中，近200名被试观看了30张彩色幻灯片，这些幻灯片连续描绘了一起汽车撞人事故的始末。画面中一辆红色达特桑顺着一条小巷往十字路口行驶，半数被试在路口看到的是停车让行标志，其余半数看到的是减速让行标志（图4.2）。幻灯片的最后一部分显示，这辆达特桑撞到了人。看完幻灯片后，被试回答了一些问题，其中有一个关键问题。大约半数被试看到的关键问题是："红色达特桑出现在停车让行标志前面时，是否有车从旁经过？"其余被试在这个问题中看到的不是"停车让行标志"，而是"减速让行标志"。对于部分被试来说，题目中出现的标志正是他们实际看到的标志，换言之，题目给出的是相容信息。而对另一些被试来说，题目中则含有误导信息。

填完问卷后，被试参与了20分钟的过渡活动，阅读了一篇毫不相干的短篇小说，并回答了一些问题。最后，进行再认测试。被试要在成对呈现的幻灯片中，选出哪张是之前见过的。在最关键的一对幻灯

图4.2　一个实验所使用的关键幻灯片

注：该实验表明，目击者能够"记得"他们看见了并不存在的物体。
来源：Loftus et al., 1978。

片中，一张描绘的是达特桑出现在停车让行标志前，另一张也几乎一模一样，只是达特桑出现在了减速让行标志前。

结果表明，当干预问题中出现相容信息时，75%的被试回答正确。当干预问题中出现误导信息时，仅有41%的被试回答正确。若被试全凭猜测，大约能有一半的正确率，即50%，故而误导性问题致使被试的正确率比随机猜测的正确率还低。

我做过大量演示实验，展示如何将不存在的物体植入人们的回忆中。例如，向大学生播放一段事故录像，然后提出一个误导性问题（Loftus, 1975）。一些被试看到的题目是："白色跑车行驶在乡间小路上途经谷仓时速度有多快？"其余被试看到的对照问题是："白色跑车行驶在乡间小路上时速度有多快？"一周后，询问所有被试当时是否看到了一座谷仓。事实上，并没有什么谷仓，但题目中出现了谷仓的被试里，有超过17%的人声称看到了谷仓。相比之下，对照组中仅有不到3%的人回忆起了谷仓。因此，在询问过程中不经意地提到一个不存在的物体，能增加个体之后报告见过该物体的可能性。

其他研究人员也观测到了这一基本现象，即我们可以将不存在的物体融入人们的记忆中。两位心理学家莱斯古德和彼得鲁什（Lesgold & Petrush, 1977）进行了一项研究，让99名被试观看了一组描绘一起银行抢劫案的幻灯片。每张幻灯片都配有大约60字的解说，将幻灯片串联起来，让被试觉得他们看到的是一起连贯的事件。每张幻灯片都有一个要么存在要么不存在的细节（如报警按钮，图4.3）。看完幻灯片后，研究人员提出了一系列问题，其中一些问题提到了关键物体，另一些问题则不然。最后，研究人员向被试呈现关键项目和其他充数项目的名称，询问被试之前是否实际看到过每个项目。两位心理学家发现，在被试看完银行抢劫案的幻灯片较长时间后，只需提及一个并不存在的物体，就足以增加被试自认见过该物体的可能性。

图4.3 银行抢劫案的幻灯片示例

注：半数被试看到的另一张对应幻灯片上没有图中的关键项目——报警按钮。
来源：Lesgold & Petrush, 1977。

不仅是实验室研究，实验室之外的演示实验也发现了同样的现象。例如，几年前我在认知心理学的课堂上给学生布置了一项作业：我让他们出去在别人的脑海中为并不存在的东西制造一段"记忆"。我希望能借此让他们发现这是多么轻而易举的一件事，更想让他们进一步看到通过这种方式获得的记忆，对个体来说，和平常靠亲身感知产生的记忆一样真实。有组学生在火车站、公交站和购物中心开展他们的实验，过程如下：两名女学生走进火车站，其中一人将一个大包搁在长椅上，然后双双去查看火车时刻表。她们离开后，一名男学生偷偷摸摸地走过来，将手伸进包里，假装从中拿出了什么东西，塞进外套，然后飞快地走掉了。女学生回来后，年长的那个发现有人动过她的包，随即惊呼："天呐，我的录音机不见了！"她痛惜地嚷道，那是她老板特别借给她的，价值不菲，等等。两名女学生开始询问周围的目击者。多数人极力配合，对她们抱以同情，尽力回忆一切细节。年长的那名女学生要了这些目击者的电话号码，说是"以备报保险之需"。多数人乐意留下号码。

目击者证词

一周后,一位"保险代理人"致电目击者,声称要对失窃经过进行例行调查。他请目击者尽量回忆所有能想起来的细节,最后问道:"你看到那台录音机了吗?"尽管根本不存在录音机,但仍有超过半数的目击者"记得"自己看到了录音机,而且几乎所有人都说得相当详细。他们的描述各有不同,有人说是灰色的,有人说是黑色的;有人说录音机装在盒子里,有人说没有盒子;有人说录音机带有天线,有人说没有天线。对于一台从未见过的录音机来说,他们描述的"记忆"可谓相当生动。

除了实验,人们在现实生活中也可能会相信那些从未发生过的事。让·皮亚杰(Jean Piaget, 1962)的回忆录中就有一个最好的例子:

> 记忆还有一个问题是会受他人影响。例如,我人生最早的记忆,如果没弄错,可以追溯到我两岁时。时至今日那些场景依旧历历在目,我15岁以前都以为是真的。我坐在婴儿车里,保姆推着我走在香榭丽舍大街上,这时来了一名男子,想要绑架我。保姆勇敢地挡在我和绑匪之间,车上的安全带将我系得牢牢的。保姆身上多处被抓伤,我到现在都还能隐约看到她脸上的伤痕。人群随之聚集起来,一名警察走了过来,他身穿短斗篷,手持白色警棍,绑匪见状拔腿就跑。我仍能看到那个场景,甚至能看到旁边的地铁站。及至15岁时,我父母收到了那位保姆寄来的一封信,信中说她已经改信基督教救世军。她想要忏悔以前的过错,尤其是要归还当时奖励给她的那块手表。她捏造了整件事,伪造了那些伤痕。因此,我一定是在小时候听过这个令我父母深信不疑的故事,并以视觉记忆的形式投射到了过去。(pp. 187–188)

核心细节与边缘细节

德里萨斯和汉密尔顿(Dritsas & Hamilton, 1977)指出,过去很多研究中的误导信息并不涉及目击者观察到的核心行为。他们想知道与此相比，修改个体对显著细节的记忆是难是易。显著细节指的是容易为人感知，大概率能被准确回忆起来的细节。两位研究人员假设边缘项目比核心而显著的项目更易修改，接着他们开始着手检验这一假设。

72 名被试观看了三起工业事故的录像。第一起事故中，一名男性实习工被一块金属碎片击中了右眼角膜。第二起事故中，一名维修人员被一根旋转的金属棒击中背部，当即摔倒在地，头部和颈部受伤。第三起事故中，一名女性的右手卡在了冲床里。因此，被试观看的事件具有较大的应激性，要是发生在现实生活中的话，调查人员可能会对目击者进行相当严密的询问。看完三份录像共计需要 11 分钟。

看完录像后，每位被试都填写了一份包含 30 道题的问卷，这些问题既涉及核心细节，也涉及边缘细节。（核心细节与边缘细节的判定标准，源于由 25 名学生组成的一组独立被试的回答。）30 道题中有 6 道题——3 道涉及核心细节，3 道涉及边缘细节——具有误导性，题目中含有错误信息，旨在改变被试稍后对事件的回忆。

结果显示，相比边缘项目，显著或核心项目回忆的准确率明显更高，也更难被误导信息改变。核心问题回答的准确率为 81%，而边缘问题回答的正确率仅有 47%。关于核心项目的误导信息修改了 47% 的后续回忆，而关于边缘项目的误导信息则修改了 69% 的后续回忆。因此，我们可以从这项研究中得出结论，相较事件的边缘细节，在显著或核心细节上误导目击者的难度更高。

事后信息呈现的时机

设想这样一个困境：一名目击证人亲眼看到一辆车闯了红灯。这位目击证人要离开本地外出一周，然后再回来为此作证。肇事司机的律师获准与目击证人面谈几分钟，其人寡廉鲜耻，想利用这个机会暗

目击者证词

示目击证人当时其实是绿灯。对他来说，在哪个时间段询问目击证人最为有利——是事发后、一周后还是证人即将出庭作证之前？（在此先抛开道德问题，只考虑律师的行为对目击证人的最终证词的影响。）

在预测误导信息何时能发挥最大影响时，那些赞成尽早灌输的人通常认为："事件发生后必须及时把新信息输入对方的记忆中，这样它们才会被储存在就近的位置。"而赞成晚点灌输的人则认为："若过早地灌输信息，这些信息会和目击者原本的记忆发生冲突。而晚点再灌输，目击者原本的记忆已经变得模糊，也就不会发生剧烈冲突。"哪种观点正确？同事和我一起做过的一个实验给出了答案（Loftus et al., 1978）。

这项研究想要弄清楚的问题是：在事件发生后立即植入事后信息和在回忆事件前才植入事后信息，是否会产生不同影响？600多名被试观看了之前提到的那30张彩色幻灯片，在其中一张幻灯片中，红色达特桑要么出现在停车让行标志前，要么出现在减速让行标志前。被试要填写一张调查问卷，还要在间隔20分钟、一天、两天或一周后参与最终的迫选测试。半数被试看完事故幻灯片后立即填写了问卷（"即时"问卷），另外半数被试要等到最终参与迫选测试前才填写问卷（"延时"问卷）。此外，还有一组被试目击事故后，立即填写了问卷并参与了测试。每组被试中，有些人在问卷上看到的是与实际所见相容的信息（也就是说，他们实际看到的是停车让行标志，问卷上写的也是停车让行标志）。另一些人在问卷上看到的信息具有误导性（他们实际看到的是停车让行标志，但问卷上说是减速让行标志）。还有一些人的问卷上并未提供任何关于交通标志的信息。我们重点关注的是被试在最终测试中的表现，该测试会向被试呈现两张关键幻灯片，其中一张包含停车让行标志，另一张包含减速让行标志。有多少人正确选出了之前实际见过的标志？

实验结果如图4.4所示。用三角形标记的曲线反映的是，没有在保持间隔内植入相关信息时被试的表现。若看完幻灯片后立即接受测试，这些被试的表现相当好——正确率接近90%。被试的表现随保持间隔的增加而逐渐下降，两天后，被试的正确率约为50%，这个数值无疑表明被试不过是在瞎猜。这组数据进一步证明，间隔时间长的记忆不如间隔时间短的记忆准确。

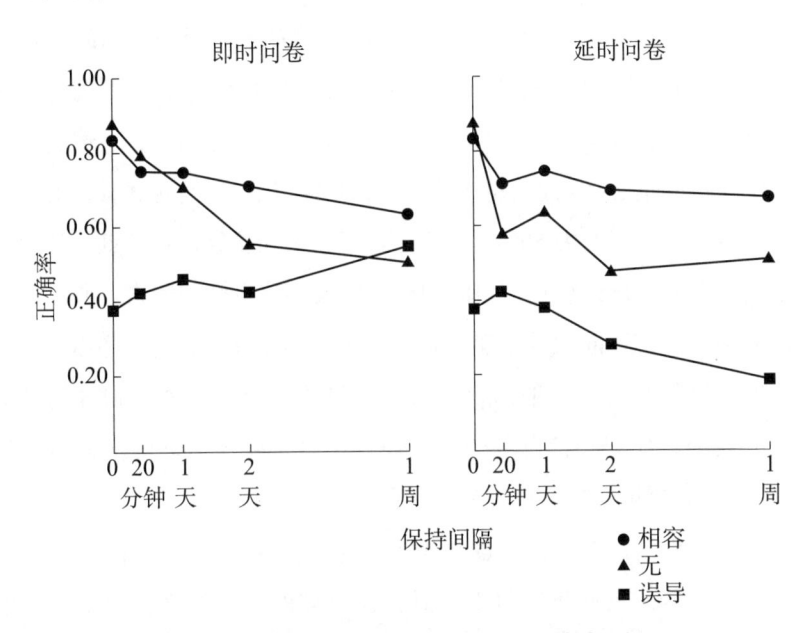

图4.4　正确选出之前看过的幻灯片的被试比例

注：被试接受测试的间隔时间从无间隔到一周不等。他们或接触了与关键标志相容的信息，或接触了误导信息，也可能并未接触任何相关信息。他们接触信息的时机要么是在看完事故幻灯片后，要么是在接受最终测试之前。
来源：Loftus et al., 1978。

接着来看看用圆形标记的曲线。该曲线反映的是，保持间隔内接触到的信息与幻灯片中的信息相容时被试的表现。即被试目击的是停车让行标志，调查问卷上提到的也是停车让行标志，然后进行最终测试。圆形曲线整体上高于三角形曲线，表明相容信息提高了这些被试的表现，令他们比没有接触相关信息的被试表现得更好。例如，间隔两天后，没有接触信息的被试的表现已接近机会水平。然而，接触相容信息的被试此时的正确率超过70%。这一结果进一步证明，提及一

66

个真实存在的物体，可以增强目击者对该物体的记忆。

最后，再来检查一下在原始经历和最终测试之间，向被试呈现误导信息的情况。用正方形标记的曲线反映的就是这种情况。看完幻灯片立即接触误导信息的被试，经过一周的保持间隔后，回答的正确率略高于50%。参与测试前才接触误导信息的被试，经过一周的保持间隔后，回答的正确率只有20%。因此，延迟接触误导信息更能妨碍被试的表现。为何如此？如果看完幻灯片立即接触误导信息，一周后从幻灯片中获得的信息和新接触的误导信息均已淡化。接受测试时，被试就只能靠猜，正确率约为50%。然而，若延迟一周接触误导信息，从幻灯片中获得的信息已经淡化，但刚刚植入的误导信息却很清晰。所以，被试往往会"回忆"起误导信息，进而在最终测试中给出错误答案。

实验结果表明，一般而言，保持间隔越长表现越差；相容信息可以提升表现，而误导信息则会妨碍表现。事件发生后立即接触误导信息不如延迟到测试前再接触误导信息对记忆的影响大。显而易见，若有机会让事件信息在记忆中逐渐淡化，植入误导信息会更容易。

不过，若想彻底重组目击者对关键事件的全部记忆，而不是简单地改变对某个细节的记忆（一如刚才介绍的实验的目标），就可能需要不同的时机。詹姆斯·杜林及其同事在实验中向被试呈现了一些书面文章，其中一篇讲的是一个冷酷无情的独裁者（Sulin & Dooling, 1974）：

> 杰拉尔德·马丁为实现自己的政治野心，竭力动摇现有政府。他的举动获得了许多国民的支持。当前的政治问题使得马丁得以轻松上位。某些团体依旧效忠于旧政府，成了马丁的眼中钉。他直接处置了这些团体，堵住了他们的嘴。他成了一个冷酷无情、乾纲独断的独裁者。国家最终在他的统治下分崩离析。

一组被试以为文中的独裁者是个虚构人物——杰拉尔德·马丁。另一组被试在读完文章后得知主人公其实是阿道夫·希特勒，这些被试可以利用他们以前对希特勒的认识来解读这段文章。最终测试是将文中的七个句子混在七个捏造的句子中，随机呈现给每位被试。被试在关键伪句上的表现特别耐人寻味，例如："他痛恨犹太人，因而对他们加以迫害。"原文中没有这句话，它说的不是虚构的杰拉尔德·马丁，而是希特勒。若延迟一周进行测试，那些以为主人公是希特勒的被试远比另一组被试更常答说他们在文中读过这个关键句。

但希特勒这一信息呈现的时机呢？是在读完文章后立即呈现还是在进行最终测试前才呈现，是否会左右最终测试的表现？答案是肯定的。被试读完文章后立即篡改主人公，会增加最终测试中的错误率（Dooling & Christiansen, 1977）。研究人员对这一发现的解释多属推测：他们认为，立即得知主人公是希特勒的被试为理解材料必须进行困难的认知操作。他们将新信息整合进了原文的信息中，一周后进行测试时，新信息便出现在了他们的记忆中。相反，那些时隔一周在测试前才得知这一信息的被试，已记不清原文，因此已没什么原文中的信息能够与新信息进行整合。为什么被试在这种情况下不**多**依赖一下他们平时的知识储备，这一点仍然是个谜。

间隔一年

大多数研究记忆的心理学家使用的保持间隔均为一天或一周，偶尔也会间隔一个月左右。谢巴德（Shepard, 1967）的图片记忆实验间隔了四个月，已是相当罕见，要在首次学习的四个月后将被试再度召集起来颇费工夫。但戴维斯和辛哈（Davis & Sinha, 1950）为研究事后信息的影响，不辞辛苦地在首次学习的一年后找回了一些被试。

该实验的被试是些大学生，他们读了一个750字的故事，讲的是两个家庭之间的宿怨最终因子女联姻而得到化解。故事最后描述了他们的婚宴。整篇文章行文华丽，如下面这段节选所示：

目击者证词

婚宴在韦登农场举办，|就连当地的治安官也赏光出席了宴会，两家人以前的激烈争执往往需要他出面制止，|居中调停才行。|宽大的餐桌旁宾朋满座，|治安官坐在上首位的一张高背椅上，|黑色的荷尔拜因帽|差不多完全遮住了他的白发，|一身丝绒面料的贵族打扮在简陋的农场内不免有些突兀。|他担忧地望着被害人的兄弟汉斯·隆，|也就是新郎的舅舅。|那一脸严肃的神情|与周围乡巴佬粗野的喧闹格格不入。|但他的担忧并非毫无道理，|之前那几起不愉快的事件|令他不得不怀疑两家人突如其来的友谊能维持多久|……不过似乎没有什么能阻挡女人们兴致勃勃地说长道短，|随着宴客的佳肴|一道接一道地端上桌来，|彩色的陶壶|一次又一次地盛满|香醇的白葡萄酒，|恩怨再起的苗头|好像越来越小。|

读完故事三四天后，研究人员向一组被试呈现了七张明信片，要求被试从中找出描绘故事场景的那一张。所有被试均选中了同一张明信片：老彼得·勃鲁盖尔的油画《农民的婚礼》（*Peasant Wedding*）的复制品，虽为名作，但这些被试并不熟悉它（图4.5）。画中的部分细节和故事中说的一样，但也存在不同之处。

图4.5　老彼得·勃鲁盖尔的《农民的婚礼》（约作于1565年）
注：被试将画中的细节融入了一年前读过的一个故事中。

这个实验主要关注的是，这幅画会如何影响被试对故事的记忆。被试只需对故事进行一次回忆，间隔时间从无间隔到三周以上不等。为便于分析学生的回忆，研究人员将原文随意分成了大约120项，如节选段落中的竖线所示。每位被试依据回忆所写下的项目，也像这样列举了出来。在那些间隔不到一个月便进行回忆的被试中，看过这幅画的被试比没看过画的被试列出了更多项目。此外，看过画的被试往往会在故事中融入更多完全错误的项目。例如，他们声称读到的是两张长桌——这并非故事中的项目，而是画中的项目。通过进一步对比可以发现，两组被试回忆故事的方式存在差异。看过画的被试的回忆更丰满也更形象（见表4.1）。

表4.1 在保持间隔内看过误导画作与没看过画作的被试在记忆测试中的表现对比

被试	保持间隔	回忆起来的平均项目数	植入项目的中位数
看过画作	少于8天	50	4
	21～28天	43	7
没看过画作	少于8天	45	3
	21～28天	24	4

来源：Davis & Sinha, 1950。

读过故事一年后，研究人员找回了九名看过画作的被试和七名没有看过画作的被试，要他们再次回忆那篇故事。两组被试回忆起来的项目类型有所不同。看过画的被试零星地回忆起了婚宴的片段，没看过画的被试回忆起来的多是农民社会中的世仇恩怨。第一组被试大多表示相比故事，他们对画作的记忆更深刻，但他们通常分不清自己回忆起来的细节，究竟是画里的还是故事里的。他们错误百出，画里的细节胡乱闯入故事里。因此，他们在回忆时会提到一些故事中根本没有的项目，例如"劳动者头戴彩色的帽子""仆人们端着托盘上菜"。时隔一年，两种来源不同的信息似乎已完全混作一团。

主观记忆可以改变

我们已经看到在某些条件下，事后信息能将物体增添到人们的记忆中（如植入一座谷仓），也能改变记忆中的物体（如将停车让行标志变成减速让行标志）。经证实，事后信息还能对人们的主观记忆产生重大影响。人们觉得事件有多喧闹、多暴力，这些感觉也是可以改变的。

在我与阿尔特曼和格巴尔合作的一项研究中（Loftus et al., 1975），50多名被试观看了从电影《学生革命日记》中截取的一个片段，时长三分钟。该片段描绘了八名示威者扰乱课堂的情形，对峙的场面虽比较喧哗，但基本没有暴力行为，最后以示威者离开教室而告终。

看完影片后，被试会收到两种问卷中的一种。中性/保守问卷包含25个问题，措辞都相对温和。例如，其中两个问题是："你是否看到示威者冲着学生比手势？""教授有没有和示威者说过话？"另一份问卷则更感性，问题措辞更激进。卷面也包含25个相似的问题，例如："你是否看到激进分子恐吓学生？""教授有没有呵斥激进分子？"卷面上没有对后续可能要问的问题做出任何引导。

一周后，召回所有被试，就扰乱课堂事件回答一系列新问题。在这一环节中，被试要根据自己的记忆在5点量表上选出合适的等级：

1. 这起事件可以说是：安静 ＿＿＿＿＿ 喧哗
2. 你觉得这起事件是：平和 ＿＿＿＿＿ 暴力
3. 在你的记忆里示威者是：和平 ＿＿＿＿＿ 好战
4. 总的说来，学生们对这场示威的态度是：支持 ＿＿＿＿＿ 反对

回答这些问题时，被试要在最能反映他们对事件的记忆的横线上画个叉或打个钩。

实验结果见表4.2。拿到感性/激进问卷的被试和拿到中性/保守问卷的被试，在四个关键问题上的得分标准如下：被试勾选第一个空格，得一分；勾选第二个空格，得两分；以此类推。然后分别计算感

性/激进被试和中性/保守被试的平均得分。如表 4.2 所示，相比拿到中性/保守问卷的被试，拿到感性/激进问卷的被试报告事件更喧哗、更暴力，肇事者更好战，而教室里的学生对他们的态度也更反感。因此，只消简单地改变事后询问中的几个词，就能令人们对事件的主观记忆发生明显变化。

表 4.2　以感性/激进或中性/保守的措辞方式，提出四个关键问题所获得的平均回答

平均回答	感性/激进	中性/保守
安静/喧哗	3.71	3.04
平和/暴力	2.50	2.04
和平/好战	3.33	2.64
支持/反对	4.50	3.64

来源：Loftus et al., 1975。

非语言影响

画作可以影响个体对之前听过的故事的记忆，这表明事后信息不一定非得在事件发生后以文字或言语的形式传达给目击者。事实上，在人们相互传递的信息中，言语的占比很小。说话的语气、眼睛和头部的动作、视线、身体姿势和其他行为——乃至一些细小之举——都能向他人传达我们的想法。

哈佛大学的几位心理学家一直在研究非语言交流的力量（Hall et al., 1978）。该小组的一位成员为探究非语言信息进行了一些非常有意思的研究，他考察了老师的期望会如何影响学生的表现。在该研究中，一群小学生接受了一项标准的智力测试，研究人员告诉老师这项测试能筛选出那些天赋异禀的孩子。随后，老师得知参与测试的某些孩子（约占全班的五分之一）智力超群。老师并不知道，这些孩子其实是随机挑选出来的。八个月后，全班学生接受了第二次智力测试，而老师以为天赋异禀的那五分之一学生在测试中的表现确实优于其他学生。

很明显，老师对待这些"特殊"学生的方式有所不同，无意中影响了学生的表现，仿佛他们真的智力超群一般。老师可以通过一些非语言渠道传达他们对"特殊"学生的高度期望，可能是跟学生说话的语气、面部表情或其他什么方式。众所周知，积极的期望能为孩子的成长创造良好的氛围。

另一项重要研究（Hall et al., 1978）表明，如果科研人员期望实验被试表现出某种行为，就可能在无意间透过非语言交流影响被试的行为。研究人员告诉心理系的学生，他们在实验中使用的大鼠要么是精心饲养的高智商品种，要么被饲养得特别蠢笨。随后，学生们要研究这些大鼠走迷宫的学习行为。事实上，所有大鼠来源相同——没有哪只特别聪明。然而，"聪明"的大鼠比"蠢笨"的大鼠更快、更准确地学会了走迷宫。为何如此？研究人员称："得知大鼠很聪明的被试表示，他们会温柔地触摸大鼠，很喜欢它们，也很有实验热情。相比拿到'聪明'大鼠的被试，以为大鼠很迟钝的被试则较少触摸大鼠，但更经常与大鼠说话。"（p. 70）因此，显而易见，在非语言交流的影响下，学生对大鼠的期望得到了实现。大鼠的表现会朝着这些做实验的学生所期望的方向变化。

人们传达和感知非语言信息的能力各异，但大多数人会在一定程度上受到非语言交流的影响。这一点在法律方面可能相当重要。警方可能会告知目击者嫌疑人已经落网，需要他来做个照片辨认或列队辨认。即便警方没有明确提及嫌疑人，目击者也会认为嫌疑人极有可能就在这些队列或照片里，他要负责把他认出来。在这种情况下，除了语言暗示，也很容易产生非语言暗示。警察只要不自觉地多看嫌疑人几眼，或是说话时语气有变——"一号、二号、三号、四号、五号、六号，你觉得哪个是就告诉我们"——就能动摇目击者的想法。

目击者之间的交流也存在潜在风险。在进行列队辨认时就发现了这种情况，为此沃尔（Wall, 1965）指出："列队辨认最要紧的原则是每位目击者必须单独观察队列，不能由其他目击者陪同。"（p.49）这样就排除了目击者之间有意无意地通过语言或非语言的方式进行交流的问题。当然，任何执法程序都不可能阻止目击者于警方到达之前，在犯罪现场或事故现场相互交流。早在有人来侦查以前，目击者的记忆就可能已经发生了扭曲。几年前，我曾切身体会过这个问题，当时发生了一起情节严重的持械抢劫案，我在抢劫犯逃离超市后抵达了现场。大约有四到六名抢劫犯洗劫了那家店，他们让店员全趴在地上，拿了钱就跑。我抵达时，超市经理已经从地上站起来了，并报了警，目击者全都情绪激动地相互交谈。"你看到那个戴蓝帽子的奇怪的家伙了吗？""天呐，那个矮个子太吓人了！"除语言交流外，声音、视线和肢体动作也在传达着非语言信息。一名目击者就用这种方式表达了她对她的所见非常有信心，这份信心也许会增加其他不那么自信的目击者接受她的观点的可能性。简而言之，若罪案的目击者彼此是朋友或同事，在"正式"调查开始以前又有时间相互比对他们脑子里的印象，就可能出现问题。非语言影响和语言影响一样令人担忧。

警察和律师的调查

近日，在艾奥瓦州的一个小镇上，一名男子强奸了一位名为简（Jane）的年轻女性，还强迫她的朋友苏珊（Susan）和他们一起躺在床上。这两名女性是室友，当时均在公寓里睡觉，苏珊突然听到简的尖叫。因为简经常做噩梦，偶尔还说梦话，苏珊便准备从床上爬起来，去简的卧室叫醒她。接着她听到一名男性的声音。她还没来得及起床，卧室门就开了，闯入者挟持着简站在门口。那名陌生男子站在简身后，左臂压着她的前胸，把她搂得死死的。他右手握着一把长刀——可能是厨房的牛排刀。简和苏珊被迫一起躺在床上，并照他的要求盖住脸。但苏珊不时在抬头看。这期间苏珊究竟看到了什么，可以看看她几小时后接受警方询问时所做的回答（艾奥瓦州，刘易斯顿市，1977年12

月 14 日）：

问：你抬头时看到他在做什么？

答：我什么也没看到，他想骚扰简，我就把枕头从脸上拿开，想跟他说话，他看到了，让我重新把脸盖上。

问：你说的骚扰是什么意思？

答：他要……你知道的。

问：和她发生性关系？

答：是的，我想他可能在摸她吧，我也不清楚，我没有亲眼看到，但她一直央求他停手，别那样。

问：好吧，我们从头说起，你一开始听到了尖叫？

答：是的。

问：然后你听到了一名男性的声音？

答：是的。

问：接着你的房门就开了？

答：对，门本来就半敞着。

问：然后就被完全推开了？

答：是的。

问：他卡住她的脖子还是锁住她的头什么的，就那样把她带进了你房里，你卧室里？

答：对。

这段对话源自强奸案发生后的真实询问记录。询问的目的看起来是想从目击者口中获取信息，这确实是主要目的。不过，这样的询问可能会在无意间产生**副作用**。表面上看是在向目击者获取信息，同时或许也是在向目击者透漏信息。如果警方有怀疑的对象或对案情有所推断更是尤其危险，因为这些想法可能会传递给目击者，影响目击者的记忆。但即便调查的警察或律师没有自己的推断，只是想从目击者那儿获取信息，也有风险。

维德马（Vidmar, 1978）研究了各种调查程序对目击者最终的记忆和证词的影响。被试在实验室里观看了一起持续10分钟的事件，讲的是酒吧中的一场谈话最终演变成了一顿拳脚，被告赞普（Zemp）用一个酒瓶砸伤了受害人亚当斯（Adams）的脑袋。事件通过幻灯机和录音机呈现，有些地方有意交代得模棱两可，不过其中有一个版本对被告赞普带有明显的偏见。看完事件，被试才得知一周后的民事审判将传唤他们出庭作证。亚当斯起诉赞普，要求赔偿事故损失。

庭审前，每名学生目击者都接受了一位律师的询问。这些律师是招募的其他学生假扮的。他们拿到了一份诉讼摘要、赞普和亚当斯两人的陈词，以及一些相关法律的基本信息。研究人员告诉他们，他们得准备好一周后在法庭上进行庭辩。为备战庭审，每位律师都要会见一名目击证人——这是他们唯一的证据来源。一些律师以为自己是受害人亚当斯的辩护人，而另一些则是被告赞普的辩护人。每名律师都拿到了两美元的"律师费"，并得知如果从法官那儿获得有利判决，还能再拿到两美元的胜诉费，要是输了，就将颗粒无收。

看过事件一周后，目击证人出庭作证，在此之前他们每人都接受了原告或被告的代理律师的询问。目击证人见到的法官由一位高年级学生扮演，他穿着正式，举止得体。法官并不知道之前会见证人的是哪一方的律师。法官告知证人，他的证词将被记录下来，以便法官在判决本案时进一步参考。接着，证人按要求报上自己的姓名，并宣誓所言句句属实，完整陈述，绝无虚言。在目击证人回忆事件时，法官只是默默聆听，至多给出些敦促性的提示，如"就这些吗？"或"继续说下去"。证人完成证词后，法官开始发问，试探证人对事件的记忆。然后，法官要判断证人的证词是否偏向原告或被告？结果非常显著：尽管案情本身有利于原告，但与被告的代理律师见过面的目击证人做出的证词显然偏向被告，他们的证词与案件事实明显不符。为什么会这样？维德马认为，对被告赞普的代理律师来说，目击证人看到了案件中不利于被告的一面。为了说服对方，律师必须竭力挖掘有利事实，增加胜诉的机会。最终，律师的这种努力影响了目击证人，可能改变了证人对案件事实的记忆。

事后信息产生影响的原因

人们是出于什么样的原理和原因，相信他们看到了并不存在的停车让行标志、录音机、报警按钮和谷仓呢？这个问题的答案对我们理解人类大脑的运作至关重要。有个实验（Loftus & Palmer, 1974）很好地阐释了我对这个问题的初步构想，在这个实验中，被试观看了一起交通事故的录像，并回答了相关问题。部分被试遇到的问题是："两车发生猛撞（smashed）时速度有多快？"而另一些被试遇到的问题是："两车发生碰撞（hit）时速度有多快？"前一个问题得到的估速要快得多。一周后召回被试，不再重温录像，直接回答一系列新问题。其中的关键问题是："你是否在车祸中看到了碎玻璃？"车祸现场并未出现碎玻璃，但由于车速过快而引发的事故通常都会撞碎玻璃，那些之前在问题中看到"猛撞"一词的被试似乎更倾向于在这一关键问题上给出肯定回答。结果如下：

"猛撞"	"碰撞"
16（是）	7（是）
34（否）	43（否）

我们在探讨结果时提出，在发生复杂事件的情况下，有两种信息会进入个体的记忆。第一种是在感知原始事件时收集到的信息，第二种是事件发生后获取的"外部"信息。久而久之，两种来源的信息会合而为一，使得我们分不出自己回忆起来的某些细节究竟源自何处。我们拥有的只是一段"记忆"。在猛撞—碰撞实验中，被试首先会就目击到的事故形成相应的表征。一些零散的信息由此进入记忆中。然后，

研究人员问"两车发生猛撞时速度有多快？"，也就提供了一条外部信息，即两车发生了猛撞。两种信息相互整合后，被试"记忆"中的事故就变得比真实的事故更严重了。图4.6描绘的就是这种情况。因为碎玻璃常见于重大车祸，被试便更可能认为现场有碎玻璃。

原始信息　　　　外部信息　　　　"记忆"

图4.6　记忆中的两种信息

来源：Loftus & Loftus, 1976。

说得更通俗一点，目击者经历复杂事件后，随时都可能接触到有关事件的新信息。新信息可能以问题的形式出现——植入信息的一种有力形式——也可能以谈话、新闻报道或其他形式出现。这些实验结果对庭审提问、警方侦讯和事故调查的启示不言自明：询问者应尽一切努力，避免将"外部"信息植入目击者的记忆中。

目击者的干预性想法

在密歇根大学举办的全美辩护协会第二十九届年度大会上，上千名律师均拿到了一份虚拟的案件资料，即邓肯诉美国工艺公司案（*Duncan v. The Americraft Industries, Inc.*; Stein, 1978）。这个案子虽是虚构的，但却是从密歇根州的几个真实案件中衍生而来。邓肯案的起因是，美国工艺公司的一名推销员戴维·艾伦（David Allen），以每小时35英里的速度沿里奇路向南行驶时，撞上了一个4岁的小女孩玛丽·卢·邓肯（Mary Lou Duncan）。小女孩手臂和头骨骨折，但最糟糕的是，她后来开始出现癫痫大发作。

玛丽·卢的母亲露易丝·邓肯（Louise Duncan）是这起事故的目击证人，她当时正独自驾驶着自己的车辆。警察试图在现场向她了解情况，但她情绪激动，只不断地重复："天呐，他也是没有办法了。"去了医院之后，她终于冷静了一些。她说她看到女儿想过马路，但中途犹豫了一下，好像不确定自己能不能走过去。在邓肯太太看来，肇事车好像开得"有点快"。但她也承认因为车子正向她驶来，而她又担心女儿的安危，所以不太确定来车的实际车速。她再次重申，当时的情形司机也没有办法。

一年后，邓肯太太出庭作证，她的记忆似乎有了变化：

问：事故发生时，其他孩子在哪儿？

答：他们已经走到了马路对面，我不知道他们怎么不拉着她一起，但他们就是没有拉着她。

问：你是否察觉到了玛丽·卢有可能被撞？

答：是的，那辆车风驰电掣地驶来，我记得我一边踩刹车，一边高喊："天呐，玛丽·卢，小心！"接着她就被撞倒了，接下来几分钟的事我都不太记得了。

协会的律师们要思考的问题是，为何目击者之前记得司机只是开得"有点快"，一年后却回忆称他开得"风驰电掣"。为研究这个问题，我们暂且抛开目击者有意撒谎的可能。接下来，我们要考虑目击者在两次回忆之间，是否接触过事后信息。如果找不到受到外部影响的证据，我们就有理由认为是目击者内在的想法、心愿和欲望在此期间扰乱了她的记忆。目击者的想法朝着有利于自己的方向倾斜。个体的心愿和欲望可能在完全无意识的情况下产生强烈影响。这起案件中的目击者对肇事司机及其所在公司提起了诉讼。因此,"记得"司机超速行驶对她最为有利,这样陪审团才更可能认定司机存在过失。个体对事情的看法显然会影响他的记忆。

贴标签

20世纪30年代早期的一项经典研究(Carmichael et al., 1932)表明,给某一物体或情境贴标签的做法,会极大地影响个体的记忆。研究人员向被试呈现了一些无意义的图形,如图4.7所示。一些被试看到的只有"原始刺激"一栏中的图形。其余被试还看到了每种图形对应的标签。例如,图4.7中的第一个无意义图形要么被描述成"窗户上的窗帘",要么被描述成"矩形中的菱形"。

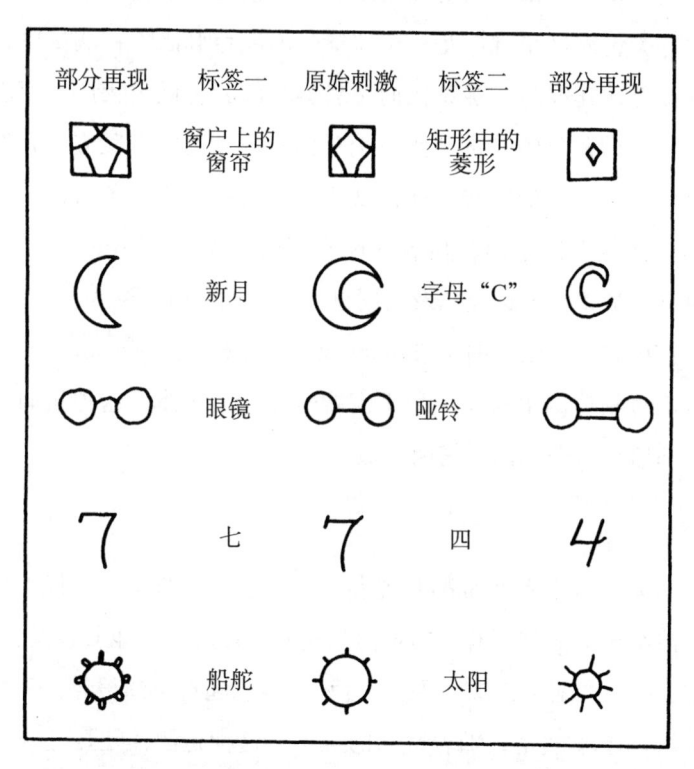

图4.7　呈现给被试的刺激和文字标签,以及被试所画的再现图

来源:Carmichael et al., 1932。

之后，要求被试再现他们看过的图形，结果出现了两种情况。首先，看过文字标签的被试再现出了较多图形。其次，看过文字标签的被试与没看过标签的被试所画的图形大相径庭。标签令图形发生了相应的扭曲。因此，看过"窗户上的窗帘"这一标签的被试画的图与窗帘高度相似。

这项研究中的标签无疑是实验人员提供给被试的。因此，这些标签在某种意义上充当了事后信息的角色。但由被试自发联想的标签，也会影响他们之后的记忆。一项针对颜色记忆的研究就证实了这一结果（Thomas & DeCapito, 1966）。在这项研究中，被试坐在实验室内，得知一会儿将会看到一种颜色，需要他们标明名称。紧接着就是测试，过程如下：每当被试认出之前呈现过的颜色时，就松开用手指按住的电报键。关键测试呈现的是一个蓝绿色的颜色刺激。在测试中，起初将这种颜色认作绿色的被试倾向于对偏绿的颜色做出反应，而起初将这种颜色认作蓝色的被试则倾向于对偏蓝的颜色做出反应。其他研究人员也发现了同样的影响，即被试用特定名称标明颜色后，他对这种颜色的记忆就有别于用其他名称标明颜色的被试（Bornstein, 1974）。这些研究人员（如卡迈克尔及其同事）还发现，由实验人员提供标签，也能引发相同的记忆扭曲（Thomas et al., 1968; Bornstein, 1976）。因此，被试对物体的语言反应似乎也能引发记忆扭曲，这种扭曲与他们接触外部信息时表现出的扭曲类似。

猜测

抢劫案的目击者通常都要观察一个五至六人的队列，指出其中是否有人涉嫌抢劫或是否有人与抢劫犯相似。目击者可能回答说："我不太确定，但五号看起来有点像。"这种回答比起自信的报告，显然更接近于猜测。不幸的是，随着时间的推移，这种猜测往往逐渐演变成了自信的观察结果。

猜测可能很危险。若目击者不太确定，猜测可以填补记忆的空白。之后再搜索自己的记忆时，就可能"回想"起一些错误的内容，这些内容以前仅是猜测，现在却变成了记忆。此外，目击者最初猜测时可能并没有什么信心，但将猜测错当成真实记忆之后，信心水平便会上升。这似乎是因为目击者如今能在记忆中"看见"自己建构的项目。

在探索这类现象的一个系列研究中（Hastie et al., 1978），研究人员在第一个实验里向大学生被试呈现了一组幻灯片，描绘的是街上发生的一起模拟抢劫，共出现了四名演员：抢劫犯、受害人与两名旁观者。25张幻灯片以每张两秒的速度播放，放完所有幻灯片大约需要一分钟。经过简短的过渡活动后，被试拿到了一本小册子，里面对刚才放映的幻灯片提出了一系列问题。这些问题除了问及特定物体外，还问了以下一些内容：街上发生了什么事？每个人物有何意图？除在幻灯片中看到的，现场还会发生什么？一组被试得知，就算不记得具体细节也必须作答，实在不行可以靠猜。接着又经过一个简短的过渡活动，开始最终测试被试的记忆，询问他们幻灯片中的细节，诸如："那名男性旁观者戴眼镜吗？戴了还是没戴？""受害人身穿什么颜色的外套？黑色、绿色还是棕色？"碰到记不清的问题，研究人员鼓励被试回答"不知道"，不提倡猜测。

先前猜过答案的被试在最终测试中的准确性明显低于没有猜过答案的被试。先前猜过答案的被试不怎么回答"不知道"，他们往往直接给出一个错误答案。

第二个同系实验也基本得出了相同的结果。被试观看了一起汽车撞人事故的短片。经过简短的过渡活动后，被试就该起事故回答了一些问题。其中部分被试会遇到一个关键问题："途经事故现场的那辆旅行车是什么颜色？"事实上，短片中根本没有出现过旅行车。若不确定，研究人员鼓励被试猜测。接着再经过一个简短的过渡活动，然后对被试进行测试。测试的关键问题是："你有没有看到那辆途经事故现场的旅行车？"被试做出回答后，还要在5点量表上表明自己对答案的信心，"1"表示纯属猜测，"5"表示很有信心。两天后召回被试，进行同样的测试。

实验结果很明显。先前猜过旅行车颜色的被试更可能在之后的测试中认为自己看到过旅行车。而且从首次测试到二次测试，他们的信心也在持续上升。对照组的被试没有猜过旅行车的颜色，往往不认为自己看到过旅行车，他们在二次测试中的信心也不如首次测试。

至于为什么会产生这样的猜测效应，存在多种解释。有一种解释是，猜测改变了目击者潜在的记忆表征。对于发生得很迅速的事件，目击者会形成框架性的记忆表征，其中空白的部分可以用各种可能的方式进行填补。如果目击者猜测了捏造的旅行车的颜色，这一信息可能会被用于填补粗略的表征。一辆特定颜色的旅行车被加进了表征中。之后，问及这辆旅行车时，目击者就可能从记忆中提取他自行建构的旅行车。越是回忆，旅行车似乎就越是生动，这便是目击者越来越有信心的原因。此外，目击者要力求做到完整而准确，无疑顶着很大的压力。更何况，来自社会的压力也要求他说话要有把握。仿佛目击者一旦做出回应，就必须表明他对此很有信心，不能似是而非。记忆和社会因素可能共同影响着这种目击情境。

冻结效应

若要求个体回忆以前学习过的材料，那些在早期的记忆中出现过的陈述往往会再次出现。故而，如果事故的目击者曾报告称，肇事车的司机闯了红灯，那么无论这一细节真实与否，都很可能再次出现在之后的回忆中。记忆内容的这种高度稳定性被称为冻结效应，与猜测问题密切相关。目击者早期的陈述实际上被冻结在了记忆中，日后回忆起这段经历时会频频再现。这其中的问题在于，尽管早期的陈述很有可能是对事实的真实反映，但也不尽然。目击者一直坚持错误的说辞也并非罕事。

再没有哪项研究像凯（Kay, 1955）的研究那样有力地证明了冻结效应，他的研究深受 20 世纪二三十年代间巴特利特的研究成果的影响。巴特利特（Bartlett, 1932）首先向被试呈现一篇故事或一幅画，之后会多次要求被试复述或再现这些信息。除其他一些报告外，巴特利特也报告了人们的再现很不准确，但真正有意思的是，他发现被试再现的内容一旦成形，就极具稳定性。凯也指出，人们记忆中的内容虽不准确，却很顽固。凯提出的问题很是有趣："既然再现与原型相去甚远，为什么最初的再现竟能如此稳定？或者说，为什么经过一次次不准确的再现可以逐渐实现精确再现，而接触过原型后的首次再现却无法做到精确再现？"

凯的实验程序很简单。研究人员向被试朗读一些文段，五分钟后要求他们再现。然后二次朗读，二次再现。一周后要求被试又一次进行再现，然后为他们朗读原文，下一周也照此进行。按照这个流程重复实验，直至完成六次再现。最后间隔四个月，让被试做出最终再现。以下例文能让我们管窥凯所使用的文段：

> 寻速记工作——我的速记速度比俄克拉荷马涌现不法之徒的速度还快。打字机被我打得直冒烟，我在一家公司待不了太久，只因我速记如飞，把办公室都烧光了。

> 附：俄克拉荷马城的几家大公司，都在我入职几天后，就把家具全换成钢的了。警方的突击队安排我带着打字机在非法经营的酒吧门口打百科全书，用烟把走私犯熏出来，省得往里面扔催泪瓦斯。

> 警告——建议有意雇用我的人为他的办公室购买高额保险，因为我一旦上岗，他肯定要遭遇火灾。

凯在检查各式各样的再现时发现，任何一版再现与其上一版之间的相似度，都远超它们与原始材料的相似度。要是留存下来的都是正确的信息，这个结果固然不错，可问题是错误的信息也挥之不去。事实上，尽管在两次再现之间会再度呈现原始材料，但上一版中多达95%的错误依旧可能延续到下一版中。有个被试在先后七次再现中一直使用"全部库存"这一表达，尽管他听到的原文是"所有库存"。另一人始终用的是"一种模糊的动力"，而原文是"一种模糊的冲动"。还有人一直写的是"忘却大半的地理课"，而正确的表达是"对地理课的无意识记忆"。这种用语上的差别可能看似无关紧要，但其他的一些差别就比较重大了。一名被试始终记得有"澳大利亚的祖母"这样的表述，而他实际听到的是"澳大利亚的地理课"和"对祖母的回忆"——一个有趣的混淆。上文引述的寻速记工作的文段，被试也始终记错。例如，一名被试坚持将"几家大公司"写成"最近的三家公司"，她再现的其中两个版本还提到了办公室"不出三天就会起火"。另一名被试也一直将"几天"写成"三周"。一名被试从始至终坚称是"俄克拉荷马城缉捕队"，一人称是"联邦调查局"，一人称是"防暴队"，还有一人讲述了"当地州警雇我坐在人行道上"的情形。

在典型的目击情境乃至经典的记忆实验中，被试只接触一次信息，然后接受记忆或回忆测试，有时可能会测好几次。凯的实验不同寻常——结果也更为惊人——因为个体能多次接触原始材料，进而恢复他们对原始材料的记忆，但不准确的记忆却始终存在。

目击者的干预性想法、言论和回忆都能对他的最终报告——例如，出庭作证——产生重大影响，这一点早在凯开展研究以前就已经广为人知了。惠普尔（Whipple, 1909）就曾写道："若要求报告者做出多次报告，这种重复会造成相当复杂的影响，原因在于：（1）无论报告的项目是否属实，这些项目都可能在头脑中变得根深蒂固；（2）之后的报告也可能出现偏差，因为之后的报告多是基于对先前报告时所采用的语言表述的记忆，而不是基于对原始经历的记忆。"（pp. 166-167）惠普尔认为司法系统应该为此做出调整，他说："大多数作者……认为法律程序应在尽可能的范围内，减少传唤证人作证的次数。"

从事件发生后到目击者回忆事件的这段时期通常被称为"保持间隔"，在此期间，人们通过感知所获得的零散信息并不会被动地留在记忆中，像水里的鱼儿那样等着被人钓上岸来。相反，它们会受到很多影响。外界提供的外部信息可能侵入目击者的记忆，就像目击者自身的想法一样，这二者都能令个体的回忆发生重大变化。

人的记忆很脆弱。我们有必要认清要将信息植入记忆中是多么容易，理解个中原因，并在可能造成不良影响时避免这种情况。

第五章
从记忆中提取信息

以下目击场景虽属虚构,但却脱胎自加利福尼亚州圣克拉拉县的一起真实案件(Woocher, 1977):

一位名叫玛丽·史密斯(Mary Smith)的年轻女子从电话公司下夜班后,深夜步行回家。途经一家酒馆时,她听到有人从里面出来,开始尾随她。行至街道的阴暗处,一名男子突然冲了上来,将她撞倒在地,拿枪指着她,要她交出钱包和首饰。她看到对方是个高大的黑人,很是害怕,只得乖乖照做。男子逃跑后,玛丽惊慌失措地跑回家报了警。十分钟后,警察来了,玛丽把自己记得的情况全说了,尽力描述袭击她的人——是个二十出头、高个子、肤色相当黑的男性,中等身材,鼻子又大又塌,留着中等长度的爆炸头。当警察追问"还记得些什么"时,玛丽补充道:"呃,他好像留着胡子什么的,有点像山羊胡……没错,他就是留着山羊胡。"后来她还去警察局接受了进一步的询问,五周后,警方锁定了嫌疑人,又一次对她进行了询问。这些询问会要求目击者从记忆中提取信息,本章关注的核心正是这类询问的普遍条件。不少实验证明,询问的条件对目击者报告的准确性与完整性有着至关重要的影响。

⫸ 提取环境

三十五年前，阿伯纳西（E. M. Abernathy, 1940）证明，若在与寻常不同的教室里测试大学生的课堂所学，他们的表现会差很多。若监考官不是平时的导师，学生的成绩也更差劲。而要是把教室和监考官都换掉的话，学生的考试成绩便最为糟糕。这个奇特的实验结果，并非孤立的发现。我们有理由认为这一结果也适用于目击情境，目击者的"学习"就是获得犯罪、事故或其他重大事件的信息，"考试"则是在接受询问时提取这些信息。

很早以前，古斯塔夫·范戈尔德（Gustave Feingold, 1914）也探究过这个问题："假如，有人在大楼里看到一个人形迹可疑。后来那栋楼里发生了抢劫或谋杀之类的案子。几天或几周后，嫌疑人落网，治安法庭传唤那个见过可疑人员的目击者前去辨认嫌疑人。假设被捕的就是目击者之前见到的那个形迹可疑之人，那么此人在新环境中被认出来的概率有多大？"（p. 39）

这个问题的最佳答案是"得看情况"，主要得看新环境是否提供了有利于成功再认的条件。范戈尔德在实验中使用的是图卡，上面绘有日常生活中常见的各种物品、风景和情境，然后要求被试进行再认。卡片依据相似度，分成两张一组。例如，一朵红玫瑰和一座灰色的教堂就是完全不同的两张图。而两座不同的教堂的图，就可能被判定为非常相似。实验被试是些专业的心理学家，但他们从未见过这些卡片。每张卡片大约呈现 5 秒。然后间隔 20 秒，在此期间，被试要尽可能地记住刚才看过的材料。最后，向被试呈现一张新卡，要求他们回答第二张卡与第一张卡是否相同。如若不同，被试须指出是哪里不同。

起初，范戈尔德考察的是些简单因素，比如原始材料呈现的时长，但随后出现了一个新问题。要是在截然不同的新环境中呈现第二张卡片会怎样？他提出的问题是："由整体环境所引起的熟悉感或陌生感，是否就像色感一样有其独特的色调，足以让一个新项目在某种环境中显得眼熟，也让一个先前体验过的项目在另一种环境中显得眼生？"（p. 43）范戈尔德采用的实验程序与之前相似，不同之处在于部分再认测试就在呈现原始材料的环境中进行，而另一些再认测试则换了个环境。结果很明显：新环境抑制了再认。范戈尔德意识到他的研究对警方的问讯工作有着重大意义，早在六十多年前他就曾如此写道："成功再认的恰当方法不是将目击者叫来治安法庭，而是该把嫌疑人带回犯罪现场，让目击者在和之前相同的环境下，从相同的角度仔细观察。"（p. 47）虽然多数情况下这一建议可能不怎么现实，但范戈尔德的研究仍很有价值，因为它能让警方明白，为什么目击者无法在警察局里准确认出警方确信有罪的嫌疑人。

提取类型

之前说到那起虚构抢劫案的受害者玛丽·史密斯，慌忙跑回家报了警。警察到达后，要做的就是尽可能地从玛丽口中得知详细信息。他们可能会问她一些开放性的问题，如"跟我们说说你记得的情况"——这类问题可以让她自由报告她想到任何的细节。他们也可能问她一些非常具体须简短作答的问题，如："跟我们描述一下袭击者的穿着。"第一类问题被称为叙述或自由报告式问题，第二类问题被称为控制叙述式问题。警察还可能向玛丽·史密斯提些多选项问题，如："袭击你的人发色是深是浅？"这种问题被称为询问报告式问题。最后，警察可能会向玛丽出示一组照片，让她试着从中认出袭击者。提问的形式极大地影响着目击者回答的质量。

相比其他形式的报告，叙述报告错误较少，但往往不太完整。为探究这一问题，卡迪（Cady, 1924）在心理系的三个班级面前上演了一起现场事件。授课开始十分钟后，老师宣布："今天上午有位政府官员要来发布一则通知。我建议在座的每位同学都参加他带来的考试，那是进入政府部门任职的初筛。参与此次考试的人也并非一定要参加进一步筛选。"这时，一名男子走了进来，与老师握了握手。这名陌生男子向全班宣读了一则通知，然后将两叠卷子交给老师，便离开了。他前后大约出现了五分钟。

接下来，老师将卷子发给班上的学生。其中，一叠卷子要求学生"详细写出今天政府代表进入教室后的所有经过，包括他的衣着、相貌……再小的细节也别漏掉"。而另一半学生看到的要求是："详细回答下列所有问题。再小的细节也别漏掉。引用他人说过的话要用引号标注。"卷面共有 42 个问题，涵盖这起事件的各个阶段。卡迪的实验结果很显著："［被试］被迫回答问题的错误率高于自由报告细节的错误率。"（pp. 111-112）

其他研究人员使用影像材料替代现场事件，也发现了同样的结果。马奎斯及其同事（Marquis et al., 1972）向被试播放了一段两分钟的彩色有声影片，片中描绘了两名大学生模样的男孩在一家超市外面，来回扔着一个橄榄球。此时，一对年轻男女拎着买来的东西，边走边聊地离开超市。那名男子说他忘拿了一些东西，便走开了，女子则继续朝自己的车走去。接着她被一辆车撞倒了，手里的购物袋散落在地。女子和司机发生了口角，这时那名年轻男子回来了，和司机扭打在一起。玩橄榄球的两个男孩也随之出现在画面中。结尾的一幕是其中一个男孩跑去超市报警。

观看影片的被试——151 名年龄在 21 岁至 64 岁不等的男性——均接受了不同方式的询问。一如卡迪的研究发现，自由报告的被试报告的内容最准确，但也最不完整。研究人员也提出了一些控制叙述式问题，如："跟我说说片中的交通状况和天气。"得到的报告虽不如自由报告准确，但相对更完整一些。最后，研究人员还问了一些非常具体的多选项问题，如："事件发生的地点是在空地上、街上还是人行道上？""超市前窗招牌上的字是红色、蓝色、绿色，还是别的什么颜色？"这类询问报告不如叙述报告准确，但却更为完整。

在利普顿（Lipton, 1977）的研究中，被试观看了一段8毫米彩色影片，讲的是在洛杉矶一座氛围宁静的公园内，一名男子突然遭到了枪击和抢劫。片中出现了近150个可记忆的细节。在叙述式中，被试回忆细节的准确率高达91%，但他们回忆出的细节仅占全部细节的21%。在询问式中，被试的准确率仅为56%，但他们在数量上的占比升到了75%。我们再次看到，叙述式的准确率高得多，但回忆的数量却少得多。

那么，如何询问像玛丽·史密斯这样的目击者才是最佳之选呢？显而易见，要是注重准确性大于完整性，就该选用叙述式。而要是注重完整性大于准确性，就该选用询问式。但要是二者皆很重要呢？显然两种方式似应双管齐下，但先后顺序呢？这个问题在20世纪初得到了大量心理学家的关注，这些研究者一致认为：应该先叙述，后询问。换言之，先让目击者自由讲述事情经过，他讲完后，再询问具体问题。

斯尼和勒什（Snee & Lush, 1941）的一项研究最能说明这一结论。被试观看了一部彩色影片，片中有一男一女两个人物，剧情涉及一笔资金转移，然后接连上演了袭击、盗窃和脱逃。片长一分钟。看完后，所有被试——三所女子学院的全体学生——均接受了测试，有些测试顺序为询问—叙述，另一些则为叙述—询问。如表5.1所示，就询问测试的表现而言，若优先叙述，错误回答的数量并没有明显改观，但在后续的询问中，正确回答的数量却呈上升之势，回答"不知道"的次数则有所下降。就叙述测试的表现而言，先询问后叙述正确回答的数量更多，但错误回答的数量也更多。

用控制叙述代替自由叙述，结果几乎相同。不过回答的准确性有所提高，也没有大幅增加错误回答的数量。

表 5.1　叙述—询问测试与询问—叙述测试的对比

回答	询问测试的表现		叙述测试的表现	
	叙述—询问	询问—叙述	叙述—询问	询问—叙述
正确	71.8	68.9	21.8	35.8
错误	15.3	15.2	2.3	4.8
"不知道"	12.9	16.1	—	—

来源：Snee & Lush, 1941。

这些研究表明，应该先让目击者自由报告或采用控制叙述的形式。继自由报告后，可以询问些非常具体的问题，以扩宽目击者报告的范围或覆盖面。例如，假设一位旁观者目击了一场犯罪，他向警方做了自由报告，讲述了自己记得的每一件事，然后被问了一些具体问题，如："行凶者是否持枪？"就算目击者一开始忘了这回事，此时他也可能记起了那把枪，兴许还能描述一二。但若在目击者做出自由报告之前，先提出具体问题，如："你有没有看到枪？"要是现场没有枪，他可能会否认，但之后再要求他"跟我们说说你看见的武器"，目击者就可能自言自语地说："哎呀，我记得好像有枪。我觉得我一定看到过。好像是黑色的。"可见，在叙述式之前先提出具体问题很危险，因为问题中包含的信息可能混入自由报告里，哪怕是错误信息（参见 Loftus, 1975）。

》问题措辞

在询问过程中做到精准提问至关重要，即便是细微的措辞差异也可能导致截然不同的回答。哈里斯（Harris, 1975）指出，问题的措辞会影响人们的回答。他告诉被试："这个实验研究的是猜测的准确性，每道题都要求被试猜一个最可能的数值。"（p. 399）被试遇到的问题分为两种，要么是"这名篮球运动员有多高？"，要么是"这名篮球运动员有多矮？"。前一类问题并未预设运动员的身高，而后一类问题则暗示运动员很矮。被试猜测的平均数值分别是 79 英寸和 69 英寸。其他成对的问题也得到了同样的结果。例如，问"这部电影有多长？"，得到的平均估值是 130 分钟，而问"这部电影有多短？"，得到的平均估值是 100 分钟。这种现象同样存在于其他情境中，例如回忆过去的个人经历。几年前，在洛杉矶的各大超市和购物中心，有 40 名男性和女性参与了头痛及其治疗产品的市场调研。得知参与半小时就能拿到十美元后，他们走进了一栋看起来很老旧的办公楼，他们后来才知道，楼里藏有摄像机在拍摄电视广告。我的任务是采访他们，于是我决定利用这个机会，收集一些措辞效应的数据。

我设计了两个关键问题。其中一个问题问的是受访者除了现在正在使用的产品外，还用过什么产品，有两种措辞："说到用过的产品数量的话，你还用过多少种其他产品？ 1？ 2？ 3？""说到用过的产品数量的话，你还用过多少种其他产品？ 1？ 5？ 10？""1/2/3"的受访者平均表示用过 3.3 种其他产品，而"1/5/10"的受访者平均表示用过 5.2 种其他产品。

第二个关键问题以两种方式询问头痛的频率："你经常头痛吗？如果是的话，多久痛一次？""你偶尔头痛吗？如果是的话，多久痛一次？""经常"的受访者平均报告每周头痛 2.2 次，而"偶尔"的受访者报告每周仅头痛 0.7 次。这个小实验表明，改变一两个词就能影响个体对自己以前的个人经历的回忆。这个实验并未详细说明特定单词是**如何**影响记忆的，譬如，是"经常"一词使人高估了真实水平，还是"偶尔"一词使人低估了真实水平。想要弄清这一点，我们必须了解个体的过去。不过，我们还有另一种方法可以明确特定措辞所带来的不准确性，就是让被试在实验室中通过影片目睹一起事件，然后回答为检验他们的记忆而特别建构的问题。诸如此类的实验表明，人们对刚刚目睹的事件的记忆，就像对个人过往经历的记忆一样，也受到问题措辞的影响。

在一项这样的研究中（Loftus & Zanni, 1975），100 名学生观看了一段多车事故的短片：一辆车右转进入主干道，对向的来车为避让踩了急刹，最终导致五车连环相撞。看完短片后，被试填写了一份问卷，问卷包含一些关键问题和一些充数的问题。其中三个关键问题问的是短片中出现过的项目，另外三个关键问题问的是短片中根本没有的项目。半数被试拿到的关键问题以"你是否看到了一个……"开头，如："你是否看到了一个撞烂的车前灯？"其余被试的关键问题则以"你是否看到了那个……"开头，如："你是否看到了那个撞烂的车前灯？"所以，两个问题的不同之处仅在于冠词是"那个"还是"一个"。

之所以要对比"那个"和"一个"是有原因的。说话人用"那个"，意味着他认为他所说的对象确实存在，而且听话人可能也知道。调查人员问："你是否看到了那个撞烂的车前灯？"言下之意是："现场有一个撞烂的车前灯，你看没看到？"他的这种假定可能对目击者产生影响。冠词"一个"则并未预先假定该对象确实存在。在我们的两次实验中，被试回答"是"、"否"和"不知道"的百分比见表 5.2。在问题中看到"那个"的目击者，更可能报告看到了短片中根本没有的东西。在第一次实验中，问及不存在的项目时，"那个"组有 15% 的被试回答了"是"，而"一个"组中仅有 7% 的被试犯了同样的错误。这种差异在第二次实验中变得更为显著了，达到了 20% 比 6%。此外，无论项目是否真的存在，在问题中看到"一个"的目击者，回答"不知道"的概率都更高。在先后两次实验中，"一个"组的被试回答"不知道"的概率，均为"那个"组的被试的两到三倍。

另一个实验以车祸录像为实验材料（Loftus & Palmer, 1974），想看看用一个词代替另一个词是否会影响定量判断——比如，对速度的判断。看过录像的 45 名被试均回答了一些问题。其中一些被试遇

表 5.2　被试就短片中出现和未出现的项目，回答"是"、"否"和"不知道"的百分比

回答	出现		未出现	
	"那个"	"一个"	"那个"	"一个"
实验一				
是	17	20	15	7
否	60	29	72	55
不知道	23	51	13	38
实验二				
是	18	15	20	6
否	62	28	69	56
不知道	20	57	11	38

来源：Loftus & Zanni, 1975。

到的关键问题是："两车发生碰撞时速度有多快？"其他被试的关键问题只是将"碰撞"（hit）一词换成了"猛撞"（smashed）、"冲撞"（collided）、"撞击"（bumped）和"磕碰"（contacted）。虽然这些词都表示两个物体相互接触，但暗含的速度和冲击力有所不同，从目击者那里得到的估速也有所不同。"猛撞"题的被试给出的估速最高（40.8 英里/小时），"冲撞"、"撞击"和"碰撞"题的被试给出的估速逐级下降（分别是 39.3、38.1 和 34.0 英里/小时），而"磕碰"题的被试给出的估速最低（30.8 英里/小时）。

综上所述，这些实验表明，问题的措辞在不同情境下均会对答案造成影响。在个体报告个人经历、描述刚刚目睹的事件和回答与具体目击事件无关的常识性问题（如"这部电影有多短？"）时，都观测到了这种影响。

法律系统对此也有一定程度的认识，故而形成了诱导性询问的概

念,并规定了在哪些情况下才能进行诱导性询问(《联邦证据规则》,1975)。诱导性询问指的是借由提问的形式或内容,向证人暗示期望的答案,或诱导证人得出期望的答案。但仍有一个问题是:法庭上的诱导性询问虽可以约束,但警方在调查过程中的做法却缺乏约束。况且,有些诱导方式相当微妙,难以察觉。假设警察问目击者:"你第一次看到他时,你们之间的距离有多近?"或是律师在庭审前问目击者:"据琼斯太太所言,那辆车超速了,你觉得呢?"有成千上万种方式可以影响目击者的回答。而目击者一旦做出回答,他的回答就会"冻结"在记忆中。

》 由谁发问

显而易见,相比无足轻重的路人随便问几个问题,由权威人士进行正式询问,目击者的回忆也将大为不同。心理学家以前就曾指出,询问人的权威性关系重大。

马歇尔的研究(Marshall,1966)就考察了这一因素,被试观看了一段42秒的影片,片中出现了一个少年、一辆婴儿车和一名气急败坏的女性。看完影片后,一组法学生立即随他们的法学教授进入一个单独的房间,另一组学警也随他们的教官进入另一个房间,这名教官是位身着警服的警长。无论是教授还是警长都属权威人士,他们发表了这样一席讲话:"你们每个人都务必要尽可能地回忆你们的所见所闻。我特别希望你们认真对待。人们在填写问卷时经常忽略一些小事,而这些小事在法庭上可能很重要。例如,房前的草坪上有棵树。刚开始时,少年把手伸进婴儿车里,拿走了什么东西。那栋房子,右手边的门半开着。还有最后,那个少年蹲在了信箱下面。只要是你们能回忆起来的所见所闻,所有细节我们都很需要。"被试填写问卷期间,权威人士一直留在房间里。对照组的法学生和学警并不会接触任何权威人士。

马歇尔发现了一些有趣的影响。在权威面前接受测验的被试，无论是法学生还是学警提交的报告篇幅都长于对照组。法学生还倾向于对人物的动机和片中没有直接交代的内容做出更多推断，但学警没有表现出这种倾向。而特定项目的准确性并不受这套实验操作影响，无论这些项目是否真的出现过（见表5.3）。

表5.3　权威询问人对目击者的回忆造成的影响

学生的回答	权威人士不在场	权威人士在场
字数		
法学生	183	264
学警	135	178
正确回忆		
法学生	15.2	14.8
学警	9.5	13.4
推断		
法学生	6.8	10.5
学警	5.8	5.8

来源：Marshall, 1966。

权威人士能对复杂事件的目击者产生影响不足为奇。其余领域的心理学研究已经证实，可信度高的人能更轻易地操控他人。他们能说服他人，转变他人的态度，从方方面面影响他人的行为。

询问人对目击者的态度是支持还是质疑，是否能造成影响？马奎斯及其同事（Marquis et al., 1972）用那段在超市停车场拍摄的两分钟的影片，研究了这一问题。被试之后就影片内容接受了询问，负责访谈的是演讲和戏剧专业的学生，他们表现出的态度或支持或质疑。

支持型访谈者会表扬目击者自由报告的质量很高。在访谈过程中，访谈者会用点头、微笑和提前备好的说辞，表达对目击者的表现的认可。他会说："很好，你真是帮了大忙了。""你做得不错，我们继续往下。""很好，这条信息很重要。"

质疑型访谈者会明确表示不认同被试的自由报告。在之后的访谈中，访谈者不会微笑、点头或倾身靠近目击者。在特定的时候，他会对目击者的表现做出否定的评价或一言不发地盯着目击者，还会先后两次直接质疑目击者的证词。质疑型访谈者通常会说："好吧，如果你只记得这些的话，就跳到下一个问题吧……""我看很多事你都记不清了。""这么说吧，这条信息很重要，麻烦你想清楚了。"

支持型的访谈方式假设，如果访谈者表现得热情宽容，受访者就会以积极的态度配合访谈，从而表现得更好。第一个假设得到了证实，接受支持型访谈的被试在访谈过程中感觉更愉快，态度更积极。但与预期相反的是，访谈者制造的氛围并不影响目击者报告的准确性和完整性。虽然通常仅凭一个单一的实验就接受没有影响的结论未免草率，但这个实验设计得相当精妙，非寻常可比。不同的氛围对目击者接受访谈时的感受有着显著影响，因此，它未能影响表现的结论也具有同等程度的说服力。

综上所述，访谈者的可信度或威望似是会影响访谈的准确性和完整性，但访谈者是否友善似乎没什么影响。

回忆的信心

让我们说回玛丽·史密斯的案子，这名年轻女性在下班回家的途中遭遇了抢劫（Woocher, 1977）。经初步询问，玛丽描述了袭击者的样貌，随后她协助警方制作了一张嫌疑人的合成照。玛丽和警察利用包含数百种鼻子、眼睛和嘴巴等部位的照片编辑工具，生成了一张令玛丽还算满意的合成照。

几周后，一位假释官报告这张合成照很像一名叫吉米·琼斯（Jimmy Jones）的假释犯，此人有三次入室盗窃的前科。警方从档案中调出他和其余七人的照片，一并拿给玛丽看。她从中挑出吉米·琼斯的照片，说："他是唯一有可能的人。"警察追问道："还能再肯定一点吗？"她迟疑了一下，然后说："没错，看起来像他。"之后，在监狱里进行列队辨认时，玛丽指着吉米·琼斯说："三号看着眼熟。""你肯定是他吗？"警察问。玛丽断言道："我肯定……没错，就是他。"

在出示照片和做列队辨认时，警察都很关心玛丽有多肯定。显然，她必须得相当肯定才行。我们的直觉似乎认为，目击者越肯定便越正确。但这种直觉真的有道理吗？对自己的回忆有信心的人一定比不自信的人记得更准确吗？

许多实验室实验提供的证据均表明，被试的信心与回答的准确性有关。这一结果已经在许多传统的记忆实验（Murdock, 1974）和一些针对目击者证词的实验中得到了证实。利普顿（Lipton, 1977）的实验就是一个例子，被试观看了一段 8 毫米彩色影片，讲的是在洛杉矶一座氛围宁静的公园内，一名男子突然遭到了枪击和抢劫。看完影片后，被试要么立即回答询问片中细节的 100 多道问题，要么间隔一周再答题，完成后还要对自己的信心在 7 点量表上进行评估。利普顿发现，信心与准确性之间有很强的相关性（r = +0.44），这表明答案越准确，被试越有信心。但这种关系远非绝对，也就是说"在许多情况下，目击者可能非常确定但证词却并不准确，也可能目击者并不确定但证词却十分准确"（p. 94）。

研究人类记忆的一些更为传统的实验室实验还曾进一步证明，被试能意识到自己知道什么不知道什么，并在一定程度上准确预测自己的表现（Hart, 1967）。尽管如此，仍有一些研究表明信心与准确性并无关系——例如，克利福特和斯科特对比暴力事件与非暴力事件的目击者证词的实验（Clifford & Scott, 1978）。他们并未发现目击者回答的正确率与回答的信心之间有任何关系。同样，威尔斯及其同事（Wells et al., 1978）最近的一项研究表明，对嫌疑人做出错误辨认的目击者和做出正确辨认的目击者一样，对自己的辨认结果很有信心。

甚至还有一些研究表明，在某些情况下，个体答错时比答对时**更自信**。下面这项研究就是如此，部分被试看到一辆红色达特桑闯了停车让行标志，另一部分被试则看到该车闯了减速让行标志（Loftus et al., 1978）。被试在保持间隔内会接触混淆标志的误导信息——看到停车让行标志的被试会得知那是减速让行标志，反之亦然。若在被试接受测试前才延迟植入误导信息，答错标志的被试就表现得比答对的被试更自信。

重申一下，尽管许多研究表明个体对答案越自信，答案就可能越准确，但仍有一些研究表明信心与准确性之间并无关系。事实上，在某些情况下，信心与准确性之间还呈现出负相关，即人们对错误答案比对正确答案更有信心。慎重起见，不管什么事都不该将高度自信当成一种绝对保障。

"早就知道"效应

菲斯科霍夫（Fischhoff, 1975, 1977）的研究揭示了一个奇特的现象。如果你告诉人们发生了一件事，他们往往认为自己早就知道会这样。这种现象被称为"早就知道"（knew-it-all-long）效应，对目击者也有一些影响。

在菲斯科霍夫1975年的研究中，被试阅读了一篇150字的材料，讲的是历史或临床医学事件，并提供了四种可能的结果。其中，有篇材料讲述了英国人与尼泊尔廓尔喀人之间的战争：

> 黑斯廷斯出任印度总督几年后，英国为巩固政权卷入了严重的战争中。第一伏爆发于孟加拉北部边境，英国人在那儿遭到了尼泊尔廓尔喀人的突击劫掠。英方试图易地止戈，但廓尔喀人在英国的控制下仍不愿放弃国家主权，黑斯廷斯决定一劳永逸地解决他们。这场战役始于1814年11月，打得并不顺利。廓尔喀人只有大约12 000名士兵，但个个骁勇善战，他们的突击战术在当地占有地利。

上了年纪的英国指挥官习惯在平原作战，在平原上只要大举进攻，敌人必溃不成军。但在尼泊尔山区，想要发现敌人的踪影并不容易。部队和驮畜饱受酷暑和严寒之苦，军官们也是在历经大败后才学会谨慎。指挥官中唯有少将奥克特洛尼没有经受过这种种挫败。

读完文章后，研究人员向被试提供了四种可能的结果：英国获胜，廓尔喀人获胜，无法和平解决军事僵局，和平解决军事僵局。然后询问被试："根据文中呈现的信息，这四种结果出现的概率分别是多少？"被试赋予每种结果的概率值，其总和必须等于100%。

表5.4第一行显示的是对照组赋予每种结果的平均概率。从中可以看出，人们认为英国获胜的可能性最大，平均概率接近34%。其次是形成无法和平解决的军事僵局，平均概率超过32%。而能够和平解决军事僵局的可能性最小——约12%。

其余被试在实验中的情况稍有不同。研究人员告诉了他们一个结果，并表示这就是真实的结果，然后要求他们忽略这个结果，设想要是一无所知的话，自己会如何作答。因此，有些被试得知实际上是英国获胜，却要忽略这一点，主观地评估四种结果出现的概率。另一些被试得知实际上是廓尔喀人获胜，他们也要预测如果不知道这条信息，自己会如何作答。

表5.4 知道结果会影响人们对引发该结果的事件的解释方式

得知的信息	预测英国获胜	预测廓尔喀人获胜	预测无法和平解决	预测和平解决
无（对照组）	33.8	21.3	32.3	12.3
英国获胜	**57.2**	14.3	15.3	13.4
廓尔喀人获胜	30.3	**38.4**	20.4	10.5
无法和平解决	25.7	17.0	**48.0**	9.9
和平解决	33.0	15.8	24.3	**27.0**

注：如黑体数据所示，人们认为他们得知的那个结果比其他结果更有可能成真。
来源：Fischhoff, 1975。

如表 5.4 所示，得知结果的被试倾向于认为其所知道的那个结果原本就最可能成真。例如，在未得知结果的情况下，人们预测英国获胜的概率为 34%，而得知英国获胜后，人们预测英国获胜的概率为 57%。在未得知结果的情况下，人们预测廓尔喀人获胜的概率为 21%，而得知廓尔喀人获胜后，人们便认为出现这个结果的可能性更大了——变成了 38%。

菲斯科霍夫使用其他实验材料也发现了同样的现象（Fischhoff, 1977），故而他得出结论，如果告知人们发生了某件事，他们会认为自己早就知道会是这样，低估了得知事件结果对其认知的影响。

在后续研究中，菲斯科霍夫使用年鉴和百科全书中的常识性问题来考察"早就知道"效应。被试面对的问题有两个选项，其中一个是正确答案。例如："Absinthe 是（a）一种宝石还是（b）一种酒？"和之前的实验一样，一些被试只需分别评估两个选项正确的概率即可（估值在 0 到 100% 之间），另一些被试会得知正确答案，然后要像不知道答案那般作答。这些问题包罗万象，涉及历史、音乐、地理、自然和文学等方面。结果表明，在几乎所有项目上，知道答案的被试赋予正确选项的正确率均比不知道答案的被试高 10 至 25 个百分点。

在解释实验结果时，菲斯科霍夫认为，无论问题是"谁赢了战争？"还是"Absinthe 是什么？"，个体听到答案后，这个答案就会与他所知道的其他同主题的信息进行整合，以便将所有相关知识构成一个连贯的整体。这种整合有时需要根据听到的答案，重新解释之前掌握的信息，好让一切都说得通才行。这个过程非常自然，以致人们根本意识不到听到答案对其认知造成了影响。正因如此，他们才会高估在不知道答案的情况下，正确答案有多明显。

这些研究发现对法律程序也有影响。若目击者以直接或间接的方式得知，罪犯留着胡子或涉事车辆闯了红灯，他会认为自己早就知道这一事实。因此，我们应该谨慎对待重大事件发生后隔了一阵才想起来的报告，还有与之相应的说辞："我之前就知道这一点，只是当时忘了说。"事后诸葛可算不得先见。

▶ 催眠与回忆

1977年7月15日，加利福尼亚州乔奇拉市一辆载有26名小孩的巴士离奇失踪。后经调查发现，三名蒙面男子持枪绑架了这些孩子和巴士司机埃德·雷（Ed Ray）。绑匪驱车把他们带往100英里外的一座采石场，强迫他们坐进一辆废弃的拖车里，然后把他们埋在了地下6英尺深的地方。

被困人员历经16个小时的自救，仍未脱困。不久后他们被联邦调查局救出，并接受询问。当局、受害人乃至整个国家都想知道绑匪是谁。为查清此案，联邦调查局请来一位专家对巴士司机施以催眠。在弗雷斯诺的一家汽车旅馆里，雷双眼紧盯着墙上的一个点，开始深呼吸，很快便被催眠了。他在脑海中重温了那起绑架案，令执法部门大为振奋的是，他想起了绑匪驾驶的白色货车的车牌，只有一个数字记不清了。根据这一重要线索，三名嫌疑人随之落网（《时代周刊》，1976年9月13日）。

自20世纪60年代初以来，美国的各大机构均将催眠作为刑事调查的辅助手段。有些人认为催眠具有不可思议的功效，就像在波士顿杀人狂、洛杉矶缆车色情狂和克利夫兰的山姆·谢泼德医生杀害孕妻玛丽莲一案中那样（Block, 1976）。

纵然有这些赫赫有名的成功案例，催眠仍招来了大量批评之声。首先，就算催眠真的有用，可能也并非有赖于什么不得了的神秘力量。催眠可能仅仅有助于让个体变得比别的时候更放松、更合作、更专注。理论家们认为，最好从催眠师和被试之间的人际关系来理解催眠。良好的关系使得被试想表现得令催眠师满意，展现出他觉得一个良好的催眠被试该有的行为（Evans & Kihlstrom, 1975）。但最为棘手的是，当代实验催眠领域的权威专家对于催眠的实质意见不一。其中的领军人物当属西奥多·巴伯（Theodore X. Baber），他对催眠的认识出自二十年的苦心钻研（My, 1978）。

> 催眠的实质是什么？什么是催眠？人人都知道催眠：催眠是种意识状态之类的东西……催眠师能让你进入这种状态，一旦进入状态，你就在一定程度上受他控制，他要你做些蠢事你也会去做。你会忘记发生过的事。催眠还分为不同的程度……中度、深度、轻度。反正就是众所周知的那些事，那些事实，但催眠并非如此。我们没人完全同意这些外行的观点。我更是不认同，完全不认同。催眠根本不是那样的。一些很基本的问题都扑朔迷离。催眠的实质是什么？我们毫无头绪……
>
> 据说它让我们以不同的方式改变自己的思想。催眠诱导或许可以令人做到这一点，但也不尽然。有时会适得其反，特别是当催眠师说："你即将进入催眠状态。"这句话经常适得其反。如何让一个人的思想跟随你的引导或如你所愿地跟随他自己的引导，这正是问题所在。一种办法是直接让人**照这样思考，照这样想象**。如果这就是所谓的"恍惚状态"的话，就该趁早换个说法，毕竟用这个词来形容一种思考未免滑稽。（p.44）

巴伯的结论是催眠并不神秘，没有魔法，也没有猫腻。催眠为什么能奏效虽然仍是个谜，但它是如何奏效的却不是秘密。努力集中注意力，不要思考眼下的事，让你的思想和想象去往他处，搞定！

对催眠的运用持怀疑态度的第二个原因，巴伯也曾提到过，那就是专家试图靠催眠侦破刑事案件时，有时会出现一些相当古怪的结果。萨尔茨伯格（Salzberg, 1977）报告了两次为协助刑事调查而进行的催眠尝试。在第一起案件中，一名士兵承认自己错手射杀了另一名失踪士兵，但经过连续数日的密集审讯，他仍记不起抛尸地点。萨尔茨伯格对他施以催眠，20分钟后他开始讲述那晚的杀人经过。罪犯说他在检查手枪时，意外射中了另一名士兵的脑袋。他吓坏了，驱车数英里开到郊外，把尸体扔进了一座峡谷中。他想起了行车途中经过的几处地标，当局按图索骥找到了尸体。而古怪之处在于，催眠师认为该士兵并未处于深度恍惚状态，而这名士兵也向当局其他人员坦言，他根本没被催眠。

第二起案件是一名女性遭到了性侵。她在床上睡觉时被一名男子叫醒，他持刀抵住她的喉咙，说她要是敢喊，就杀死她的孩子。罪犯蒙住她的眼睛，强迫她脱光衣服，穿上高跟鞋。然后将她带到客厅，逼迫她替自己口交。连带这名女性在内，遭受类似侵害的女性共有20人。而她是个非常合作的催眠被试，进入了极深的恍惚状态。但她无论如何也认不出罪犯，只记得他衣服上有股味道，她觉得像是园艺商店或保龄球馆的味道。就连这条线索也没派上用场。此番询问没有收获任何有助于逮捕罪犯的信息。（不过，他后来还是落网了，并依据间接证据而被定罪。）

这两起案件表明，即便进入了深度恍惚状态，催眠也并不一定有效；而即便个体没有真正被催眠，也能问出有价值的信息。但除非有法院命令、医疗监督和录像记录，许多研究人员强烈反对将催眠运用于法律程序还有第三个原因，美国国内顶尖的两位专家欧内斯特·希尔加德（Ernest Hilgard）与马丁·奥恩（Martin T. Orne）也在反对者之列。"人们完全可以在催眠中撒谎，相比其他类型的谎言，询问人并不能更好地鉴别催眠中的谎言。更严重的是，自愿接受催眠的被试会比平时更顺从，更急于讨好询问人。即便只知道事件的少量细节——这些细节往往是在与警方的初步接触中获悉的——可能也足以让被试在此基础上建构一段非常详尽的'记忆'，不管他当时在不在场。"（《美国律师协会会刊》，*American Bar Association Journal*，1978年2

月，p. 187）换言之，就算处于催眠状态，个体也会想象、出错，乃至撒谎。

最近的一项研究（Putnam, in press）表明，被试在催眠中有多么容易受暗示。被试观看了一段汽车与自行车相撞的事故录像。间隔一阵后，被试收到了一份问卷，上面包含一些客观题和误导信息。部分被试之后要在催眠状态下接受询问，其余被试则不会被催眠。催眠被试得知："在催眠状态下，他们可能会像第一次看录像那样，再次清楚地目睹整个事故，只是这一次他们能随心所欲地放慢速度或放大细节。"帕特南发现，被试在催眠状态下犯的错更多，尤其是面对诱导性询问时。他在解释自己的研究结果时称，催眠未必能让被试提取出真实的记忆。相反，被试在催眠状态下更易受暗示，因此也更易受诱导性询问的影响。

这些针对催眠的影响的观察结果，应当引起人们对法庭案件使用催眠术的担忧。最近的一起案件就是个可怕的例子，两名菲律宾裔护士菲利皮娜·纳西奥（Filipina Narcio）和利奥诺拉·佩雷兹（Leonora Perez）于 1977 年 7 月被判在密歇根州安娜堡市的退伍军人管理局医院向九名病人投毒，造成其中两人死亡（Jones, 1977）。受害人被注射了一种名为巴夫龙的肌肉松弛剂，引发急性窒息，这点毋庸置疑。但联邦调查局找不到任何人的犯罪证据，包括两名嫌疑人的犯罪证据。受害人和医院员工都接受了催眠，以"恢复"他们的记忆。很快，一名目击者在催眠状态下记起有两名护士曾出现在他的病房里，但却是在他受害以前。当要求这名目击者回忆更多相关记忆，尤其是关于菲律宾裔护士的记忆时，他开始认为自己好像见过一名菲律宾裔护士，最终越发确定他在快断气时看到一名菲律宾裔护士藏在他的病房里。或许他的记忆真的恢复了，但也有可能是某些或委婉或直接的暗示改变了他的记忆。虽然我们永远无法明确这一点，但值得注意的是，本案的法官下令重审，检方则决定不再起诉。

催眠的支持者倒并不担忧。他们坚称，他们只是把得到的信息作为线索，然后再设法核实。他们认为，只要得到证实，催眠证据及其佐证就应该被法庭采纳。洛杉矶警察局行为科学科主任马丁·雷泽（Martin Reiser），非常支持将催眠作为调查工具："如果警察遗漏了一些重要环节，可怕的袭击令受害人心有余悸，或是目击者被吓呆了，我们没有理由不助人自助。"（Stump, 1975）

催眠之争还将继续在该领域的专家之间和法律界内部持续下去。在争议持续期间，少数城市可能仍会继续使用催眠术，而批判者也仍会继续批判。在进一步的研究结果出来以前，我们无法对催眠下任何结论。

从记忆中提取信息时的普遍条件，是决定目击者证词准确性和完整性的关键。在这一阶段发挥作用的一些重要因素有：提取环境是否改变，采用什么类型的问题来获取信息，问题如何措辞，以及由谁发问。对自身记忆的信心和记忆的准确性不一定相关：人们常常自信地做出正确回答，但也可能自信地做出错误回答。催眠在增强记忆方面的价值仍不明确，有待进一步的研究。

大多数人，包括目击者，都希望自己陈述准确，观察细致，别出洋相。他们想要给出答案，尽一份力，许多人不惜为此冒着弄错的风险。人们希望看到罪案告破，正义得以伸张，这种愿望可能促使他们自愿提供更多信息，而他们那稀薄的记忆并不能为此作保。有效提取和无意识捏造之间的界线，轻易就能跨越。

第六章
记忆研究的理论问题

我们的见闻在记忆中是如何表征的？这是当今心理学面临的一个最重要又最棘手的问题。各执一词的理论家们目前正就这一领域展开一场智力对决，但尚无任何定论。不过，他们已经提出了几个相当详细的构想，这些构想似乎可以分为两大类。

一些理论家认为，我们从环境中获得的信息表征为一个复杂的命题网络（Anderson & Bower, 1973; Kintsch, 1974; Norman & Rumelhart, 1975）。假设有人目击了一起事故，其中一幕是一辆红色达特桑出现在停车让行标志前，如图4.2所示。依据命题论，这个场景会在记忆中被储存为一连串的概念，如"车是红色的""车是达特桑""车出现在了交通标志前""那个标志是停车让行标志""周围树木环绕"等。这种"命题"论还有一个变体，他们认为信息以某种非常抽象的形式储存在记忆中，但会在被提取前转换为命题。

另一些理论家认为，视觉、听觉和其他感官都有专门的记忆表征（Paivio, 1971; Shepard et al., 1975; Kosslyn, 1975）。我们看到复杂事物时，会与视觉系统发生联系。我们听到声音或触碰物体时，接收到的信息会与不同的系统相连。源于不同感官的信息不会通通以命题的形式储存下来，其表征形式取决于它的来源。这类观点我们称为记忆的"非命题"论。

可惜,命题记忆与非命题记忆实际上难以区分,以致二者之间的区别纷繁复杂(Pylyshyn, 1973)。乍一听二者似乎大相径庭,但细思之下则不然。一旦争论双方的理论家相互追问"什么是命题?""命题与信息的特定表征形式有何区别?",问题就变得含糊了。科学家至今未能解开这个问题的另一个更为普遍的原因是,他们无法直接观测大脑。由于无法直接获取目击者的"真实"经历,科学家通常靠检测个体的表现,即言行来判断他大脑中的想法,继而用这些外部指标推断大脑活动及其运作方式。随着我们对大脑功能的了解日益增长,需要推断的部分也将日益减少。

撇开信息在记忆中究竟是如何表征的这一问题,有些心理学家认为,为了理解目击事件,我们必须从多方面对事件做出解释。这种解释只是部分基于需要我们做出解释的环境刺激,也就是说,只是部分源自我们对事件的实际感知。还有一部分是基于我们以前的记忆或已有的知识,第三部分则是推断。我们储存在记忆里的不是环境刺激本身,甚至也不是它的副本或部分副本,而是我们在经历这些刺激时对其做出的解释。事实上,就连这些解释,我们可能也只储存了片段而已(Rumelhart & Ortony, 1976)。

为何只有片段?可能是时间紧迫或经历复杂,使得我们没有余裕做出完整的解释。也可能是我们的解释在经历之初还相对完整,但随着时间的流逝,储存下来的原始内容开始衰败,只剩下零星片段。于是,要想回忆起当时的经历,就得利用眼下还记得的片段重构原始解释。依据这种观点,理解和提取一段经历的步骤见图6.1。

要将这些概念应用于具体的目击情境,不妨假设有人看到了一起车祸。目击者为解释这起车祸可能调用:(1)部分原始刺激,也就是事故本身;(2)他所掌握的常识(譬如跟车祸、十字路口和行人有关的常识);(3)他的推断。他可能会对情境中未能实际观察到的方面进行推断，例如，一旦意识到发生了车祸，个体就可能推断车辆或行人的伤情。然后，这种解释的片段就被存入了记忆中。

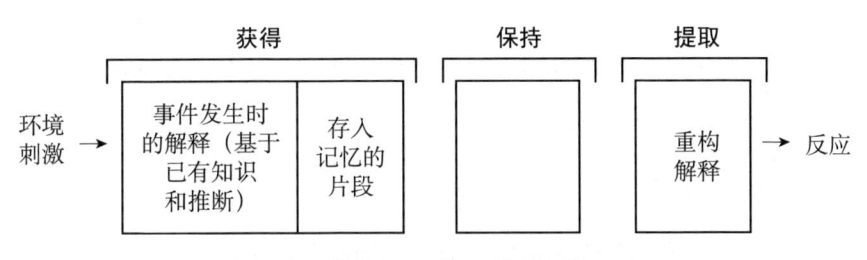

图6.1　理解和稍后提取一段经历的步骤

事后信息

除了弄清信息在记忆中的储存方式外，研究人员还致力于弄清事后接触的信息是如何改变一段经历的记忆的，不管这段经历是何内容。假设上述事故落幕后，目击者接触到了一些相关的误导信息。例如，目击者被问到了一个问题，题面假定涉事车辆闯了红灯。要回答这个问题，目击者须得做些什么呢？首先，他必须理解这个问题，这种解释过程就类似于理解原始事件的过程。他可能需要想象被问及的那部分事故。目击者如果接受了有关红灯的说法，就会调用他关于红灯的常识（颜色、位置等），并将其植入自己想象的画面中。他回答问题后，这整个过程又变成一组片段存入了记忆中。最后，过了一阵子，目击者被要求提取一些原始事件的信息时，他的回答将取决于他对事件的重构，而重构则建立在他还记得的片段之上。这个过程如图 6.2 所示。

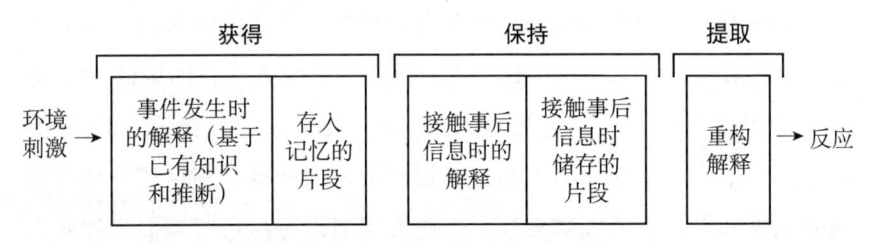

图6.2　理解一段经历及相关后续信息的步骤

记忆片段大致储存于两个不同的时间点，一是目击事件时，二是接触相关后续信息时。于是便出现了一个关键问题：当干预信息出现时，目击者是只存入了一组新片段，而原先的片段保持不变，还是说第二组片段的存入会致使第一组片段发生改变？这是个重要的理论问题——共存－改变问题。

共存与改变

假设发生了一起肇事逃逸事故，一辆绿色汽车撞倒一名行人后火速驶离了现场。一名目击者无意中听到有人说肇事车辆是蓝色的，并信以为真。"蓝色"信息是否从目击者的记忆中抹去了所有"绿色"的痕迹，或者说"绿色"的痕迹是否依旧存在于目击者的头脑深处？新信息是改变了旧有信息，还是与其共存于记忆中？

许多人认为，我们习得的一切都深埋在记忆里，但事实可能并非如此。人们仰仗各式各样高度可疑的证据来支持这一观点。例如，在催眠状态下唤起了清晰的童年记忆，在刑事调查中偶尔出现了成功的催眠案例，均令人相信记忆在某种程度上是永恒的。但许多研究人员认为，催眠并不可靠，难以预料，其创建新记忆的可能性毫不逊于恢复旧有记忆的可能性。尽管偶尔有些大肆宣传的成功案例，但在催眠状态下获得的报告通常都无法证实。注射硫喷妥钠和采用自由联想进行精神分析所带来的显著的记忆改善，也遭到了同样的批评。就算产生了鲜活的记忆，谁又说得清这些记忆是否已被个体的后续经历所改变了呢？

个体习得的一切都永久地储存在记忆中，一项电刺激人类大脑皮层特定区域的技术，或许为这一观点提供了最引人注目的佐证。20世纪40年代，神经外科医生怀尔德·彭菲尔德（Wilder Penfield）给癫痫患者动手术，切除他们大脑的受损区域。为明确受损区域，他用微弱的电流刺激患者的大脑皮层，借此发现引发每位患者癫痫发作的大脑区域。他会毁掉这些区域。在电刺激大脑的过程中，彭菲尔德的患者是完全清醒的；不过他们的头皮被麻醉了，不会觉得痛。彭菲尔德发现刺激大脑的某些区域，能让患者感觉皮肤上有奇怪的触感，而刺激其他区域则能让患者看到闪光或旋转的彩色图形。但最有意思的是，当彭菲尔德将刺激电极移到大脑的海马体附近时，一些患者重新经历了他们的生活往事（Penfield & Roberts, 1959; Penfield, 1969）。布莱克莫（Blakemore, 1977）曾生动地讲述道："彭菲尔德有位患者是名年轻女性。刺激电极触及她颞叶的某处时，她大声说：'我听到一位母亲呼喊她儿子的声音，好像是几年前发生的事……就在我家附近。'然后电极稍微移动了一点，她说：'我听到了声音。时值深夜，在哪个狂欢节上，有个什么巡回马戏团。我看到了很多他们用来运送动物的大马车。'"（p. 88）布莱克莫认为："怀尔德·彭菲尔德的电极无疑激发了海马体和颞叶的活动，从患者的意识流中抽出了他们久远而私人的记忆。"

彭菲尔德本人似乎在其 1969 年的著作中表明，他认为记忆具有相对永久性：

> 显然，伴随每种意识状态而产生的神经元活动在大脑中留下了永久的印记。这种印记或记录是神经元连接的便捷路径，多年后电流重新通过这条路径时细节也丝毫无损，就像收录了所有信息的录音机一样。
>
> 再来看看实际生活中的情况。短时间内，个体可以回忆起之前注意到的所有细节。不出几分钟，其中一些细节就已不受控制地开始淡化。几周后，就自主回忆而言，似乎所有细节都已消失殆尽，除非是他认为很重要或者能产生情绪唤醒的细节。但这些细节并未真的丢失。之后还可以用于对当前的经历做出潜意识的解释。这就是我们所说的知觉的一部分。（p. 165）

彭菲尔德得出这些结论的依据是什么？显然是基于他对"闪回"反应的观测。

> 电刺激造成的闪回反应完全是另一码事。它们与眼下手术室中的经历毫不相关。此时患者存在两种意识，还可以谈论这种现象。如果听到了音乐，他能跟着哼唱。这种现象的惊人之处在于，他会突然想起以前某段时间脑海中出现过的一切。曾经的意识流再度流动了起来。如果他听到了音乐，那很有可能是管弦乐、歌声或钢琴曲。有时当初看到的一切都历历在目，有时他只想得起那段音乐。移开电极，便戛然而止。只要并未耽搁太久，再次连接电极就能重复体验（甚而重复多次）。由电击引发的回忆全然随机。多数情况下，想起来的事情既不特别也不重要。（p. 152）

但彭菲尔德自己也承认，在他研究过的共计1 132个案例中，出现这类反应的仅有40例，概率仅为3.5%（1969, p. 154）。

这种自发恢复现象——重新想起被遗忘的项目——为记忆储存的永久性提供了一些证据。但在某些情况下，记忆中的部分细节很可能不会永不褪色。我们有理由断言，在某些条件下，理解原始经历时产生的记忆片段可能被之后的经历所改变。记忆有时会发生不可逆转的改变，恰似毛毛虫变蝴蝶，奶酪长霉菌。

我们有办法设计一个实验明确表明，个体对某一事件的原始记忆保存得完好无损。但我们无法设计一个实验确切证明，个体的记忆发生了变化。譬如，假设我们采用最先进的技术，引导目击者将他的原始记忆原原本本地表达出来。如果目击者做到了，便为共存理论提供了证据；如果目击者做不到，也无法证明原始痕迹被改变了，毕竟我们始终可以争辩说，这是因为我们使用的技术还不够强大，不足以挖掘出更深层的记忆。这就好比"丢硬币"的问题。假设哈利认为，他把他的幸运硬币丢在家里了，而玛丽却认为不在家里。只要哈利在哪个犄角旮旯找到硬币,就能证明自己是对的,而玛丽却无法自我证明。如果她到处找都找不到硬币,哈利可以说:"没准掉在绒毛地毯里了。"如果玛丽用吸尘器清理了地毯,依旧没找到硬币,哈利可以说:"没准卡门缝里了。"如果玛丽打开了所有的门,依旧没找到硬币,哈利还有诸如此类的其他说辞……

了解了这些基本的论述后,我们来设想一下有人目睹了一个细节(如一辆绿色的车、一个停车让行标志),然后接触到了新的信息(一辆蓝色的车、一个减速让行标志)。结果这位目击者现在认为新信息就是他的亲身经历,一点也不记得真实的细节了。实验表明,人们很容易出现这种情况。同事和我使用了许多不同的技术,试图引导这些目击者展现出原始信息的痕迹依旧存在的证据。而在所有这些案例中,我们均未能找到原始记忆保存得完好无损的证据。

挖掘技术

奖励 回想一下有个实验让被试观看了 30 张描绘一起汽车撞人事故的彩色幻灯片。半数被试看到涉事车辆出现在了停车让行标志前,另一半被试则看到该车出现在了减速让行标志前。若在保持间隔内向被试提供关于标志的误导信息,之后测试时有许多被试表示,他们认为自己看到了相反的标志。在一次研究中,若目睹事故后立即进行测试,超过半数的被试选错了标志。若延迟一周进行测试,并等到周末才植入误导信息,超过 80% 的被试认为他们看到了错误的标志。

有人认为,之所以这么多人接受了误导信息,是因为他们没有非要追求准确的动机。如果为正确答案提供高额奖励,被试或许就会表现出准确的记忆。如果回答正确能获得 1 美元、5 美元乃至 25 美元,被试还会认为他看到的是从别处获悉的减速让行标志,而不是亲眼所见的停车让行标志吗?

为弄清这个问题,我们设计了一个实验。被试观看了 30 张彩色幻灯片，在其中一张幻灯片中，部分被试看到一辆红色达特桑出现在停车让行标志前，另一部分被试则看到达特桑出现在减速让行标志前。两天后被试返回实验室，填写了一份共计20题的问卷。所有被试的第17题中出现的标志都与他们的实际所见相反。填完问卷后不久，被试参与了迫选测试。该测试向被试呈现了15对幻灯片，被试要从每对幻灯片中选出他之前见过的那一张。当然，在最关键的一对幻灯片中，一张描绘的是红色达特桑出现在停车让行标志前，另一张也几乎一模一样，只是换成了减速让行标志。

在迫选测试开始以前，20名被试得知其中一对幻灯片被随机选为了"奖励"对。当这对幻灯片出现时，研究人员会告知被试这是奖励对，如果他选对了，就能得到1美元。而奖励对幻灯片始终是停车让行标志与减速让行标志那一对。另外20名被试得知的则是选对奖励对幻灯片，可以得到5美元。此外，还有20名被试得知在测试中得分最高的人可以获得25美元。最后20名被试则并未得知任何奖励政策。所有奖励都会如约兑现，但如表6.1所示，它们并未影响被试在关键对上表现正确的概率。

表6.1 提供金钱奖励时，正确选出先前所见的幻灯片的被试人数

奖励	选对的被试人数	选对的被试百分比
无	5	25
1美元	4	20
5美元	6	30
25美元	3	15

考虑到金钱奖励不是对人人都有激励作用，研究人员对另外20名被试采用了第二种奖励措施。在迫选测试开始以前，这些被试得知："就算接触过干扰信息，大多数聪明人也能准确选出之前见过的幻灯片。"结果仅有25%的被试在关键对上表现准确。

综上所述，我们并未发现提供奖励能让被试表现得更准确。这项

研究表明，被试真的认为他看到了错误的标志，因此提供奖励无法影响表现。

二次猜测实验　二次猜测技术特别适合用来研究共存—改变问题。这项技术的逻辑如下：要求被试回忆一起事件时，他首先会猜一个确定的选项，如果猜错了，他就会从剩余的不确定的选项中进行选择。如果他二次猜测的正确率高于机会水平，那么尽管第一次猜错了，他也一定掌握了一些推导正确答案的可用信息。这项技术的一个变体已被成功应用于心理物理阈限研究（Swets et al., 1961）、速示辨认（Bricker & Chapanis, 1953）和配对联想学习（Bregman, 1966）。例如，在布雷格曼的研究中，研究人员向被试呈现了一份列表，上面是两两配对的单词或字母，然后向被试提供需要他们配对的所有刺激和反应。被试需要对猜错（配错）的配对做出二次猜测，重新配对。结果被试二次猜测的正确率高于机会水平，这表明纵然第一次答错了，他们心里也一定对正确答案有一点数。

同事和我率先开展了研究颜色记忆的二次猜测实验。在一次实验中，被试观看了一组幻灯片，描绘的是一起涉及多人的复杂事件。部分被试在一张幻灯片中看到，一名男性坐下来阅读一本绿色封面的书。之后，这些被试接触到了封面是蓝色的信息。先前的研究已经表明，许多被试稍后会认为自己看到的就是蓝色封面，而非绿色封面。但先前的研究无法说明原始的"绿色"信息是否还存在于记忆中。二次猜测程序则可以探明这一点。

在详细介绍实验以前，有一点需要特别注意，研究颜色记忆务必要慎重选择实验所使用的具体颜色。譬如，假设被试看到一本绿色的书，随后得知那本书是蓝色的，最后问他看到的书是黄色、绿色还是蓝色的。如果被试错选了蓝色，我们可能要求他进行二次猜测。然而，被试接下来无论如何都很可能选择绿色，也就是正确答案，因为绿色在色谱上介于黄蓝两色之间。共存假说（绿色的痕迹依然存在）

预测被试会选绿色，因为该假说认为两种信息都存在于被试的记忆中。改变假说（"蓝色"信息改变了记忆痕迹，原始痕迹已不复存在）也预测被试二次猜测会选绿色，因为绿色比黄色更接近被改变的记忆（蓝色）。

但稍微改变一下颜色，两种假说的预测就会变得不同。假设被试看到一本黄色的书，随后得知那本书是蓝色的。最后问他看到的书是黄色、绿色还是蓝色的。被试首选错误后，仍旧需要做出二次猜测。共存假说预测被试二次猜测会选正确的黄色，因为该假说认为两种信息都存在于被试的记忆中。改变假说预测被试二次猜测会选错误的绿色，因为绿色比黄色更接近被改变的记忆。

在我们的第一个实验中，200名被试观看了20张彩色幻灯片，描绘的是几个人散步、聊天、争吵、扭打、阅读、进入室内和参与其他日常活动的场景。其中一张关键幻灯片，拍摄了三个版本。第一个版本是一个人在阅读一本绿色封面的书，另外两个版本也几乎一模一样，只是书的封面变成了黄色或蓝色。每位被试只会看到一个版本。

看完幻灯片后，被试参与了一项过渡活动，然后回答了12个问题。关键问题是："阅读＿＿＿＿＿＿封面的书的人戴帽子了吗？"空白处插入的词要么是绿色、要么是黄色或蓝色。最后，进行颜色测试。被试拿到了一份列表，上面写着15个在幻灯片中出现过的物体（其中一项正是那名男性读的那本书），以及与每个物体配对的三种备选颜色的色名。被试的任务是根据自己的记忆选出与物体颜色最相符的色名。他们还要表明假如第一次选错了的话，哪个是自己的第二选择。研究人员鼓励被试只报告自己的实际所见，如果完全不记得了，不要作答空着就好。

50名被试看到的是绿色封面，而他们的问题中假定的颜色是蓝色（GB）；50名被试看到的是蓝色，而问题中假定的是绿色（BG）；50名被试看到的是黄色，而问题中假定的是蓝色（YB）；最后还有50

名被试看到的是蓝色，而问题中假定的是黄色（BY）。在最终的颜色测试中，所有被试均要回忆那名男性阅读的书的颜色，并在黄色、绿色和蓝色中做出选择。同时，他们还要表明自己的第二选择。

GB 和 BG 组被试的相同之处在于，新出现的误导颜色与原始颜色在色谱上相邻。YB 与 BY 组被试的相同之处在于，两种颜色中间都隔着一个绿色。当新颜色与原始颜色相邻时，44% 的被试认为他们看到的是新颜色，而这些被试里有 82% 的人在二次选择时选对了颜色。这一发现既符合共存假说的预测，也符合改变假说的预测。

新颜色与原始颜色之间间隔了一个颜色的情况则更为有趣——譬如，被试看到的是黄色，而后得知那是蓝色。26% 的被试在第一次选择时错选了误导颜色，这其中又有 77% 的被试在第二次选择时错选了绿色，仅有 23% 的被试在二次选择时选对了颜色。因此，被试在二次猜测时选错颜色的概率明显高于机会水平。这与改变假说的预测一致，与共存假说的预测相悖。

在进一步的二次猜测实验中，90 名被试要再认实际颜色，而非色名。他们也看了那组 20 张的幻灯片：半数被试看到的是绿色封面，半数被试看到的是蓝色。看完幻灯片后，被试参与了一项简短的过渡活动，然后回答 12 个问题，其中一个问题会告知他们错误的颜色；也就是说，如果看到的是蓝色，就会被告知是绿色，反之亦然。最后，进行颜色测试。研究人员向被试出示一个包含 30 条色带的色盘，每条色带都有编号。1～5 号对应紫色调，6～10 号对应蓝色调，11～15 号对应绿色调，16～20 号对应黄色调，21～25 号对应橙色调，26～30 号对应红色调。所以，实验使用了色谱上的所有颜色和一些中间色调。被试拿到了一份列有十个物体的列表，他们的任务是根据自己的记忆选出每个物体的颜色，在每个物体的名称旁边写下相应的色号。他们还要表明假如第一次选错了的话，哪个是自己的第二选择。研究人员同样鼓励他们只报告自己的实际所见，如果完全不记得了，不要作答空着就好。

如先前的研究所示，被试的首选往往是他们的实际所见和他们从问卷上看到的颜色之间的折中，换言之，他们会选蓝绿色。不过，重要的是二次猜测，因为如果他们二次猜测接近正确答案的概率高于机会水平，就表明他们的记忆中多少存有一些正确答案的信息。在首选错误的被试中（90人中的72人），47%的被试二次猜测接近正确答案，53%的被试二次猜测越发离谱。因此，认为被试保留着原始颜色信息的假说不成立。

我们还做了另一个二次猜测实验，以检验我们的研究结果能否延伸至色彩以外的领域。我们在实验中使用的是停车让行/减速让行系列。被试观看了30张幻灯片，其中一张包含一个停车让行标志或减速让行标志。一周后被试返回实验室，拿到了一份调查问卷。该问卷巧妙地向被试表明他们之前看到的要么是停车让行标志，要么是减速让行或禁止停车标志。经过15分钟的过渡活动后，被试接受了测试。关键题要求他们回忆之前在街角看到的交通标志，并在停车让行、减速让行和禁止停车标志中做出选择。同时，他们还要表明自己的第二选择。

在这个实验中，我们也发现，首选错误的被试（接近90%）其二次猜测并**不**倾向于正确选项。44%的被试二次选择正确，56%的被试依旧错误。和其他实验一样，这个实验观测到的反应模式也表明，被试没有推导正确选项的可用信息。

可惜，这些实验虽然具有启发性，但并不能确凿地证明记忆发生了变化。尽管如此，只要被试在二次猜测中表现得高度准确，这些实验便可以证明相反的结论，即原始信息保存得完好无损。但被试二次猜测的准确性低下。这些实验之所以无法确凿地证明改变假说，是因为我们仍可以争辩说实验使用的技术还不够强大，不足以揭开真正的记忆，只要我们掌握了那样的技术，定能揭开真正的记忆。在科学能为我们提供一种直接的方法，区分暂时无法提取的事件和记忆系统中根本没有的事件之前，我们只能满足于间接的方法。

明显的虚假信息　若目击者接触到一些与其实际所见明显相悖的信息会怎样？我的一个实验表明，目击者会拒绝这类信息。再者，试图植入这类信息会增加目击者抵抗其他误导性暗示的可能，而通常情况下他们本无法免疫这些暗示。我将详细介绍一下这个实验，因为相关的后续研究涉及共存—改变问题。

46名被试以5秒一张的速度观看了24张彩色幻灯片，这些幻灯片描绘的是一起偷钱包事件。幻灯片开头一名年轻女子走在一条热闹的大街上。她偶遇了一位朋友，停下来聊了两句。她继续往前走时，一名头戴牛仔帽的男子相向而来，撞到了她，她手中的购物袋掉在了地上。两人都弯腰捡拾那些散落的物品。趁女子不注意时，该男子把手伸进她的挎包里，拿走了她的钱包。女子并未察觉，两人就这样分开了。受害人很快发现自己的红钱包不见了，这时另外两名女性穿过马路而来，向她指明了男子逃跑的方向。幻灯片中男子偷钱包的场景见图6.3。

图6.3　24张彩色幻灯片的三张黑白复印件

注：复印件描绘的是一个偷钱包的场景。

继简短的过渡活动后，被试填写了一份测试准确性的问卷。问卷包含30个项目，涉及偷钱包事件的诸多细节。既问了一些主要细节，如主要人物及其衣着行为，也问了一些不起眼的细节，如周围环境、不相干的人物、建筑和交通状况。这30个项目均是需要填入一个短语或单词的陈述句。为补全这些句子，被试要做一道五选一的选择题。例如，其中一题是："受害人的朋友手持_____。（a）一份报纸；（b）一个购物袋；（c）一个笔记本；（d）一把伞；（e）以上均不对。"

填完问卷后，被试便离开了，明天再来。实验第二阶段开始时，被试读了一些"暗示性"文章。他们得知这些文章是一位心理学教授撰写的事件经过，每张幻灯片他都观看了30秒，比被试观看的时间长得多。为掩盖任务的用意，研究人员要求被试对文章的某些特性进行评分，如表述的清晰度。文章有两个版本。其中一个版本对四个关键项目的描述有误。例如，幻灯片上受害人的朋友手持一本绿色的笔记本，但文章说是蓝色的。第二个版本的暗示性文章除了这四个项目以外，还犯了一个非常明显的错误，说小偷偷走的那个红钱包是棕色的。我们之所以说这个细节错得很明显，是因为在另一个实验中几乎所有被试都正确认出了钱包的颜色，而在本实验的准确性调查问卷中也有98%的被试答对了钱包的颜色。半数被试拿到了包含四个细微错误和一个明显错误的暗示性文章，另外半数被试拿到的暗示性文章则只包含四个细微错误。继简短的过渡活动后，被试接受了最终测试，共计20项，每一项都是一个需要填入短语或单词的陈述句。被试需从列出的三个选项中选出一个填入句子。

检查结果时，我们发现实验结果支持我们最初的预测。受到明显暗示的被试更能抵抗其他暗示，而这些暗示他们通常很难免疫。教授将显然是红色的钱包说成棕色，便再难动摇目击者对其他物体的记忆，例如受害人朋友手持的那个笔记本的颜色。此外，相比记不清楚的项目，若被试最初对某一项目记忆准确，便能更好地抵抗针对这一项目的暗示（图 6.4）。

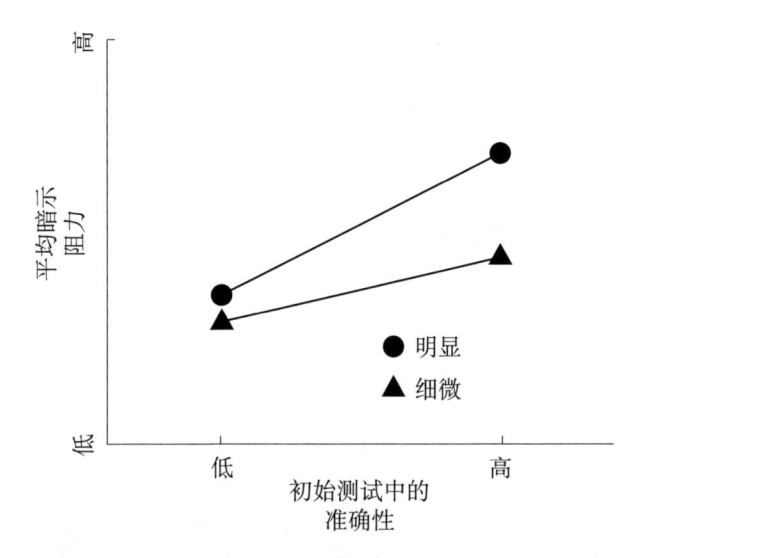

图6.4 接受明显暗示与仅接受细微（不明显）暗示的被试分别表现出的平均暗示阻力与项目的初始准确性之间的关系

这个实验的后续研究涉及共存—改变问题。在第二次实验中，明显的错误信息（棕色钱包）不再与初始误导信息（蓝色笔记本）同时呈现，而是延迟呈现给部分被试。本次实验的原理如下：假设目击者看到一人手持绿色笔记本，随后听闻它是蓝色的。许多目击者往往就会认为他们之前看到的是蓝色笔记本。然而，如果目击者在听闻蓝色笔记本的同时，还听到了一些明显的虚假信息，那么接受蓝色这一误导信息的目击者将大幅减少。之前的实验已经证明了这一点。假设我们在目击事件后立马植入蓝色这一误导信息，但延迟一天左右再植入明显的虚假信息。当植入蓝色这一误导信息时，目击者很可能会接受，但问题是隔天面对明显的虚假信息时，目击者会如何反应？如果记忆真的被改变了，那么明显的虚假信息应该不会影响目击者的记忆才对。反之，如果目击者仍留有原始的记忆痕迹（绿色），那么在接触到明显的虚假信息时，便可能抵抗蓝色的暗示，坚持认为是绿色。换言之，延迟呈现明显信息的效果，就和之前将明显信息与其他暗示信息同时呈现的效果一样。

结果相当显著，见图 6.5。延迟呈现明显信息，消除了该信息对目击者抵抗误导性暗示的能力的影响。这一结果符合误导性暗示已融入目击者的记忆中，有效地改变了之前储存的内容的观点。因为这些项目已经成为目击者记忆的一部分，所以植入明显的虚假信息无法产生影响。

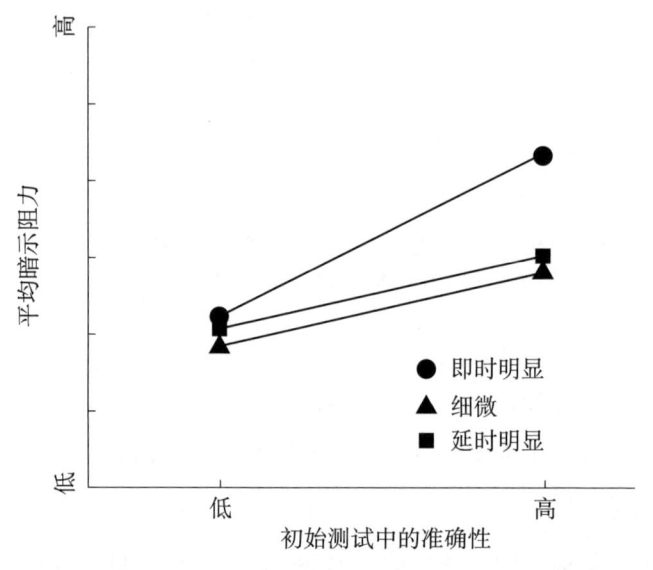

图6.5 同时接受明显暗示与其他误导性暗示的被试、延迟两天接受明显暗示的被试与仅接受细微（不明显）暗示的被试分别表现出的平均暗示阻力与项目的初始准确性之间的关系

回答速度 事实证明，目击者回答问题的速度往往可以用于推断其理解和回答问题的心理过程。我们决定用回答时间来探索人们会如何处理接触到的新信息（Cole & Loftus, in Press）。这次的实验原理相对简单。假设有人看到一辆车闯了停车让行标志，随后听说那是减速让行标志。之后，需要此人出面证明那个标志是停车让行还是减速让行。如我们所知，在这种情况下，许多目击者会认为他们实际看到的

就是减速让行标志。假设目击者最初感知到的是停车让行标志，那么"减速让行"信息首次出现时，肯定会引发一定程度的冲突，有待解决。这个冲突是什么时候解决的？是在刚植入减速让行标志这一新信息的时候吗？还是要等到目击者最后对标志进行说明时才解决？

这两种观念——在理解新信息时解决冲突与在最终报告时解决冲突——对目击者回答问题的速度有着截然不同的预测。假如在目击者最终报告"是停车让行还是减速让行"前，两条信息均储存在他的记忆中。相比没有接触误导信息的情况，此时目击者需要解决冲突，回答时间应该更长。反之，如果目击者在刚接触误导信息时就解决了冲突——先于最终测试——那么他回答"是停车让行还是减速让行"的时间应该和没有接触误导信息的情况不相上下。此外，如果他最终报告的选择是对近期做过的选择的重复，且重复的速度现在变快了的话，那么他的回答甚至还可能更快一些。

我们在48名被试身上进行了实验，他们观看了一长串幻灯片，随后，接触了一些针对其中部分项目的误导信息。最后，测试他们对幻灯片中的项目的记忆，并测量他们在最终测试中回答问题的速度。

虽然我们在实验中收集了多种数据，但比较接触误导信息和不接触误导信息被试的回答速度对目前的论题来说最为关键。我们发现，二者的回答时间并无差别。这个结果不符合新老信息一直共存于记忆中，直至最终测试时再解决冲突的假说。该假说预测回答时间会延长。不过，这一数据却符合另一种模式，即两条信息之间的冲突早在新信息植入时，也就是测试之前，就已经解决了。要具体解释这种情况是如何发生的，我们可以假设目击者看到了一辆红色达特桑出现在停车让行标志前。他首先遇到的问题是："红色达特桑出现在减速让行标志前时，是否有车从旁经过？"目击者如何才能回答这个问题？为此，他要在脑海中"想象"或"重构"回答问题所需的那部分事故，若接受了误导信息，他就会将其植入想象的画面中。之后再询问他"是停

130

车让行还是减速让行",他会基于之前的重构作答。换言之,他"看到"了他自行建构的减速让行标志。

目击者最初注意到它了吗? 所有这类实验都存在这样一个问题,即原始关键信息最初是否存入了记忆中。停车让行标志真的存入记忆中了吗?不管是绿色的车辆还是别的什么,目击者真的注意到了我们试图歪曲的那个对象了吗?我们已明确证明,如果被试最初曾向我们表明他确实注意到了某一物体,那么他对该物体的记忆便较难改变。在研究明显的虚假信息的实验中,如果目击者正确指出受害人的朋友手持一个笔记本(而不是伞或其他物品),便难以让他对笔记本的颜色产生误解——但也不是不可能。

在另一个实验中,被试要么在幻灯片中看到了停车让行标志,要么看到了减速让行标志。随后,要求部分被试"自主描述方才所见,记得的细节都别漏掉"。下面就是一份描述示例:

> 一对年轻男女边走边聊地从楼里出来,走上了人行道。一辆红色达特桑从旁经过,行至停车让行标志前时,一辆公交车驶了过去。女子停下来倚着一根灯柱,男子则开始走下街沿。达特桑在停车让行标志前,径直向行人驶去。行人似乎在车子撞到他之前,便先行被绊倒了。女子走上前去查看躺在地上的男子,一辆警车也在他们跟前停了下来。警察和女子赶到摔倒的男子身边后,车内的两人才下车查看。(男子摔倒后,车子便停了下来。)车上的乘客是名20多岁的男性,身穿红衬衫和蓝裤子。他看了看躺在街上的行人后,转身沿着人行道往右侧的白色大楼跑去。摔倒的男子身着条纹短袖、羊毛的格子衬衫和一条红裤子。和他同行的女子身着牛仔裤、条纹衬衫,还戴着帽子。

另一些被试则拿到了一张纸,上面绘有一个十字路口,他们要尽量将记得的细节填上去。示例图见图6.6。在这两种示例中,被试均表明他们看到了停车让行或减速让行标志。第二天被试再回到实验室，接触歪曲标志的误导信息，然后测试他们对标志的记忆，那些之前曾表明自己看到了标志的被试更难被误导。不过，他们也会受到影响。依据这些实验，我们得知不仅是没有注意到关键物体的目击者，就连注意到了的目击者，也能被植入误导信息。

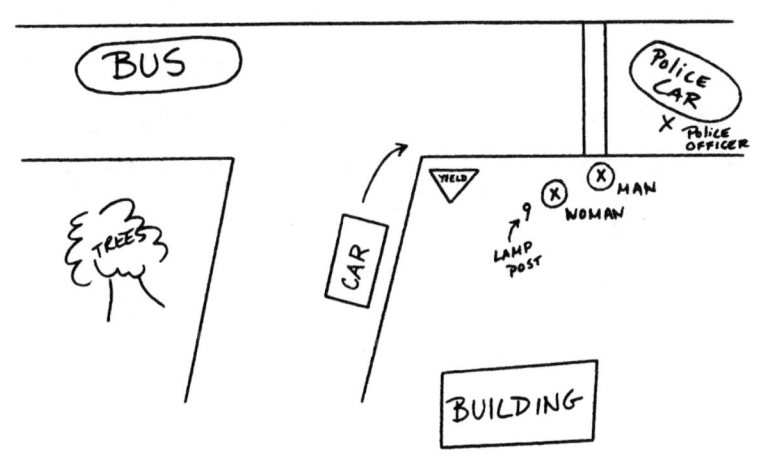

图6.6　一名被试看完30张描绘一起汽车撞人事故的幻灯片后所画的示例图

注：在其中一张幻灯片中，一辆红色达特桑出现在了减速让行标志前。

共存—改变：结语

在这一节中，我提供了几个技术示例，用以探索新信息是改变了旧有信息还是与之共存于记忆中。这些实验虽具有启发性，但并不能确凿地证明记忆发生了变化。但它们却可以证明相反的情况，即原始信息保存得完好无损：只要奖励可以增强对原始材料的记忆；二次猜测对原始材料的恢复能力高于机会水平；延迟呈现明显信息仍能帮助被试抵抗误导性暗示，坚持原始材料。然而实际并非如此。那些相信记忆永存的人仍会争辩说，我们使用的技术还不够强大，不足以揭开真正的记忆。只要让目击者接受催眠、测谎或是怀尔德·彭菲尔德的电极刺激，真正的记忆就会浮现出来。我敢断定，即便我们试遍所有这些方法仍未唤起真正的记忆，批评者仍会认为我们只是还没用对方法。然而，就目前而言，和认为所有记忆都只是暂时想不起来了一样，我们同样有理由认为部分记忆已不复存在。

无论新信息是改变了之前获得的表征还是与之共存，我们讨论的这些现象都具有极其重要的现实意义。不管出于何种记忆理论，人们的回答确实是改变了。不过，这两种理论对于该如何引导目击者恢复原始（真正的）表征，却有着不同看法。共存理论认为，只要排除干扰信息（假设我们可以找到合适的技术），就能得到原始信息。改变理论认为，只能再次改变现存记忆，使其恢复成目击者的原始记忆。

第七章
人身辨认

1978年2月，戴维·韦布（David Webb）从华盛顿州的一所州立监狱获释，他说他觉得"上帝好像在我的生命中创造了一个奇迹"。在奇迹降临前他已经顶着莫须有的罪名——强奸、强奸未遂和抢劫未遂——在监狱里蹲了十个月了。韦布最初之所以被捕，是因为他的长相与案件发生后警方合成的强奸犯的照片相似。目击证人当庭认出了韦布，称他在华盛顿州埃弗雷特的两家杂货店内分别犯下了一起强奸案，还有一起抢劫和强奸未遂的案子。尽管目击证人们的证词有些相互矛盾，而韦布还有不在场证人的证词，他却依然被判有罪，有期徒刑50年。

数月后，另一名男子供认韦布的那些案子都是他犯下的。不过，警方仍必须就他的供词展开调查。韦布和认罪的男子一同被编入辨认队列。据报纸报道，受害人这次已无法认出韦布就是罪犯（《西雅图邮讯报》，Seattle Post-Intelligencer，1978年2月3日）。一些执法人员评论说，两人长得很像。但韦布在队列中首次见到另一人后曾表示："我觉得他和我一点也不像。"

由于几位目击者的错误，戴维·韦布经受了难以估量的痛苦。其他无辜的人也因目击者的错误遭受了同样的磨难，通常可能只是一位，有时是两位，偶尔还可能有多达十几二十位的目击者都弄错了。多年来，心理学家一直在靠实验探究错误辨认的问题，这类实验会让目击者接触某个特定的人，随后要求他们进行辨认。其中一项令人深感担忧的研究开展于1974年，近2 000名目击者全都认错了人（Buckhout, 1975）。这项大规模研究得益于纽约一家电视台的协助。1974年12月19日，收看第四频道（NBC）晚间新闻的观众看到了由NBC节目制作组特别拍摄的一起抢包事件。这起事件出自一部探讨目击者可靠性的纪录短片。片中一名年轻女性正走在走廊上。一名身穿皮夹克的男子偷偷潜伏在大门口，出其不意地冲向受害人，夺过她的提包，将她撞倒在地。他逃跑时有那么一秒钟的样子，刚好被摄像机拍到了正面。整个事件持续了12秒。接着，播音员出示了一个辨认队列，其中包括六名与罪犯长相相似的男子。播音员告知观众，罪犯可能就在这组队列中，但也可能不在。任何观众都可以自愿拨打屏幕上出现的电话号码，说明他是否在这个六人队列中认出了罪犯。

他们接到了2 000多通电话。这些受访者要么从六人队列中认出了罪犯，要么认为罪犯不在队列中。真正的罪犯就是队列中的二号男子。实验结果见表7.1。总的说来，只有14.1%的目击观众正确认出了罪犯。这个结果与随机猜测的概率是一样的：没有看过事件经过直接靠猜，也有七分之一的概率正确选中二号男子。（之所以六人队列选对的概率是七分之一，是因为目击者还可以回答"不在队列中"。）表7.1中的数据还表明，男性与女性目击者的回答并无不同。将男性和女性的数据加总后得出的结果惊人：1 843人辨认错误。

表7.1　2 145名于电视上看到一起犯罪的目击者，在六人队列辨认中的回答分布

观众	在队列中的位序							不在队列中
	1	2	3	4	5	6	
男性	15.2%	15.3%	9.8%	13.5%	14.2%	7.5%	24.5%
女性	14.5	13.3	10.5	12.8	14.7	5.9	27.9
总体	14.7	14.1	10.1	13.0	14.3	6.8	25.0

注："近2 000名目击者都弄错了。"二号是真正的罪犯。该列队辨认的机会水平为14.2%。
来源：Buckhout, 1975。

当犯罪的目击者之后必须辨认先前所见之人时,许多心理因素都可能产生重要影响。其中不少因素我们已经探讨过了:保持间隔或者说犯罪与辨认之间的时间间隔,呈现时间或者说目击者看到罪犯的时长,预备知识和预期,误导性暗示,压力。所有这些因素都会降低辨认的准确性,一如降低证词的准确性一样。事实上,先前介绍的许多实验都要求受试目击者再认之前见过的面孔。其中一个实验表明,目击者看到面孔时所从事的感知活动会影响之后的再认。

然而,人身辨认自有其困难之处。个体试图进行人身辨认时,会发生一些在其他类型的目击者证词中不会发生的现象。例如,第一,许多犯罪涉及跨种族辨认,即一个种族的人要辨认另一个种族的人。这种情况是出了名的困难。第二,还可能发生无意识迁移,即目击者错将在某个情境中看到的人记成了在另外一个情境中看到的。第三,为明确罪犯身份,警方通常要依靠列队辨认或照片辨认——这些程序很微妙,很难执行得当。

跨种族辨认

比起不同种族,人们更擅长再认同种族的面孔,这种现象已经被观察到很多次了,近乎事实。心理学家是如何知道这一点的?马尔帕斯和克拉维茨(Malpass & Kravitz, 1969)的研究是这类研究中的经典。他们采用的被试分别来自以白人为主的伊利诺伊大学和以黑人为主的霍华德大学。实验材料包括40名黑人男性和40名白人男性的照片,这些男性均处于上大学的年纪。每位被试会随机看到10名黑人和10名白人的面孔,每张面孔呈现1.5秒。呈现完毕后,被试将看到随机排列的40名黑人和40名白人的面孔,他们要在答题纸上标出之前见过的面孔。结果如表7.2所示,研究人员据此得出结论,比起不同种族,被试更擅长再认同种族的面孔。多年来,这项研究得到了一次又一次的验证。譬如，卢斯（Luce, 1974）就再现了这一结果，而他的研究中还囊括了东方人。卢斯的被试包括75名黑人、72名白人、65名美籍华裔和60名美籍日裔。黑人被试来自西南地区的一所大学，他们报告自己经常与白人接触，没接触过美籍亚裔。白人被试就读于西南地区的另一所大学，也报告经常与黑人接触，没接触过美籍亚裔。相形之下，那些美籍亚裔来自洛杉矶一所多种族的州立大学，与这四个族群的人均有来往。

表7.2 跨种族辨认

被试	正确辨认的均数		错误辨认的均数	
	黑人面孔	白人面孔	黑人面孔	白人面孔
伊利诺伊				
黑人	7.38	6.77	5.69	3.61
白人	6.08	7.92	4.85	3.46
霍华德				
黑人	6.14	7.14	2.43	3.00
白人	5.57	6.14	5.86	2.14

来源：Malpass & Kravitz, 1969。

每位被试都在一位同种族的研究人员的引导下分别完成实验程序。首先，被试观察了印在一页纸上的20张照片，全是一个种族的人。一分钟后，被试拿到了一张测试表，上面有9张照片是从方才那20张中挑出来的，剩余11张是新的，被试要选出他认得的面孔。每位被试都要依照这套程序接受四组照片的测试，每组照片对应一个族群。

结果很明显：被试最容易再认同种族的人。尽管黑人被试与白人有过广泛接触，但除了黑人以外，他们很难再认其他种族的照片。白人学生之前并未接触过美籍亚裔照样能轻易认出他们，就像再认白人面孔一样，而尽管他们与黑人有过来往，却很难辨认黑人。

这两项研究都并非探究跨种族问题的最早的研究，也不会是最后的研究。所有这类研究几乎都以黑人和白人为被试，偶尔也有其他种族，如亚裔。一项以印度裔学生为被试的研究也得出了同样的结果（Scott & Foutch, 1974）。布里厄姆和巴科维茨（Brigham & Barkowitz, 1978）在最近的一项研究中指出，人们对辨认的种族和准确性问题有三个常见假设：

1. 黑人和白人辨认同族的准确性均高于辨认异族。
2. 持有高度偏见的人在跨种族辨认中的准确性低于主张平等的人。
3. 与其他种族有过来往的人在跨种族辨认中的准确性高于鲜与其他种族来往的人。

第一个假设得到了大量心理学实验的支持，但后面两个则不然。可这说得通吗？人们有理由假设，我们难以再认其他种族是因为鲜与其他种族打交道。甚至也有理由推测，对其他种族怀有偏见的人可能更少见到其他种族，经常歪曲他们的形象，总的说来，也就更难认出他们。接下来我们将看到，这些解释都站不住脚。

布里厄姆和巴科维茨从一些高中毕业年鉴中选出了 72 张黑人与白人的面部照片，包括白人男性、黑人男性、白人女性与黑人女性四组，每组各有 18 张照片。这些照片被转换成了幻灯片，每位被试看到了其中的 24 张。每张幻灯片大约呈现 2 秒，休息 5 分钟后，被试看到了随机排列的全部 72 张幻灯片，并要从中选出之前见过的。这些被试还接受了一个评估其种族态度和种族经历的测试。

结果一如既往：比起其他种族的照片，白人和黑人均明显更擅长再认同族的照片（图 7.1）。但与那些常见的假设相反，种族态度和跨种族经历的多寡与两个种族的被试的再认准确性没有系统的联系。

根据这些发现和之前探讨过的研究，我们可以得出结论：再认其他种族的面孔比再认同种族的面孔更困难。而这种跨种族辨认的难题，并非源于对其他种族持有偏见或鲜与其他种族来往。

那是什么原因呢？心理学家尚未得出答案。有种合理的假设认为，不同种族的人往往有明显的共同特征。譬如，大部分东方人的眼睛别具一格，大部分印度裔肤色较深。当白人在短短几秒钟内瞥见东方人时，那双特别的眼睛很可能脱颖而出，备受瞩目，耗去了白人目击者的大部分加工时间。之后，当白人目击者面对一排东方人，要从中选出之前见过的那位时，他关注的明显特征根本派不上用场，分不出哪些是之前见过的，哪些没见过。

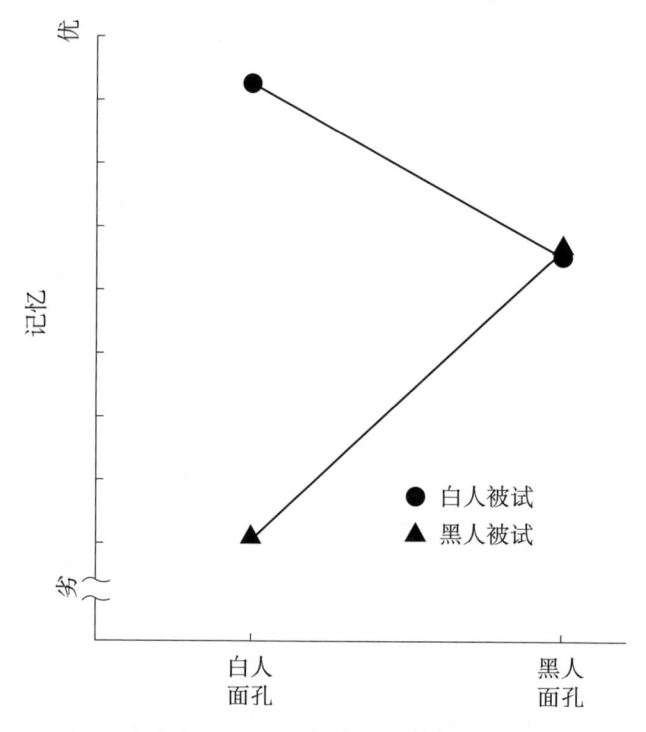

图7.1　白人和黑人辨认同族和异族面部照片的准确性

注：白人和黑人辨认同族和异族面部照片的准确性均高于辨认异族的面部照片。
来源：Brigham & Barkowitz, 1978。

跨种族辨认研究存在的一个问题是，大部分实验用的是照片。在实验室里看照片和在现实生活中目击一起犯罪，在概念上存在一个巨大的跨越。为此，布里厄姆设计了一些"田野"实验——由真实的目击者看到真实的人。这个实验目前尚处于早期阶段，它研究了佛罗里达州塔拉哈西地区 50 家小型便利店的店员目击辨认的准确性。大多数便利店从清晨一直开到午夜，也有一些通宵营业。这类便利店往往多次遭遇抢劫或抢劫未遂。一般说来，抢劫犯进店后会走向收银员，要他把钱拿出来，而收银员之后通常会受到传唤，去做目击辨认。

实验计划让一名黑人和一名白人"顾客"（或嫌疑人）先后光顾同一家店，两人进店的时间间隔约 15 分钟。每名顾客都需要与收银员进行某种合理的互动，以便收银员之后能够做出辨认，但又不能互动得太离谱，破坏真实感。预测试发现了两种相当不错的互动方式。

第一名顾客进店后，趁没有旁人和收银员说话时，向他买些烟。收银员必须到柜台后面去拿烟，然后交给顾客。顾客万分歉意地表示，他要用硬币支付，大约 70 个。收银员不得不数清硬币。最后，顾客还询问了去购物中心、医院或机场的路。

第二名顾客进店后，趁收银员独自一人时，拿一件商品（大约价值 1.50 美元）跟收银员买单。收银员结账时，顾客发现他只有 1 美元，便要求店员就收 1 美元算了。待店员同意或拒绝后，顾客也向他问了路。

几小时后，开始进入辨认阶段。（最初试点时采用了 24 小时的保持间隔，结果发现间隔这么长时间，收银员已经谁都认不出来了。）辨认程序由两人引导，他们进店后向店员出示两排照片，一排七张，询问对方是否在 24 小时内见过照片上任何一人。其中一排照片全是黑人，里面包括那名黑人顾客；另一排照片全是白人，里面也包括那名白人顾客。这一过程得到了塔拉哈西警察局的大力协助，他们依照查案时的做法创建了这些辨认照片。每一排的七名男性在肤色、发型和外观上都高度相似。

这个实验结果如何，现在还很难预判。但我相信他们同样会观测到跨种族辨认的普遍困难，收银员辨认同族顾客的准确性会高于其他种族。这个实验的价值在于它很真实，非常接近现实情境。当然，它并不完美。实验中的收银员并不像真实的犯罪受害者或目击者那样经受着巨大的压力，理想情况下应该创造一个压力情境，让收银员达到类似亲历犯罪事件的唤醒水平。然而，出于实际和道德考量，我们不能采用那些会让收银员在毫不知情的情况下经受巨大压力的技术。

无意识迁移

一名火车站的售票员遭歹徒持枪抢劫后，在列队辨认中认出一名水手就是罪犯。但这名水手有不容置疑的不在场证明，最终被释放了。售票员之后在接受采访时，被问及为何认错了人，他说他在队列中看到水手觉得很眼熟。水手所在基地就在火车站旁边，抢劫案发生前，他曾先后三次从这名售票员手中买过票。看来，售票员对水手的那种熟悉感无疑是因为对方来买了三次火车票，但他却误以为与抢劫案有关（Wall, 1965）。

这就是无意识迁移的一个例子，这个术语指的是把在某个情境中看到的人混淆或误记为在另外一个情境中看到的。在售票员与水手的案例中，就发生了无意识迁移，购票者被混淆或误记成了抢劫犯。

巴克霍特（Buckhout, 1974）援引过的一个实验中可能也发生了无意识迁移，受试学生目击了一起袭击教授的模拟事件。七周后，被试要从六张照片中选出之前的袭击者，40%的目击者选对了，余下60%要么谁也认不出来了，要么选错了人。在那五张并非罪犯的照片中，有一张照片上的人当时也在犯罪现场，但只是个无辜的旁观者。如果被试选择旁观者的倾向与选择其他非犯罪者的倾向一样，那么就该有20%（17人）的错选被试选择无辜的旁观者。然而，实际上超过40%（35人）的错选被试选择了站在附近却并未行凶的旁观者。这可能也是无意识迁移的一个例子：站在犯罪现场的人被混淆成了实施犯罪的人。不过，这个结果还有另一种解释。辨认错误的目击者倾向于选择那位旁观者，也可能仅仅是因为他长得和罪犯最像。这个实验的设计无法排除这种解释。

在另一个研究无意识迁移的实验中（Loftus, 1976），50 名学生通过录音机收听了一个关于六名虚构的大学生的故事。介绍人物时会同时呈现每位人物的照片，每张照片约呈现两秒。实验使用的全是留着一头中等长度的棕发、不戴眼镜的白人男性的照片。三天后，被试要从呈现给他们的五张面孔中认出故事中的罪犯。半数被试看到的五张面孔均不是罪犯，但其中一张面孔是故事中出现过的一个配角。根据实验设计，同一张特定的照片对部分被试来说就是罪犯，对另一部分被试而言是个配角，而最后一部分被试则只在辨认环节见过这张照片（也就是说，他并非故事中出现的六名学生之一）。

有一组被试的数据最有意思，他们在辨认环节没有看到罪犯的面孔，却看到了配角的面孔。在这些被试中，60% 的人选择了配角，16% 的人选择了另一名错误的男性，还有 24% 的人没有做出选择。如果被试选择配角的倾向与选择其他非犯罪者的倾向一样，那么在做出选择的被试中就该有 20% 的人选择配角。事实上，在做出选择的被试中有 79% 的人选了配角。

为何在一种情境中见过的人会与另一情境中见过的人相混淆呢？无意识迁移是人类记忆的整合性和可塑性的副产品。与个体的短暂接触，似乎会使人在之后再见时觉得对方眼熟。例如，目击者从一组照片中辨认罪犯时，很可能觉得他在案发前偶然见到的一人看着眼熟。目击者以为这人之所以看着眼熟是源于他在案发时的感知，而实际上这种熟悉感源自案发前。路人身上这种熟悉的痕迹，被整合进了目击者对犯罪的记忆中。

对于无意识迁移可以确定的一点是，我们几乎不可能分辨出某一情境是否发生了无意识迁移。目击者说被告犯了罪。被告说他没有，但他承认在案发时或案发前曾出现在犯罪现场。被告和目击者还可能住得很近，以前在周边的自助洗衣店里有过一面之缘。在缺乏其他信息的情况下，没人敢打包票说是否发生了无意识迁移。我们唯一可以说的是，无意识迁移现象确实存在，在某些情况下，多少有可能发生这种现象。

照片辨认和列队辨认

犯罪发生后，警方急于明确罪犯的身份。很多时候，他们会依赖所谓的"再认"测试，向目击者呈现一张或多张面孔，询问他们其中是否有之前见过的面孔。有时他们仅向目击者呈现一个人或一张照片，目击者基本只需回答是或不是来表明此人究竟是不是罪犯。

不过多数时候，警方会让目击者观看多张照片或安排列队辨认。无论哪种情况，目击者本质上都是在接受多选项的再认测试。目击者必须挨个查看所有选项，看看是否有眼熟的。虽然理论上目击者知道罪犯可能不在其中，但现实中许多目击者都认为若非已经锁定嫌疑人，警方不会贸然测试。因此，他们会努力辨认真正的罪犯，但若认不出来，往往就会选择与记忆中的罪犯最接近的人。

队列的构成至关重要，一队多少人，每个人长什么样，穿什么衣服——所有这些问题都很关键，足以左右队列能在多大程度上摆脱暗示性，进而决定辨认的价值。虽然实际情况通常不像图 7.2 那么糟糕，但重要的是除嫌疑人以外的人都要和嫌疑人外表相似才行。否则"陪衬对象"太不可信立马就会被排除，以致只能选择真正的嫌疑人。

图7.2　偏向性列队辨认的示例

来源：Loftus & Loftus, 1976。

检测不公正的列队辨认

若嫌疑人是个留着胡子的壮汉，大多数辨认队列中便不会出现小孩、坐轮椅的老太太或手持导盲杖的盲人。请注意我说的是大多数。沃尔（Wall, 1965）就提供了一些几近荒谬的列队辨认的例子。有个案子的嫌疑人是某个种族或国家的人，却被安排在一群明显不同种族或国家的人之中。毋庸置疑，这样的辨认队列极具暗示性，辨认结果实际上毫无意义。

有些列队辨认的偏向性虽较为隐晦，但也不是无法检测。心理学家使用了一个相当简单的程序来调查警方是否成功组建了一个辨认队列，令队列中的每个人都符合对被告的最低限度的描述。假设队列中有六人，其中包括嫌疑人。如果列队辨认真的公正（即队列组建得没有任何暗示性影响），那么一个没有目睹犯罪经过的人从中认出被告的概率应是六分之一。（如果还可以"谁也不选"的话，这个概率就是七分之一。）同样，如果列队辨认真的公正，一个没有目睹犯罪经过但读过警方简报知道罪犯基本特征的人，从中认出嫌疑人的概率也该只有六分之一。为测试列队辨认是否具有偏向性，心理学家会去随机采访一些没有目睹犯罪经过的人。被试会读到对罪犯的基本描述，观看辨认队列的照片，然后从中选出他们认为是罪犯的人。如果这些随机抽选的被试选择嫌疑人的概率明显高于六分之一，该次列队辨认便有失公正。也就是说，队列中的陪衬对象或参与人员与嫌疑人的基本特征不够相似，不能有效测试真正的目击者辨认嫌疑人的不准确性。

几年前，我针对加利福尼亚州圣克拉拉县的一起真实案件进行了这样的测试。该案案情相对简单：威廉·索托（William Soto）因涉嫌持枪抢劫一家加油站而被捕。受害人兼目击者理查德·奎诺恩斯（Richard Quinones）最初向警方表示，抢劫犯是名21岁至23岁的男性，身高在5英尺7英寸至5英尺8英寸之间，体重150磅至160磅，留着中等长度的黑发。之后，奎诺恩斯从一组六人队列的照片中认出了索托，队列中仅有一人（也可能是两人）的头发算是中等长度。我对那次照片辨认进行了实验：我分别向20名被试朗读了上述描述，然后要求他们仔细观看照片，从中选出他们认为是罪犯的人。若列队辨认真的没有偏向性，大约会有3到4人选择威廉·索托的照片（六分之一的非目击者）。结果13人选择了他。因此，就连根本没有目睹犯罪经过的人也倾向于选择索托的照片，表明这次照片辨认有失公正。但在索托的审判中，检方让一名警察出庭作证说，在他看来那组照片非常公正。

杜布和科什鲍姆（Doob & Kirshenbaum, 1973）针对加拿大的一起真实案件进行了类似实验。该案由里贾纳市诉沙特福德（*Regina v. Shatford*），案件中的目击者证词是给被告定罪的关键。沙特福德被控与另一名男子一起从一家百货商店抢走了7 000美元。遭抢的收银员不太记得罪犯了，只知道"他们衣着整洁，长相英俊，看起来像是兄弟俩"。抢劫案发生三天后，她与其他几名目击者花了六个多小时协助警方的画像师绘制嫌疑人的合成画像。她记不清罪犯的体貌特征了，帮不上什么忙，但她仍从一个12人的辨认队列中选出了被告。

目击者的描述如此含混不清，为何却能在列队辨认时选出被告呢？杜布和科什鲍姆认为，这是因为她记得她跟警方说过的部分特征：罪犯衣着整洁，两人长相相似，外表英俊。要从 12 名衣着整洁的男性中选出一人，衣着整洁和两人长相相似这两条信息不太派得上用场。但罪犯长相英俊这一点，可以作为线索。如果目击者仍记得这一描述，她可能就只是从队列中选出了最符合这一描述的人罢了。

杜布和科什鲍姆采访了其他没有目睹犯罪经过的人，经他们评定，嫌疑人是队列中最有魅力的一个。因此，研究人员的观点似乎相当合理，遭抢的收银员只是记得她说过的部分特征，然后从队列中选出了长得最英俊的男性。

不过，研究人员还进行了另一项测试，测试结果支持了他们的观点，这次列队辨认确实带有偏向性。他们向 21 名被试出示了辨认队列的照片，并说：“假设你目击了一起犯罪，而你只记得罪犯**长相英俊**。警方随后逮捕了一名可能涉案的嫌疑人，将他安插在辨认队列中。假如你现在看到的就是那个队列，警方要求你从中辨认罪犯。警方似乎确信他们抓对了人，但仍需要你进行辨认。你要尽你所能地选出罪犯。在下面这组照片中，你会选谁？”在这种情况下，21 名被试中有 11 人选择了嫌疑人。另有 4 名被试表示嫌疑人是他们的第二选择。而嫌疑人被随机选中的概率应是十二分之一。也就是说，21 名被试中只有不到两人会选他。事实上却有 11 名被试选择了他，他被选中的概率显著高于随机猜测的概率。

这项研究表明，该队列中的嫌疑人与其他陪衬对象或参与人员有所不同。他的不同之处并不那么明显，不是可以轻易测量出来的身高体重上的差异，他的不同在于他很有魅力，而目击者可能以此为线索进行辨认。这项研究也显示出，安排列队辨认的人不仅要尽力保证所有参与人员的性别和种族相同，年龄、身高、体重和衣着相近，还要尽可能地让参与人员都符合目击者描述的特征。

辨认队列的有效规模

在一个极不公正的六人列队辨认中，假设嫌疑人是名 18 岁的年轻人，其余陪衬对象均年过三十，显而易见，虽然队列的实际规模是六人，但有效规模远不及六人。这可能还不如让目击者单独观察那名 18 岁青年，看看是不是这个人。若以非目击者进行实验，无疑会有很大比例的被试选择嫌疑人，远超随机猜测的 17%。

威尔斯及其同事（Wells et al., 1977）创建了一套程序，用于计算辨认队列的有效规模。这套程序与之前探讨过的检测列队辨认偏向性的程序非常相似。研究人员向一组实验被试（非目击者）出示一张真实的辨认队列照片以及对嫌疑人体貌特征的大致描述。如果列队辨认公正，非目击者选择每位参与人员的比例应大致均等。反之，如果嫌疑人由于某种原因特别突出，也就是说，只有嫌疑人符合对罪犯的大致描述，那么就会有较大比例的被试选择嫌疑人。

计算有效规模的程序很简单。就是计算 N/D 这一比例，N 代表非目击者的数量，他们每个人都可以做出一个选择，D 代表选择嫌疑人的非目击者数量。那么，假设有 40 名非目击者参与了实验，其中 20 人选择了被告。在这种情况下，不管队列中实际有多少人，有效规模都是 2。如果辨认队列的有效规模是 2，队列中也只有 2 人，便可以断定队列中没有明显线索表明谁是警方怀疑的嫌疑人。反之，如果辨认队列的有效规模是 2，队列中实际有 6 人，则表明真正的目击者有很多线索可以推断出谁是警方怀疑的嫌疑人。

实验必须使用多少名非目击者是个重要问题。目前还没有明确答案。无论如何，非目击者的数量必须足以令研究人员确信实验观测到的有效规模与真实的有效规模相当接近才行。（用心理学术语来说，研究人员所使用的非目击者数量要能使有效规模的置信界限达到 0.95 ± 0.5。故而，若研究人员发现有效规模是 3，他就有 95% 的把握声称，真正的有效规模相比 2 或 4 更接近于 3。遵循这一标准，大多数心理学家能轻易计算出需要的样本量。）

奥斯特罗姆及其同事将上述程序应用在了一个真实的案件中，即美利坚合众国诉米尔斯案（United State v. Mills）。这是一起抢劫银行的案子，三名目击者对抢劫犯的描述是"黑人，男性，个子矮，满脸胡须，瘦而不柴"。米尔斯涉嫌犯罪被捕，被安插在一个六人队列中。心理学家向 60 名学生出示了辨认队列的照片，还有对抢劫犯的大致描述和案情说明。非目击者（被试）要选出他们认为有嫌疑的人，也可以选择"以上都不是"。每位非目击者均单独接受测试。60 名非目击者中，41 人做出了选择，19 人认为"以上都不是"。被告米尔斯最常被选中，在做出选择的非目击者中有 61% 的人选择了他。选择的分布情况如下：2，1，2，8，3，25（米尔斯排在最末）。研究人员随后计算了有效规模：$N/D = 41/25 = 1.64$ 人。因此，尽管队列中实际有 6 人，其有效规模仅为 1.64 人。

总之，我们拥有评估照片辨认或列队辨认公正性的技术。目前对列队辨认公正性的探讨相当主观，缺乏实证或科学依据。但这些技术却切实地提供了具体的标准，执法人员可以利用这些标准合理地判断列队辨认是否公正。有效规模很容易计算，只要有效规模远低于队列中的实际人数，就可以断定列队辨认有失公正。此外，有了足够的认识后，警方的侦查人员可以提高他们安排列队辨认的能力，使得队列具备合理的有效规模。

》 受照片偏向影响的列队辨认

犯罪发生后，若警方找到了目击者，他们通常的程序是先向目击者出示一组照片。如果目击者从中认出了罪犯，接着就会安排真人进行列队辨认。这种列队辨认存在严重问题，因为在照片和队列中都出现过的人，几乎总是只有那唯一的一人。除了之前在照片中见过的那人外，目击者不太可能认出队列中的其他人。这种情况下认错人的概率将大幅上升，因此，这类列队辨认被称为"受照片偏向影响的列队辨认"。

布朗及其同事（Brown et al., 1977）的研究显示了在发生事件与列队辨认之间的间隔期内观看照片的危险性。在他们的一个实验中，受试目击者面见了两组"罪犯"（完全陌生），五人一组，每人25秒。被试得知须仔细观察罪犯，因为他们要从当天晚上的面部照片辨认中和下周的列队辨认中将这些罪犯挑出来。一个半小时后，被试观看了15张面部照片，其中有些是"罪犯"，有些不是。一周后，研究人员安排了列队辨认，要求被试指出是否在最初的"犯罪"现场见过这些人。

结果令人惊异。在列队辨认中首次露面的人里，有8%的人被错误地"认成"了罪犯。然而，若被试之前见过对方的面部照片，他被错认成罪犯的概率将升至20%。这些人并没犯罪，也没与被试照过面，但被试却因为见过他们的照片，而从队列中"再认"出了他们。

在同系列的第二个实验中，受试目击者见到罪犯时以为他们不必记住罪犯——罪犯是给全班同学分发期中试卷的人。和先前的实验一样，两三天后受试目击者观看了一些面部照片，看过照片四五天后，又进行了列队辨认。

结果愈发令人吃惊：在辨认队列中首次露面的人里，有18%的人遭到错误辨认。如果被试在此期间见过对方的面部照片，错认的概率将升至29%。这两个实验均为出面部照片引发的偏向性提供了明确的证据，进而牵扯到一个问题，即，若辨认面部照片等程序可能让证词产生了偏向性，该证词是否还可采纳。

受照片偏向影响的列队辨认问题就类似于无意识迁移的问题。目击者观察队列时，之前在照片上见过的人会看着眼熟。这种熟悉感可能错误地与犯罪联系了起来，而并未与原本的照片联系起来。故而，受照片偏向影响的列队辨认实际上是一种特殊的无意识迁移。

同样，让目击者制作嫌疑人的合成照，也会影响之后进行列队辨认的准确性。在霍尔和奥斯特罗姆（Hall & Ostrom, 1975）的一个实验中，被试先观看了一张面部照片，随后要在辨认队列中认出照片上的人。然而，在观看照片和列队辨认之间的间隔期内，部分被试协助画像师绘制了之前在照片上见过的那人的合成画像。结果表明，在之后的列队辨认中，画像参与的被试比没有参与画像合成的被试更容易出错。前者的平均错误率为50%，后者仅为31%。无论要再认的人是否出现在了队列中，这样的列队辨认都会出错。

综上所述，犯罪的目击者事后对罪犯进行辨认时，会受到许多心理因素的影响。其中一些因素，诸如保持间隔、光线的明暗、目击者经历犯罪事件时的心理压力，对所有类型的证词的准确性都有影响，包括人身辨认的证词。但有些现象是目击者进行人身辨认时特有的问题。跨种族辨认问题就是个绝好的例子：人们再认其他种族的面孔比再认同族的面孔更易出错。第二个现象是无意识迁移，目击者错将在某个情境中看到的人记成了在另外一个情境中看到的。可以想见，除了面孔以外，其他物体也可以发生无意识迁移——例如，错将在某个地方看到的汽车记成了在另一个地方看到的。不过，"无意识迁移"这个术语通常指的都是面孔记忆。最后，列队辨认这种颇具影响力的法律造物非常关键，不仅会对辨认的准确性造成重大影响，还可能导致错误辨认。随着我们开始越发深入地理解这些特殊情况，我们一定能减少发生错误辨认的概率，带来更多公平正义。

152

第八章
目击能力的个体差异

一百人目睹了同一起交通事故，没有哪两份报告会完全相同。诚然，不乏会有些相似之处，但人们报告的准确性与完整性会天差地别。为何如此？如第三章所示，糟糕的目击者比可靠的目击者经受了更多压力，唤醒水平更高。糟糕的目击者可能对当时的情境怀有预期，使得他们的感知带有偏向性。他们可能没有仔细观察或做出了一些干扰他们获取有效信息的感知活动。这些无疑都很重要。

但还有一些更为持久的、人各有异的因素，也可能影响目击能力——目击者的性别、年龄、日常生活中的广泛性焦虑或忧愁程度、接受训练的程度。本章我们所检验的研究针对的是目击者在事件发生以前就固有的一些特征，我们想要明确其中哪些特征（如果有的话）可以用来预测哪位目击者是可靠的，哪位未必。

广泛性焦虑

经历非常不愉快的事件时，我们所有人几乎都难逃压力的影响。但还有一种更广泛的焦虑，有些人会比其他人体会更深。这种广泛性焦虑的水平越高，个体在目击准确性测试中的表现是否就越差？依据这一假设，西格尔和我着手设计了一个实验来检验我们的假设。其中一种方法是对被试进行标准化测试——这类测试由心理学家编制，专门用于测量广泛性焦虑。但要在真实的法律程序中运用标准化测试判断目击者的焦虑程度多少有些不恰当或不可能，所以我们觉得最好能间接地探测被试的焦虑。一些研究表明，日积月累的生活变故或者说生活压力与焦虑和抑郁相关——如好友逝世、失业等变故（Sarason et al., 1978）。因此，西格尔和我（Siegel & Loftus, 1978）设计的实验旨在弄清，生活压力及随之而来的焦虑与目击能力测试中的表现是否呈负相关。如果我们能观测到这种联系，这一因素就有望在法律程序中派上用场，用以判断哪些目击者更有可能做出准确的报告。

我们对84名学生进行了实验。每名学生都完成了一项焦虑测试、一项生活压力测试、一项目击作证任务和一项测量自我专注度的测试。焦虑测试——多重情绪形容词调查表（MAACL; Zuckerman & Lubin, 1965）——包含132个情绪形容词（譬如不安、平静、绝望）。被试要勾选符合他们目前感受的形容词。其中21个形容词与判断个体的焦虑程度相关。

生活压力测试又名生活经历调查（LES; Sarason et al., in press），是一份包含57个项目的自陈量表，被试要表明他们在一年内经历过哪些生活事件（好友逝世，结婚，换工作）。受访者还要评估每个事件是否合乎他们的心意（阳性与阴性），以及给他们造成了何种程度的影响。依据他们的回答，我们给每个学生打了分，表明他们一年内经历了多少不如意的生活变故。

目击作证任务旨在测量被试感知和回忆复杂事件的能力。被试观看了24张幻灯片，描绘的是一个小镇上发生的一起偷钱包事件（详见第六章）。看过幻灯片一分钟后，被试填写了一份测试准确性的问卷。问卷包含30个项目，涉及偷钱包事件的诸多细节。例如，其中一题是:"小偷身穿一件_____。(a)厚衬衫;(b)长大衣;(c)短大衣;(d)薄夹克;(e)羽绒背心。"

自我专注量表(Sarason & Stoops, 1978)测量的是个体在多大程度上专注于与任务无关的想法。该量表有两个得分:量表1包含被试对项目的反应,这些项目体现的是被试对自身表现的担忧(例如,"我觉得自己做得很差");量表2包含被试的自我判断,判断他们自己在之前的任务中思想有多么不集中。

我们检查测试结果发现,在目击任务中人均答对了14.6个项目。有些被试表现得更好,有些表现得更差。我们真正感兴趣的是目击能力与其他个人测试之间的关系。我们进行了简单的相关性检验,结果正如预测的那样,目击能力测试中的表现与焦虑量表和两个自我专注量表的结果呈负相关。(相关系数分别为-0.20、-0.24和-0.26。)换言之,高度焦虑和高度自我专注的被试在目击任务中的表现往往更差。虽然生活压力测试的结果也具有一定的启示,但相关系数-0.12并不具备统计学意义,只表明生活压力较大的个体有轻微趋势,可能在目击能力测试中表现更差。

这项研究表明,焦虑和自我专注很可能在一定程度上有损目击者的表现。这也许是因为高度焦虑的人无法充分注意到环境中的重要线索,故而可能错过一些关键信息,表现不佳。

除了广泛性焦虑外,还有一种与焦虑密切相关的人格特质——神经质——也被发现与目击能力有关。扎尼与奥福曼(Zanni & Offermann, 1978)在一项研究中观测到了这种关系,他们让被试观看了一段影片,讲的是一名男性的旅行经历。之后,被试回答了40个书面问题,其中5题涉及影片中并未出现的项目。为测量神经质,该问卷还附有艾森克人格调查表(EPI; Eysenck, 1967)。研究人员怀疑目击能力与神经质有关,因为这种人格特质通常是依据唤醒水平来界定的——在神经质量表上得分高的个体的唤醒水平高于得分低的个体。高神经质被试在复杂认知任务中的表现不如低神经质的被试，故而，研究人员推测高神经质的被试就目击事件接受询问时会比其他被试更易犯错，因为这种任务也相对复杂。

他们发现结果正是如此。被试对影片中并未出现的 5 个关键项目做出肯定回答便算错误，研究人员发现高神经质的人平均弄错了 3.3 个项目，而低神经质的人平均弄错 2.8 个项目。在第二个实验中，研究人员发现神经质得分与错误率之间的相关系数为 0.41，表明高神经质被试在目击测试中往往更易犯错。

另一项研究表明，焦虑会影响面孔再认（Mueller et al., 1978）。96 名学生（男女各半）接受了一项焦虑测试，然后参与面孔再认任务。被试观看了 50 张绘有男女两性面孔的黑白幻灯片，每张幻灯片呈现 5 秒。播放完毕后，立马随机混入 50 张新幻灯片，再次逐一呈现。被试要在答题纸上挨个表明，这些幻灯片他们之前见没见过。

研究人员发现，高焦虑被试在面孔再认测试中的表现比低焦虑被试差。这种缺陷同样是因为高焦虑被试在首次观看面孔时未能尽可能地利用一切可以利用的信息。

综上所述，心理学研究表明，平时更焦虑、神经质或自我专注的人的目击能力往往略逊于没有这些特质的人。高度唤醒似乎使得目击者一味专注于某些特定的细节，而忽略了其他细节。

》性别

同等条件下，男性和女性谁的目击能力更强？关于性别差异对目击能力的影响的心理学研究，得出的结论莫衷一是。有些性别差异研究显示女性比男性表现得好（如 Ellis et al., 1973; Lipton, 1977; Witryol & Kaess, 1957），有些研究显示男性比女性表现得好（Clifford & Scott, 1978; Trankell, 1972），还有些研究显示男女在准确性方面并无差异

（Bird, 1927; Cady, 1924; McKelvie, 1976）。

结果如此众说纷纭，我们该相信哪一个？同事和我最近做的一项研究为此提供了一个可能的答案，即男性和女性都更关注他们感兴趣的项目，因而能在记忆中存入更多更好的相关信息。如果后续测试询问的是女性向的项目，女性的表现会优于男性。反之，如果测试的是男性向的细节也是如此（Powers et al., 1979）。这一观点获得了一些研究结果的支持。

在一个实验中，55名被试观看了24张幻灯片，描绘的是一起偷钱包事件（幻灯片详情见第六章），然后被试填写了一份共计30项的问卷，以测试他们记忆的准确性。第二天，被试均读到了两篇"暗示性"文章中的一篇——他们得知这是一位心理学教授撰写的事件经过，其观看幻灯片的时长比被试长得多。文章有两个版本，不同之处只在于对四个关键项目的描述。对照版准确描述了四个关键项目，而另一个版本则包含错误信息。也就是说，对照版正确地指出了受害人的朋友手持绿色笔记本，而实验版则错误地声称是蓝色笔记本。

继简短的过渡活动后，被试参与了最终测试，共计20个项目，旨在测量误导信息在多大程度上融入了目击者的回忆中。被试的准确性得分从9分到24分不等，平均16.7分。总体而言，女性的准确性略高于男性，不过差异并不显著。但在具体问题上，男女的准确性存在明显差异。在询问女性的衣着或行为的问题上，女性被试的准确性高于男性，而在询问小偷的样貌和周围环境的问题上，男性的准确性更高。研究还发现，女性比男性更易受暗示，更可能将误导信息融入她们最终的回忆中。然而，这种暗示性方面的性别差异，或许可以用误导被试的关键项目的种类来解释。事实上，四个含有虚假信息的关键项目，其中三个都属于环境细节。女性在这些关键项目上的准确性较低，表明她们较少关注这些项目，因此也就更易在这些项目上受暗示。

后续实验（Powers et al., 1979）证实，在准确性与暗示性上表现出的这种有规律的性别差异可能是项目的特性所致。100 名男性和 100 名女性共同参与了实验。其中 50 人参与了预测试，旨在选出一组男性容易注意到的项目和一组女性容易注意到的项目。他们观看了一组幻灯片，一开始是一群人一起坐在草地上。随后，其中一对男女起身离开，步行穿过停车场，途中发现那儿有两人在打架。男子冲上去拉架，女子则朝电话亭跑去，显然是去求助。看完幻灯片后，被试接受了一个共 25 项的准确性测试。研究人员依据测试结果，选出了四个关键项目，其中两项男性受访者的准确性明显高于女性，在另外两项上女性的表现则优于男性。

余下 150 名被试（男女各半）参与的实验与之前介绍过的几乎完全相同。整个流程分为四个阶段：观看幻灯片，填写准确性问卷，阅读含有四条误导信息的暗示性文章，以及接受最终测试。

结果很明确：在两个女性向项目上，女性的准确性更高，更不易受暗示；反之，在两个男性向项目上，男性的表现也是如此。这表明，男女倾向于在不同类型的项目上表现准确，可能是因为他们对这些项目的兴趣不同，给予这些项目的关注度也随之不同。造成的一个结果是，男性和女性在这些项目上是否易受误导也各有差别。我们的论证与这一领域内的专家观点是一致的，这些专家探讨了更为典型的性别差异实验室任务。麦考比与杰克林（Maccoby & Jacklin, 1974）全面回顾了准确性方面的性别差异研究，他们的结论是：在普通的实验室记忆任务中不存在稳定的性别差异。而伊格利（Eagly, 1978）回顾了暗示性方面的性别差异研究，她的结论是：人们"在缺乏相关信息或认为某事无足轻重时更易受影响"（p. 96）。

年龄

个体的年龄是否影响目击者证词的准确性和完整性？理想情况下，

研究人员会进行纵向研究，即追踪研究同一组个体的童年、青少年、青年、中年及老年。显然，这种研究颇费时间，因此大多数研究不会采用这种方式。相反，我们通常是将不同年龄段的人分组，同时测试他们的能力，即进行横断研究。

许多横断研究比较了不同年龄段的儿童的目击能力。其中一项研究的结果相当具有代表性。埃利斯及其同事（Ellis et al., 1973）选了一组男孩和女孩进行实验，其中半数孩子12岁，半数17岁。研究人员向被试呈现了20张本科生的彩色幻灯片，男女各半。四小时后，往20张幻灯片中混入另外40张幻灯片，然后逐一呈现给被试。被试要指出每张幻灯片之前是否出现过。

17岁组记住的面孔多于12岁组——79%比72%。其他实验的结果也与此类似：12岁至14岁组的表现优于6岁至9岁组（Goldstein & Chance, 1964, 1965），11岁组的再认准确性高于8岁组，而8岁组又高于5岁组（Kagan et al., 1973）。在大多数这类研究中，年长的孩子比年幼的孩子表现得更好。一般而言，这种能力的提升是源于年长的孩子较少做出错误辨认。这可能多少是因为年长的孩子在不确定的时候不太会去瞎猜，但也可能是他们辨别之前见过和没见过的事物的能力确实有所提高。

高龄段年龄层的情况相对复杂一点。一些研究表明，60岁以上的人比稍微年轻一些的人表现差（Smith & Winograd, 1977），还有许多任务显示40岁至60岁的人表现有所下滑（Schaie & Gribbin, 1975）。依据这些结果，人们可能不禁会得出结论，认为超过一定年龄后（也许是五六十岁），目击者的可信度会随着年龄的增长而有所下降。这样归纳并不正确。正如这一领域内的专家所强调的那样，尽管诸如细节记忆之类的任务表现可能随年龄的增长而有所下滑，但其他认知能力则保持不变。此外，人与人之间有着巨大的个体差异，有些人的表现随着年龄的增长逐渐衰退，但有些人则并未表现出这种衰退（Baltes &

Schaie, 1976）。所以，该领域的研究人员已开始破除所有表现皆随年龄增长而衰退的流言。我们似乎只能得出这样的结论：部分任务上的表现可能有所下滑，但还有些任务上的表现则未必，譬如对逻辑关系的记忆和进行复杂推理的能力。

虽然无从得出回忆和再认能力与年龄之间的确切关系，因为这取决于目击者需要完成的具体任务，但二者间的大略关系基本表明，回忆和再认能力先随年龄的增长而提升，大约升到 15 岁或 20 岁，然后可能在晚年，即大约 60 岁左右开始出现衰退。

从另一个方面来说，目击者的年龄也很重要。年龄**可能**与目击者对潜在偏向和误导信息的易感性有关。人们一般认为，儿童目击者不仅准确性特别差，而且还高度易受暗示。这种观点相当普遍："只要你愿意，你可以捏造孩子的所见所闻，他们很可能会如你所愿地听到或看到那些事物。"（Brown 1926, p. 133）

瓦伦登克（Varendonck, 1911；评议见 Whipple, 1913）的研究为这种观点提供了一个引人注目的证据，他是最早以专家证人身份出庭作证的心理学家之一。该案于 1910 年发生在比利时，瓦伦登克受邀评估两名小女孩在接受预审的暗示性提问时说出的信息。瓦伦登克设计了一系列巧妙的实验，其中一些问题与那两名小目击者听到的问题类似。瓦伦登克满意地认为，与两名目击者同龄的孩子的回答表明，原始证词受到了暗示性提问的影响。例如，要求 18 名 7 岁的学生报告一位任课老师的胡子的颜色，16 名学生回答"黑色"，2 名学生没有作答。事实上，这位老师根本没有胡子。用同样的问题询问 20 名 8 岁儿童，19 人回答了某种颜色，仅有 1 人正确答说对方没有留胡子。在另一个实验中，一位老师走进一个班级，在学生面前站着讲了五分钟的话，全程都戴着帽子。他离开教室后，班主任立马询问学生："＿＿＿ 先生哪只手拿着帽子？"17 人说是右手，7 人说是左手，仅有 3 人回答正确。这些令人信服的结果使惠普尔认为"儿童是最危险的目击者"（Whipple,

1911, p. 308），"众所周知，他们比成人更易受暗示"（1918, p. 245）。

其他社会科学家也赞同惠普尔的观点。斯特恩（Stern, 1910）向成人和儿童出示了一些图片，然后向这些目击者提出不同程度的暗示性问题。他的结论是："'暗示性'问题的效力在很大程度上取决于年龄。"（p. 272）利普曼（Lipmann, 1911）也总结称："经证实，年幼的孩子远比年长的孩子或成人更容易受暗示。"（p. 258）利普曼解释了儿童的报告为何不可靠，惠普尔将其总结如下："首先，儿童分配注意力的方式不同于成人……其次，儿童会不加鉴别地从他们的习惯、想象或受到的暗示中随意提取材料填补记忆空白。因此，要训练儿童做出正确报告，就必须将他分配注意力的方式转变为和成人一致的分配方式，还得培养他对使用错误陈述填补记忆空白的批判态度。"（Whipple, 1912, p. 266）

多年过去，我们对儿童易受暗示的笃信丝毫不减。麦卡蒂（McCarty, 1929）说："我们普遍认为，儿童比成人更易受暗示。"（p. 270）他接着指出一名心术不正的律师只要有意，就能靠暗示左右儿童的证词，从儿童那儿获得虚假不实的证据。鲁克（Rouke, 1957）回顾了大量研究目击者回忆图片材料或真实事件的能力的文献，他总结称："儿童在各方面都不如成人。"（p. 52）综上，我们显然非常相信："只要你愿意，你可以捏造孩子的所见所闻，他们很可能会如你所愿地听到或看到那些事物。"

同事和我设计了一种方法"捏造孩子的所见"，即采用不同的措辞询问孩子刚才目睹的事件（Dale et al., 1978）。我们向男孩和女孩们播放了一些短片，然后询问他们片中发生的事。有些问题具有诱导性，如"难道你没有看到熊吗？"，还有些问题是中性的。这些孩子能领会诱导性问题中的暗示信息吗？虽然年幼的孩子很容易受暗示，但尚不清楚他们相对浅薄的语言经验是否足以让他们理解非常微妙的语言变化。结果很直观：当问及片中并未出现过的主体时，问题的形式显著影响儿童错误地给出肯定回答的概率。像"难道你没有看到……？"这类诱导性问题，比其他措辞中性的问题更容易得到肯定回答。

综上，多数研究表明，儿童不仅准确性相对较差，还高度易受暗示。问题中非常微妙的措辞变化，也可以对他们产生影响。就我们目前的所知来看，法律界对此的反应可谓不同寻常。众所周知，我们对诱导性询问的暗示效力一般都避之不及。然而，法院却批准了诸多例外情况。对于怀有敌意、不愿配合或心存偏见的证人，可以采取诱导性询问。儿童也不例外。换言之，最容易被暗示性问题误导的证人，可能恰恰要面对这些问题。

尊敬的查尔斯·斯塔福德（Charles F. Stafford, 1962, p. 303）指出："孩子经常在碰巧的时间地点，看到成人没有看到的人、事、物……我们有必要弄清他的证词是会伸张正义还是妨碍正义。"在华盛顿州，9岁儿童就有资格作证，有些案子甚至还允许年仅5岁的儿童作证。从猥亵案到奸杀案，他们的证词都曾被采纳为证据。但其他一些案件，却不允许同龄儿童作证。决定儿童能否出庭作证的通常是庭审法官，他的判断依据一般是儿童是否具备如实陈述事实的智力或能力，而非年龄。那么法官们是否认为存在一个不允许儿童出庭作证的最低年龄限制呢？是的，大多数州的上诉法院认为，儿童最低必须年满4岁才有作证的资格。

高龄证人则没有受到那么多关注。不过鉴于巨大的个体差异，针对他们的法律程序在某些方面应该是相似的，在另一些方面则不然。法官依旧可以负责判断，高龄证人是否拥有理解和陈述事实的智力与能力。但可能并不存在一个认定个体不具备作证资格的年龄上限。

▶ 训练

许多法庭会传唤目睹了犯罪经过的警察出庭作证，认为他们是

"受过训练的观察者"。人们似乎直觉地认为，受过训练的观察者提供的证词比普通人的证词更准确。这种直觉可有依据？

目击者的预备知识和预期无疑会影响他的感知和记忆。哪怕只是告诉目击者他即将看到的事件类型，也能对记忆产生影响。在托尔松和霍赫豪斯（Thorson & Hochhaus, 1977）的一项研究中，60名学生观看了两辆车在十字路口发生交通事故的录像，时长8秒。半数被试得知："你们即将看到一段8秒的录像。注意观察。"而另外半数被试得知："你们即将看到一段8秒的车祸录像。看完录像后，我们会问你们一些相关问题。第一，发生车祸的是些什么车？第二，每辆车里有多少人？第三，两辆车的车速各是多少？第四，事故是哪辆车的责任？现在请你们重复一遍这四个问题。"看完录像10分钟后，被试填写了问卷，其中一些被试拿到的是诱导性问题，还有一些拿到的是中性问题。

经过分析，研究人员发现了两个主要影响（图8.1）。回答诱导性问题的被试比回答中性问题的被试估计的车速更快。此外，预先得知实验程序的被试比不知情的被试估计的车速更快。还有一点值得注意，诱导-不知情被试和中性-知情被试倾向于给出准确估速（约30英里/小时）。而诱导-知情被试倾向于高估，中性-不知情被试倾向于低估。不过对于我们的问题来说，最关键的一点是，知情被试往往比不知情被试更准确。虽然这项研究可能表明"受过训练知道接下来要进行准确估速的目击者，在诱导性问题面前可能表现得相当糟糕"（p. 456），但它并未触及真正的问题，即警察（想必是受过训练的）的证词是否通常比普通人的证词更优质。

蒂克纳和波尔顿（Tickner & Poulton, 1975）的研究是少数几个真正探索这一问题的研究之一。24名警察和156名市民观看了一段街景录像，这段录像是透过一栋大楼的底层窗户拍摄的，这栋大楼正对着街道尽头。摄像机从街道这头一直拍到那头，可以看到车辆和行人的

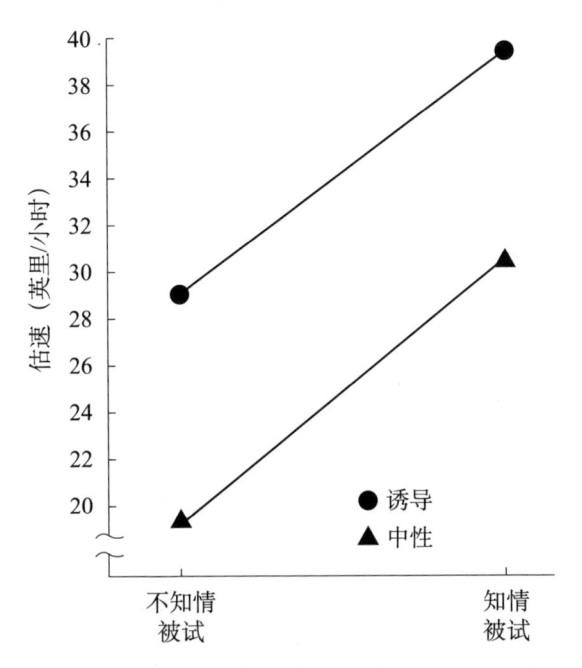

图8.1 预先得知观看内容的被试与不知情的被试所给出的估速

注：该结果也表明，诱导性问题比中性问题得到的估值更高。
来源：Thorson & Hochhaus, 1977。

日常活动，还有一些有意穿插进去的人物和行为（图 8.2）。被试的主要任务是观察录像中的特定人物，他们事先已见过这些人的照片。有些被试还要报告某种行为的实例，如小偷小摸，还有一些被试要观察不止一人。

有些结果并不出人意料。譬如，比起远离摄像机的人物和行为，人们对靠近摄像机的人物和行为的观察更可靠。但研究人员对比警察和市民的表现发现，警察比市民报告了更多涉嫌盗窃（误报）的情况，但就**正确**探查人物和行为的次数而言，警察和市民之间没有显著差异。

警察作为目击者提供的证词真不比普通人更精准吗？某些群体所接受的全面训练，难道没能让他们为准确感知和回忆复杂事件做好更充分的准备？我们在这方面的直觉是否大错特错？这些问题的答案很可能都是肯定的。

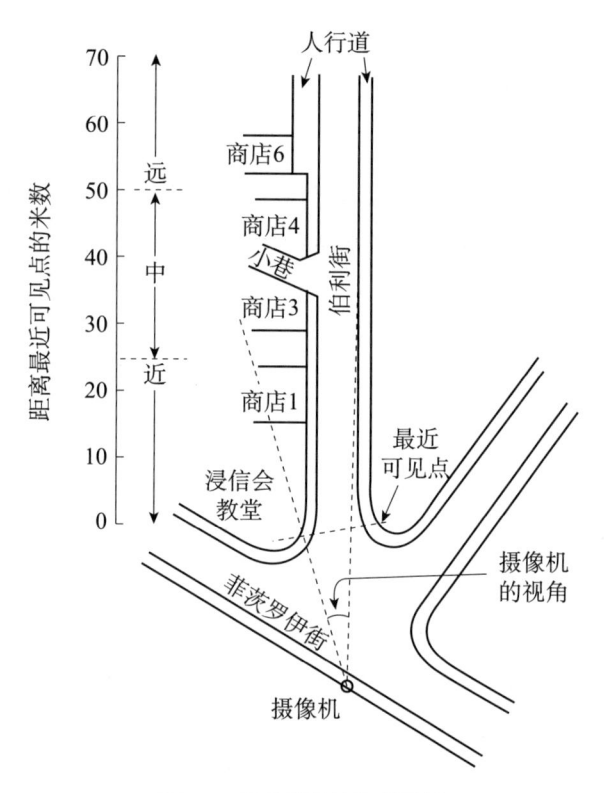

图8.2 英国剑桥的街道地图

注：比较警察和市民的目击能力的录像就拍摄于此。
来源：Tickner & Poulton, 1975。

现在已经发展出多种注重面部特征的训练程序。这些程序源于彭里（Penry, 1971）的建议，他主张记住一张面孔的最佳办法是将其视作一系列特征的集合。将面孔分解为各个组成部分，有助于分辨不同的面孔，稍后能更好地回忆起来。彭里认为："辨认面孔最可靠的线索来源于面孔的基本构成，首先是整个面部轮廓，然后是各个组成部分。"（p. 13）"登记"一张面孔的最佳办法是忽略任何面部动作。然而，从没有任何证据证明这种特征导向的训练体系的有效性。

三名英国心理学家评估了一门以这种技术为指导的人身辨认训练课程，以测试特征导向的效果（Woodhead et al., in press）。该训练项目在研究开始前已持续开展了数月之久。有 8 至 20 人参与了课程，希望借此提高他们的再认水平。在为期三日的强化训练中，学员们听课、观看演示幻灯片和影片、参与讨论、了解历史案例并进行实地演练。尽管教学过程富于创造性、气氛热烈，但没有测试证明这种训练真的带来了改善。

在第一个实验中，三名心理学家向报名参与课程的学员和不参与课程的对照组被试，出示了 24 张白人男性的面部照片。这些面孔具有不同的姿势、表情和伪装，如图 8.3 所示。这些伪装都很容易完成：改变发型，戴上络腮胡、上唇胡或眼镜。

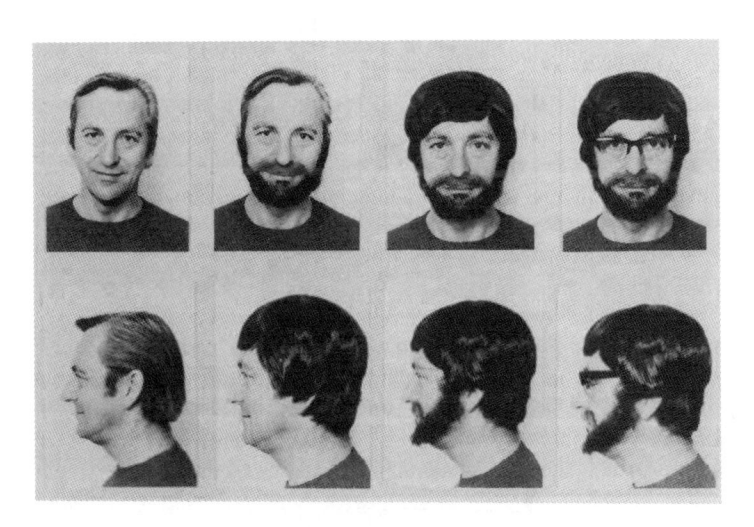

图8.3 测试面孔再认训练效果的实验所使用的姿势、表情和伪装

来源：Patterson & Baddeley, 1977。

24 张面孔每次呈现一张，每张呈现 10 秒。所有被试都被要求"仔细审视"每一张面孔，因为他们稍后要对见过的面孔进行回忆。他们接到提醒，稍后有些面孔可能会以伪装的形式出现。看完这些面孔 15 分钟后，被试会看到一组多达 72 张的面孔，每一张他们都要指出这是"新面孔"还是"见过的"。

接下来三天，26 名学员参加了提高再认能力的课程，而 22 名对照组被试这几天则如常生活。最后，再次测试所有被试再认之前见过的面孔的能力。结果出人意料。没有丝毫证据显示，训练课程对被试记忆面部照片的能力产生了影响（图 8.4）。之前见过的面孔在外观上的变化，会给两组被试都造成很大影响。没有变化的面孔，再认率相当高——被试大约有 80% 至 90% 的概率能认出之前见过的面孔。姿势或表情有所变化的面孔，再认率跌至 60% 至 70%。而对于经过伪装的面孔，再认率极其低下，仅为 30%。请注意就算被试随机猜测，也有 50% 的概率蒙对。

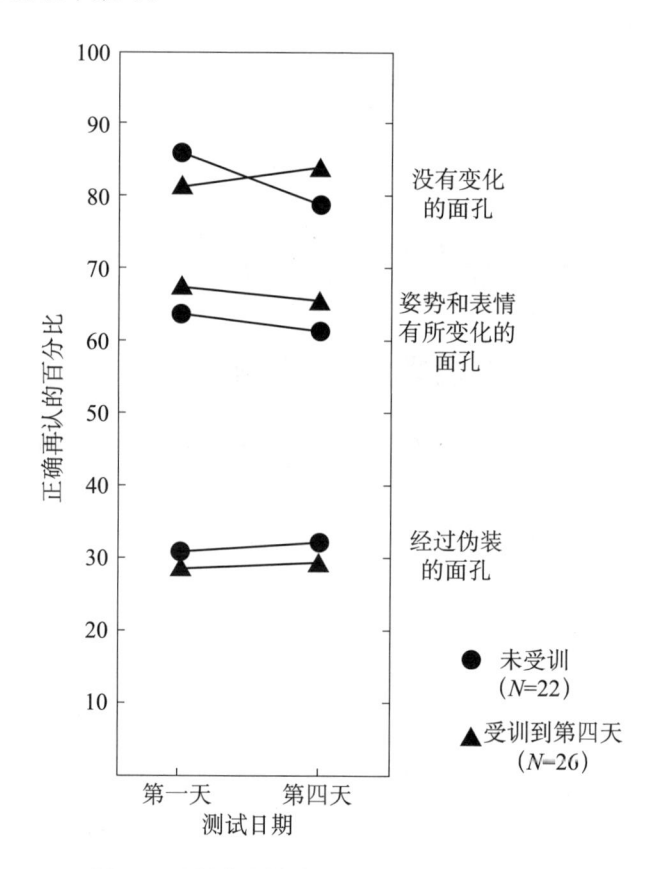

图 8.4 受训学员和对照组被试再认面孔的表现

注：两组被试的表现相当。外观上的变化导致表现急剧下滑。
来源：Woodhead et al., in press.

在真实的执法过程中，有时不必依靠记忆再认面孔。侦查人员通常会随身携带照片，用于比对可疑的面孔。但很多时候通缉犯只在视野中出现了一两秒，看上去与照片上的样子大相径庭。有鉴于此，研究人员想要探索再认训练能否提高对同一面孔的不同模样的配对能力。实验程序与之前的实验大致相似，即比较要参与提高课程的学员与不参与课程的对照组被试的表现。所有被试都要接受两次"配对"能力测试，一次是在参与课程之前，另一次同样是在三天后。

这项后续研究的结果表明，课程中提供的再认训练丝毫未能提高对同一面孔的不同模样的配对能力。该课程既不能提高配对能力，也不能提高记忆能力，这样的结果出乎研究人员的意料。主观上，他们觉得那个课程编排得相当好，很有说服力。为何没有效果？

有一种可能是这门课程所仰仗的指导观念弄错了人们再认面孔的方式。课程强调单独记忆面部特征的重要性，而非将面孔作为一个整体来记忆。也许基本的面部轮廓和五官布局比单独的相貌特征更重要。有些证据可以证明这一点。许多研究人员发现，人们关注特定面部特征时的再认表现不如对面部进行整体评估时的再认表现。将整体和局部区别对待的训练方法，也许能带来能力上的改善。

除了焦虑、性别、年龄和训练外，还有许多因素或许也能很好地预测目击能力。例如，目击者的学历和智力可能也很重要，还有他的健康状况也可能造成影响，但这些因素尚未得到充分的研究，无法得出有意义的结论。研究人员会继续探索这些课题，我们终将更好地认识到谁是可靠的目击者。

第九章
对目击者证词的普遍认识

几年前加利福尼亚州马丁县发生了一件家喻户晓的案子,人称"圣昆廷六囚审判案"。案件起源于1971年8月21日圣昆廷监狱发生的一起事件,黑人监狱长乔治·杰克逊(George Jackson)与三名白人狱警、两名监狱托管员一起遭到枪杀。六名被关押在发生暴动的监区内的囚犯,被控谋杀和密谋越狱。

威利·塔特(Willie Tate)是其中一名被告,指控他涉案的证据中含有一名目击者查尔斯·布雷肯里奇(Charles C. Breckenridge)的证词。布雷肯里奇是名狱警,在押送一名囚犯回监区的途中率先发现了暴乱。据布雷肯里奇说,囚犯于果·皮内尔〔Hugo Pinell,绰号约吉(Yogi)〕把他挟持到了监区的某个地方,交由另两名囚犯威利·塔特和戴维·约翰逊(David Johnson)看管。约翰逊和塔特涉嫌将他关进一间牢房,绑住他的手脚,蒙上他的眼睛。随后,有人割伤了他的喉咙,据说是皮内尔所为。

塔特的律师想在庭审时传唤我作为专家证人出庭,证明当时的情境中存在降低辨认准确性的因素,尤其是布雷肯里奇对塔特的辨认。圣昆廷监狱事件中的许多因素,据我们所知都会影响目击者证词的准确性。例如，跨种族辨认：被告塔特是黑人，狱警布雷肯里奇是白人。压力因素：布雷肯里奇遭到割喉，可以说经受了极端压力。除此，还有其他几个相关因素。

法官不允许专家作证，他认为，心理学家要说的东西无不是陪审团早就知道了的。法官的这种反应促使我开始思考，普通民众，尤其是陪审员，究竟对影响目击者证词的因素有多少了解。人们是否普遍意识到了跨种族辨认的问题——比起同族的面孔，个体更不擅长再认其他种族的面孔？人们是否了解压力会如何影响目击者对重大事件的记忆？苏珊·波瑞塔斯（Susan Porietas）和我对此进行了研究。

1977年至1978年间，我们向华盛顿州500多位注册选民收集信息，他们都是华盛顿大学的学生。我们只要求他们填写一份问卷，目的是抽查他们对一些影响目击者证词的因素的了解。每道题都要从列出的四个备选答案中进行选择。被试还要在从1（纯属猜测）到6（非常确定）的数字中，圈选一个数字代表他们对答案的信心。

跨种族辨认

我们问的其中一个问题是：

> 一天早上，两名女性一起走路去学校，她们一人是亚裔，另一人是白人。突然，一黑一白两名男性挡住了她们的去路，欲抢夺她们的手提包。事后，两名女性看了该地区有抢包前科的抢劫犯的照片。你认为下列哪项陈述最好地描述了两名女性辨认抢包贼的能力？
>
> a. 亚裔和白人女性都觉得白人男性比黑人男性更难辨认。
> b. 白人女性觉得黑人男性比白人男性更难辨认。
> c. 亚裔女性比白人女性更易准确辨认出这两名男性。
> d. 白人女性觉得黑人男性比白人男性更易辨认。

表 9.1 显示了选择每项答案的被试比例。仅有 55% 的被试选择了正确答案 b。45% 的人选错了。耐人寻味的是 13% 的被试选了选项 d，也就是说他们认为白人女性会觉得黑人男性比白人男性更**易**辨认。

表 9.1 在调查人们对目击者证词的普遍认识的问卷中，选择每项答案的被试比例

主题	a	b	c	d
跨种族辨认	16（3.29）	**55**（3.38）	16（3.17）	13（3.06）
压力	12（4.00）	3（2.00）	**67**（3.95）	18（3.95）
事件的暴力程度	66（4.06）	**18**（3.62）	6（3.11）	10（2.40）
武器聚焦	2（2.67）	20（3.90）	39（4.00）	**39**（3.82）
问题措辞	4（3.60）	1（1.50）	**90**（4.94）	5（3.88）
新信息	7（3.91）	26（3.03）	38（3.57）	29（4.09）

注：选对答案的比例用黑体标出。括号里显示的是平均信心评分。"新信息"条件下没有正确答案。

压力

耶克斯—多德森定律指出，极端的压力和唤醒水平会干扰个体加工信息的能力。人们知道这一点吗？我们为此设计了一个问题：

犯罪受害人在经受极端压力时会表现出：

a. 较强的感知和回忆事件细节的能力。

b. 与正常情况下一样的感知和回忆事件细节的能力。

c. 较差的感知和回忆事件细节的能力。

d. 较强的回忆事件细节的能力，但感知事件细节的能力较差。

约三分之二的被试正确认识到了极端压力会干扰目击能力，余下三分之一的被试则并不相信这一点（表 9.1）。奇怪的是，竟有 18% 的被试认为回忆细节的能力会增强，而感知能力会减弱。如果一开始存入记忆中的信息就很糟糕，很难想象之后如何能提取出优质的信息。

事件的暴力程度

如克利福特和斯科特（Clifford & Scott, 1978）的研究所示，相比非暴力事件，人们对暴力事件的回忆更差。我们的问卷中有一个问题考察了人们对这一因素的了解。在这个问题上，被试的表现最为糟糕。问题如下：

> 假设一名男性和一名女性均目睹了两起犯罪。其中一起含有暴力行径，另一起则不然。你认为下列哪项陈述正确？
>
> a. 相比非暴力犯罪的细节，男性与女性均对暴力犯罪的细节记得更清楚。
>
> b. 相比暴力犯罪的细节，男性与女性均对非暴力犯罪的细节记得更清楚。
>
> c. 相比非暴力犯罪的细节，男性对暴力犯罪的细节记得更清楚，女性则恰好相反。
>
> d. 女性对暴力犯罪的细节记得更清楚，而男性则对非暴力犯罪的细节记得更清楚。

仅有 18% 的被试选择了正确选项 b。大多数人的看法恰好相反，误以为人们对暴力事件的细节记得更清楚。16% 的被试认为存在男女差异（表 9.1）。

武器聚焦

若个体目睹了一起持械犯罪，武器会吸引目击者的大量注意力，占用目击者的加工时间，令其无暇关注其他细节。从而造成的一个后果是，目击者事后再认持械者面孔的能力会受到削弱。有些人似乎对这种现象有所了解，有些人则不然。我们问被试的问题如下：

> 假设有人遇到了抢劫。抢匪站在离他几英尺远的地方，拿枪指

着他。事后，受害者跟警察说："我吓坏了，我永远忘不了那张脸。"你认为下列哪项陈述最好地描述了受害者遭抢时的经历？

  a. 受害者一心只想认清抢匪，根本没注意到枪。

  b. 受害者紧盯抢匪的脸，对枪只是略有注意。

  c. 受害者清楚地看到了抢匪的枪和脸。

  d. 受害者紧盯抢匪的枪，妨碍了他记住抢匪的脸。

近 40% 的被试选择了 d，表明他们对枪械可能干扰面孔再认有一定的了解（表 9.1）。但也有同样多的被试认为，在这种情况下受害者通常能看清抢匪的枪和脸。

问题措辞

人们是否知道问题措辞上的一些细小变动能影响目击者的回答？他们是否清楚"你有没有看到那个撞烂的车前灯？"比"你有没有看到一个撞烂的车前灯？"更容易得到肯定回答？我们的调查结果显示，大多数人对此有一定的认识。我们的问题如下：

  假设有人目睹了一场车祸，随后就此接受了询问。（1）"你有没有看到一个撞烂的车前灯？"（2）"你有没有看到那个撞烂的车前灯？"以这两个问题询问目击者会有什么不同吗？

  a. 不会，因为目击者很清楚自己有没有看到撞烂的车前灯。

  b. 不会，这两个问题没有区别。

  c. 会，因为问题 2 假定现场有一个撞烂的车前灯。

  d. 不会，目击者会忽略**一个**与**那个**的区别。

我们发现 90% 的被试选择了 c，表明他们认为措辞是"一个"还是"那个"会造成影响。余下 10% 则认为不会造成影响，他们要么认为目击者知道自己看到了什么，要么认为目击者会忽略措辞的区别（表 9.1）。

新信息

我们的最后一个问题旨在弄清人们是否相信目击者接触存在冲突的新信息后，会认为新信息确实是他亲眼所见。我们的问题如下：

假设 10 名目击者目睹了一起非常严重的汽车撞人事故。目击者们都很不安，但均表示看到肇事车闯了红灯。后来，他们读到了报纸上的事故报道。那篇报道出了错，说当时是绿灯。你认为现在会有多少目击者认为他们当时看到的是绿灯而不是红灯？

　　a. 没有。

　　b. 一两个。

　　c. 一半。

　　d. 超过一半。

表 9.1 显示了选择每个选项的被试的比例。这些选项都未加黑，因为我们无从准确得知正确答案究竟是多少。这些信息的意义在于，向我们揭示人们认为正确答案是多少。仅有 7% 的被试认为不会有人相信报纸上提供的信息，26% 的被试表示只有一两人可能会信服，而 67% 的被试认为半数或半数以上的目击者会觉得他们确实看到了报道中的信息。

信心

在这个实验中，被试在回答每个问题时，还要在 1 至 6 之间圈选出一个数字代表他们对答案的信心，1 意味着纯属猜测，6 意味着"非常确定"。表 9.1 括号内显示的就是选择每个选项的被试的平均信心评分。在跨种族辨认和问题措辞题目上，选对选项的被试比选错的被试更有信心。在压力、武器聚焦和事件暴力程度题目上，情况则恰恰相反。人们对错误答案最有信心。

综上，我们的实验表明，人们对目击能力的普遍认识有时符合心理学研究的发现，有时则不然。回答正确的被试比例从最低的18%（武器聚焦题目）到最高的90%（问题措辞题目）不等。这些比例实际上高估了人们对这些问题的认识，因为不能排除有些人可能是蒙对的。在四选一的多选项问题中，随机猜测也有四分之一的概率答对，故选对答案的被试中有些无疑是蒙对的。

这项研究旨在抽查人们对一些影响目击者证词的因素的了解。我们迫切需要对这个问题进行更深入的研究，以纠正实验心理学家要说的东西陪审团早就知道了的错误观念。

第十章
目击者与法律系统

1937年11月23日，三名男子在密歇根州的一个小镇上抢劫了一家服装店。店主遭到枪杀，他21岁的女儿冲过来救他时，也被其中一名抢劫犯用左轮手枪打伤了。事后这名女孩在列队辨认时认出查尔斯·克拉克（Charles Clark）就是射杀她父亲的凶手。尽管克拉克的房东作证称案发当天他一直在家，另一名被告也说克拉克并未参与谋杀，但他还是被判有罪。他之所以被定罪完全是因为受害者女儿的辨认证词，他被处以终身监禁。

在30年的牢狱生涯中，克拉克多次请求重审，但均被驳回。克拉克是名模范囚犯，后来因此获得了特赦，但他拒绝了，他表示接受赦免，就等于认罪。

1968年，底特律法律援助与辩护人协会接下了这个案子。克拉克的律师研读了早期的笔录，发现受害者的女儿曾一度表示，她无法确定克拉克是不是抢劫犯。她最终承认她认不出克拉克时，当局里有人指着辨认队列中的克拉克告诉她，这就是凶手。

1968年，距查尔斯·克拉克获罪30年后，他终于获得了重审的机会。检方提请撤销此案，克拉克就此获释。1972年，密歇根州州长

目击者证词

签署了以下法令：

第一条 州政府将从公共基金中拨款 10 000 美元给 1899 年 10 月 17 日生于佐治亚州阿梅里克斯市，现居密歇根州底特律市芒特弗农东 238 号的查尔斯·李·克拉克，以补偿其在州监狱服刑期间所受之精神折磨，其入狱 30 年后获判无罪。

第二条 本条例所划拨之款项并非用于支付任何伤害索赔，完全是人道主义补助。

命令即刻生效。

1972 年 1 月 28 日获批。

查尔斯·克拉克的案子没有官方报道。上述记录是密歇根州法院发表的部分法院意见，穿插在对另一起案件（检方公诉安德森案，People v. Anderson, 1973）的报道中。个中问题显而易见：目击辨认证据的不可靠性，构成了刑事审判和民事诉讼中的一大严重问题。早在 1932 年博查德（E. M. Borchard）就清楚地指出了这种情况的严重性，他回顾了 65 名无辜者所遭受的刑事诉讼及判决：

> 这些惨痛错误的主要根源可能在于暴力犯罪的受害人对被告的辨认。事实上有 29 人都仅仅因为这一个错误而被定罪。陪审团似乎更愿意相信遭到暴行的受害人说的是实话，而不愿相信由被告或被告的代理人提出的其他相反的证据，无论是不在场证明、品格证据还是其他证词。这些案件表明，受害人或目击者的情绪被他们的特殊经历搅得一塌糊涂，其感知能力遭到扭曲，做出的辨认往往最靠不住。他们的辨认中掺杂着其他动机，这些动机未必是因被告本人而起——想要对犯罪以牙还牙，向被认为有罪的人报仇雪恨，寻找替罪羊，提供帮助。无论是有意还是无意，辨认的结果早已由他人决定。被告身上存在的疑点就这样被打消了。在这些案件中，有 8 起冤案的被告与真正的罪犯没有丝毫相似之处，还有 12 起案子二者

虽有相似之处，但仍绝不至于混淆，可见这些犯罪受害人的辨认根本毫无价值。

一些法律人士不仅开始认识到目击者证词的危害，更开始设法应对这些危害。而与此同时，许多迹象表明普通人还不具备这样的认识。相反，就算目击者证词漏洞百出，大多数人仍对此抱有极大的信任。本章将考察最高法院就目击者证词所做出的部分判决，并探讨备选的解决方案，为避免错误辨认提供一些法律保障。

》 最高法院的判决

1967年6月12日，美国最高法院判决了三个具有里程碑意义的案件：美利坚合众国诉韦德案（*United States v. Wade*）、吉尔伯特诉加利福尼亚州案（*Gilbert v. California*）和斯托瓦尔诉登诺案（*Stovall v. Denno*）。这三个案件都涉及警方在获取目击者证词时的做法和程序是否合宪。这三项判决也都牵扯到刑事诉讼程序中的一个特定环节。每每有犯罪发生，成为目击者的要么是犯罪的受害人，要么是不相干的旁观者。案发不久后，目击者通常就会受到警方的询问，需要向警方描述罪犯。有时目击者会观看一些照片，尝试做出辨认。之后，如果警方找到了嫌疑人，便可能要求目击者以单独辨认或混杂辨认的形式观看嫌疑人的照片或本人。目击者一旦认出某人就是犯罪凶手，通常会就此出庭作证。不过最后这一环节得视情况而定，毕竟只有少数刑事案件会真正开庭审理（Levine & Tapp, 1973）。多数案件在庭审前就了结了，例如，被告同意就较轻的指控主动认罪。因此，目击者多半不会受到法庭上的交叉询问。错误辨认也就鲜有机会被揭露出来。

在韦德、吉尔伯特和斯托瓦尔的案子中，警方均安排了目击者与被告在审前对质，看目击者能否认出被告，这三个案子的判决针对的仅是这一类的案件。这些判决只适用于警方为明确罪犯身份，组织过照片辨认、一对一辨认（将嫌疑人单独呈现给目击者）或列队辨认（向目击者呈现包括嫌疑人在内的多个备选项）的案件。

韦德案的判决在这三项判决中最为有名。被告比利·乔·韦德（Billy Joe Wade）因涉嫌抢劫一家联邦保险银行而被捕。一名辩护律师被指定为他的代理律师，但联邦调查局在未通知律师的情况下，安排两名银行员工进行了列队辨认，队列中包括嫌疑人和另外五六名囚犯。队列中所有人均像抢劫犯那样脸上贴着胶布，然后说"把钱放进袋子里"。银行员工认出了韦德。

庭审时，两名目击证人均表示韦德就是抢劫犯。辩方提出上诉，理由是审前辨认韦德的律师并未在场。美国联邦第五巡回上诉法院撤销了对韦德的判决，原因是在被告律师缺席的情况下进行列队辨认违反了第六修正案赋予被告的权利。

最高法院审理了韦德的案子。该院意识到了错误辨认的问题，指出为获得辨认证据而令被告与受害人或目击者对质，"充满了数不胜数的危险因素和可变因素，可能严重乃至决定性地损害审判的公正性"（388 U.S. 228）。最高法院援引了一些严重舞弊的例子："在加拿大的一个案件中……被告于一个六人队列中被选中，而他是里面唯一的东方人。在其他一些案件中，深色头发的嫌疑人被安插在一组浅色头发的人中间，高个子的嫌疑人与一组矮个子的陪衬对象站在一起。还有一个案子已知罪犯是个年轻人，但在列队辨认时却让不足20岁的嫌疑人与其他五个年过四十的人站在一起。"（388 U.S. 228）

最高法院总结称，审前列队辨认（或一对一辨认）是刑事诉讼的关键环节，嫌疑人有权得到律师的帮助。要求律师在场的目的，是为防止辨认队列组建得不公平。律师在场减少了警方在列队辨认时植入暗示的可能。再者，若目击者认错了人，律师也会知道，不致在今后的听证会和庭审中被掩藏起来。

如果警方在律师缺席的情况下安排了列队辨认，之后要进行任何当庭辨认，都必须先举行听证会（没有陪审团在场）。检方必须在听证会上清楚地表明，当庭辨认的依据独立于之前非法的列队辨认。因此，假如检方能够证明目击证人与嫌疑人相识多年，这就可以作为当庭辨认有独立依据的证据。

最高法院将韦德案发回初审法院进行听证，以明确该案的当庭辨认是否有独立依据。如果初审法院确信存在独立依据，就将恢复原判。否则将另行重审，这次的陪审团便不能听取银行员工的当庭辨认。

吉尔伯特诉加利福尼亚州案是韦德案的相伴案件。杰西·詹姆斯·吉尔伯特（Jesse James Gilbert）在加州高等法院被判持械抢劫一家储贷社，并在此过程中杀害了一名警察。警方于吉尔伯特遭到起诉和获派律师16天后，在未通知他的律师的情况下，安排吉尔伯特参与了庭审前的列队辨认。庭审时，法庭将目击证人对被告的当庭辨认采纳为证据，而这些证人此前均在列队辨认中见过他。被告持械抢劫和谋杀的罪名成立，被判处死刑。

加州最高法院确认了对吉尔伯特的判决，随后交由美国联邦最高法院复核。联邦最高法院表示对韦德案的判决也适用于这起公诉。最高法院特别提到，没有率先确认当庭辨认是否有独立依据，并未受到非法列队辨认的玷污，就予以采纳是一大错误。不过，吉尔伯特案有一个重要的方面与韦德案稍有不同。在韦德案中，检方尚未提出审前列队辨认的证据，故最高法院命令检方在获准提出该证据之前必须先出示相关的独立依据。主审法官将根据检方出示依据的能力，裁定韦德是否可以获得重审。而在吉尔伯特案中，检方已经提出了审前列队辨认的证据，因此最高法院直接裁定重审。最高法院基本裁定，只要检方将非法列队辨认引入庭审，行如此不公之举，就不会给予他们二次机会证明该证词具备独立依据。最高法院认为，务必要确保执法机关尊重宪法赋予被告的权利，在进行关键的列队辨认时要有律师在场。

第三个案子是斯托瓦尔诉登诺案。凶犯闯入纽约一名医生的家中，刺死了他。医生的妻子也身中十一刀，接受了大规模手术才挽回一命。两天后，一名黑人嫌疑人被带至受害者的病房内，在场的只有他是黑人，由一名警察铐着，按要求说了几句话以进行声音辨认。受害者在病床上认出了西奥多·斯托瓦尔（Theodore Stovall）。庭审时，医生的妻子做出当庭辨认，并证实了她在医院里做过的辨认。西奥多·斯托瓦尔被判有罪，处以死刑。

最高法院裁定韦德案与吉尔伯特案中的原则不具备溯及力。因此，这些原则只适用于 1967 年 6 月 12 日之后的案件，也就是这三项判决发布之后。不过最高法院也对警方在斯托瓦尔案中所使用的辨认程序发表评论称，一对一辨认本身就具有暗示性，因为目击者基本只有一个选择。但该院认为本案情况特殊，一对一辨认实属事出紧急。最高法院最终裁定该案中的一对一辨认虽具有暗示性，但并非没有必要。

最高法院在审查仅以嫌疑人一人进行人身辨认的做法时，承认一对一辨认程序确实有问题，但也总结称："对质过程是否违反正当法律程序，取决于当时的综合情况。"（p. 302）因为斯托瓦尔案的目击者病情危重，辨认斯托瓦尔一事便迫在眉睫。虽然看守所离医院很近，但却无法把目击者带去警局进行列队辨认。把斯托瓦尔带去病房是唯一可行之举。

总之，在斯托瓦尔案中，最高法院表示，任何**不必要的**、会催生不可挽回的错误辨认的暗示性程序，均有违正当程序。但最高法院也承认，有些情况可能有必要采用暗示性程序。这套正当程序的检验标准适用于任何审前辨认程序，无论是 1967 年 6 月 12 日之前的还是之后的。

因此，1967 年由最高法院裁定的这三个案件，为避免错误辨认提供了一些保障：

1. 自 1967 年 6 月 12 日起，任何审前列队辨认和一对一辨认都必须有律师在场。
2. 即便有律师在场，辨认程序也不得存在不必要的暗示性，以免导致错误辨认。否则即违反正当程序。
3. 违反上述保障，将受到多方面的制裁。

最高法院通过这些案件表明，他们意识到了无辩护律师在场的人身辨认可能存在不足，并承认带有暗示性的审前对质会玷污之后的任何辨认。不过，只要能证明辨认的准确性，该院仍准许检方提出证据。

继韦德、吉尔伯特和斯托瓦尔案判决一年后，最高法院审理了西蒙斯诉美利坚合众国案（*Simmons v. United States*, 1968）。该案的目击者于被抢翌日进行了照片辨认，此时被告尚未被捕，最高法院认为这场辨认并未违反正当程序权利。在这个案件中，最高法院对正当程序检验标准的措辞略有变化。在斯托瓦尔案中，说的是任何"具有不必要的暗示性、会催生不可挽回的错误辨认"的对质，即有违正当程序。在西蒙斯案中，说的是"带有不被允许的暗示性以致极有可能导致不可挽回的错误辨认"的辨认程序，即有违正当程序。虽然措辞有所不同，但最高法院认为检验标准没变。最高法院在该案中还探讨了在某些情况下迅速开展辨认程序的必要性，他们认为这样的程序可以证实嫌疑人的清白，是对嫌疑人的保护。被告西蒙斯并没怎么从这项判决中获益，因为最高法院认为事实证明该案几乎不可能认错人，故并未违反正当程序。

1972 年，最高法院审理了柯比诉伊利诺伊州案（*Kirby v. Illinois*）。托马斯·柯比（Thomas Kirby）与一名同伴被捕后，被带到了警察局。警方在他们的随身物品中发现了一些东西，其中有些是近日一起盗窃案失窃的赃物。盗窃案的受害人前往警局，当场认出柯比及其同伴就是窃贼。辨认时没有律师在场。几周后，两人均被控盗窃。伊利诺伊州法院开庭审理此案，盗窃受害人当庭认出了他们。两人皆被判有罪，案子随后呈送最高法院，经裁定罪名成立。

这是韦德、吉尔伯特和斯托瓦尔案所提供的宪法保障逐渐瓦解的伊始。在柯比的案子中，最高法院裁定唯有"抗辩式刑事诉讼程序"开始后，才需要保障律师的权利。换言之，该权利只适用于嫌疑人遭到起诉后的情况。其结果就是：如今警方经常在获得辨认证据之前，推迟正式指控（《时代周刊》，1973 年 4 月 1 日）。

最高法院在审理柯比案的同年，还审理了尼尔诉比格斯案（*Neil v. Biggers*, 1972）。该案中，一名女子在自家光线昏暗的厨房内遇袭，随后被罪犯带到月光下强奸。比格斯在田纳西州法院被判犯有强奸罪，采纳的证据包括案发七个月后，受害人在警局安排的一对一辨认中从样貌和声音上认出了被告。受害人声称自己很清楚地看到了罪犯，先是在室内，继而是在满月的室外，她对自己的辨认确信无疑。最高法院裁定，考虑到案件的综合情况，尽管采用了暗示性程序，但辨认结果依旧可靠，故并未违反正当程序。

最高法院审查了以下五个因素后认定辨认结果可靠：证人观察被告的机会，证人的注意力水平，证人在对质时的准确性，证人在对质时的确定性，犯罪与对质之间的时间间隔。最高法院承认本案的对质具有暗示性，也没有任何有必要尽快进行辨认的特殊情况，却依旧裁定可以采纳辨认证词。这一裁定几乎一味强调辨认结果的可靠性，舍弃了之前的判例所提出的正当程序权利。

这种新趋势在曼森市诉布拉思韦特案（*Manson v. Brathwaite*, 1977）中达到了顶峰。诺埃尔·布拉思韦特（Nowell Brathwaite）在康涅狄格州法院被判非法持有和贩卖海洛因，该案的原委如下：康涅狄格州警察局的黑人警察吉米·格洛弗（Jimmy Glover），向一名毒贩购买海洛因。毒贩打开公寓门进行交易，格洛弗在门前站了约有两三分钟，与毒贩相距两英尺。几分钟后格洛弗向另一名警察描述毒贩称，是个"黑人，身高大约 5 英尺 11 英寸，黑皮肤黑头发，留着短短的爆炸头，颧骨很高,身材魁梧"。另一名警察依据描述怀疑布拉思韦特就是毒贩,于是将布拉思韦特的档案照片留给了格洛弗。两天后格洛弗看了照片,认出照片上的就是毒贩。

被告提出上诉,认为凡是与那张辨认照片有关的证据,无论是否可靠,法庭均应予以排除。因为单独辨别这一张照片既不必要且具有暗示性,故辨认不可靠。最高法院却并不认同。该院表示,无论是1967年之前还是1967年之后,决定所有对质的辨认证词是否可以采纳的关键始终是可靠性。最高法院认为,比格斯案明确提出在评估可靠性时,除了暗示性程序的有害影响外,还须权衡其他因素,包括证人在案发时观察罪犯的机会、证人的注意力水平、证人之前描述罪犯的准确性、证人在对质时表现出的确定性,以及犯罪与对质之间的时间间隔。最高法院审查本案的"综合情况"后表示,并未发现"极有可能导致不可挽回的错误辨认"的情况。该院指出,格洛弗不是普通的目击证人,而是一名受过训练的警察。他有充足的机会观察嫌疑人,他准确地描述了嫌疑人,并肯定地认出照片中的布拉思韦特就是嫌疑人,而且他在案发短短两天后就做出了照片辨认。

故而,尽管最高法院曾为避免错判提供了一些宪法保障,但这层保障后来又被废除了。最高法院起初强调的是正当程序,认为辨认程序应免受暗示性影响。但该院最终却表示必须考虑综合情况,并开始着重强调辨认结果的可靠性,而非取得辨认结果的程序是否可靠。(对这类案件的详尽分析,参见 Sobel, 1972, 1976。)

伍彻(Woocher, 1977)认为,最高法院提出的宪法保障在司法实践中几乎起不到避免因错误辨认而让无辜者蒙冤的作用。特别是柯比案的判决可谓彻底让以前的判例化为乌有,因为最高法院裁定唯有对嫌疑人提起诉讼后,才需要保障律师的权利。尽管事实上在那些除了目击者证词没有其他证据的案件中,警方为获得正式指控嫌疑人的理由,需要先行安排列队辨认或一对一辨认,但最高法院还是得出了上述结论。辨认是需要律师在场的关键时刻，而柯比案的判决却清除了这一保障。再者，若警方有意想在辩护律师不在场的情况下进行列队辨认，他们就可能在完成列队辨认前推迟正式指控。鉴于以上种种问题，伍彻认为有必要建立其他保障，以减少无辜者因被错误辨认而获罪的可能。

那么可以采取怎样的措施呢？伍彻（1977）提出了四种可能：

1. 排除不可靠的目击证据。
2. 严禁仅凭目击辨认证据定罪，也就是说，还需要佐证。
3. 务必给予陪审员告诫性指示。
4. 就目击辨认的不可靠性提出心理学专家证词。

不可靠的目击证据

一种可能的解决方案是，只要辨认证词不可靠，可能造成不公正或偏见，混淆相关问题或误导陪审团就予以排除。例如，目击证人视力极差，或声称在黑漆漆的户外看到罪犯，或隔着极远的距离看到罪犯，法官都可以直接排除其证词。不过，这种解决方案起码存在两个问题。

第一，在某些案件中，如果排除目击者证词，真正有罪的被告就能逃过一劫。即便目击者隔着极远的距离看到罪犯，也仍有可能做出准确辨认，虽然这种可能性不如近距离看到罪犯的可能性大。陪审团有权决定相信这样的辨认，即便观察距离很远，陪审团的决定也可能是合理的。就算是高难度的辨认，有时仍可能是准确的。在其他一些案件中，除高难度的目击辨认外，还有其他证据可以证明被告涉嫌犯罪。结合二者或能使陪审团做出有罪判决，这样的判决可能很合理。但凡认为目击者证词或许不可靠就予以排除，肯定会减少正当定罪的案件数量。

第二个问题是要由谁来判定辨认结果是否不可靠，应当予以排除。

就算是经验丰富的法官，也很难承担这个责任。是否该让一个陪审团负责这项工作，再让另一个陪审团来断案？鉴于陪审团对目击者证词通常缺乏怀疑精神，这招很可能行不通。为做出正确判决，陪审团或许应该听取所有必要的信息，自行判断这些证据是否充分。

佐证

第二种解决方案是严禁仅凭目击辨认证据定罪，也就是说，还需要一些佐证。故而，除目击者证词外，法律还要求提出一些其他信息，诸如在被告的公寓里找到了受害人的钱包，在被告的汽车后备厢里发现了受害人的指纹，等等。没有这些补充证据，目击辨认结果便不能作为呈堂证供。

但这种解决方案存在与上一个方案类似的问题。要求佐证便等于夺走了陪审团的决定权，而非将案件尽数交给陪审团，令其斟酌所有相关证据。再者，还有人将接下一份艰难的工作，负责研判什么样的佐证才构成充分佐证。最后，这种解决方案还会给那些辨认结果高度可靠（譬如受害人与被告相识多年），但缺乏佐证的案件出难题。有罪之人将逍遥法外。

给予陪审团指示

为尽可能减少错判的风险，法庭可以就提出了目击辨认证词的案件，特别给予陪审团告诫性指示。1972年华盛顿特区的一个案子就是这么做的（美利坚合众国诉特尔费尔案，*United States v. Telfaire*）。特尔费尔案的法庭指示经过多次修改，最近的一次修改出自密歇根州律师协会的一个特别委员会之手（Michigan State Bar Special Committee on Standard Criminal Jury Instructions, 1977）。这份指示强调了陪审团应该予以考虑的几个影响目击证人知觉和记忆的因素，旨在令陪审团密切关注目击辨认存在的问题。

  1. 本案存在的一个问题是如何辨认被告就是犯罪人。检方有责任在排除合理怀疑的前提下，证明存在犯罪事实且被告正是实施犯罪之人。

  2. 在斟酌检方是否排除合理怀疑证明了被告就是犯罪人时，你们应虑及以下几点：

  3. 证人观察犯罪行为和犯罪人的机会，包括有效的观察时长、证人在事发前是否有机会看到被告或认识被告、各方之间的距离、当时的光线是否充足、犯罪发生时证人的心理状态，以及影响证人观察犯罪人的其他情形。

  4. 证人在犯罪发生后所做的辨认，必须是其自身记忆的结果。任何后续辨认、辨认的环境、证人表述中的确定性或不确定性、证人辨认时的心理状态以及影响辨认可靠性的其他情况，你们都要予以考虑。发生犯罪到证人看到被告之间的时间间隔，也是影响辨认可靠性的一个因素，同样要予以考虑。

  5. [你们还要考虑证人在任何情形下未能认出被告的情况，或所做审前辨认与当庭辨认结果不一的情况，以及其他任何你们认为会影响辨认的情况。]

  适用须知：第 5 点只适用于有附属证据的情况。

这份指示提供了一些保障，无疑向着正确的方向迈进了一步。但这份指示并未向陪审团提供任何具体信息，供其评估目击者证词的可靠性。然而，法官不能再做出进一步指示的原因有两个。第一，他们不是研究目击能力的专家。第二，他们可能不得不对证据本身做出评价，而身为法官不应这么做。

这种解决方案还存在的一个问题是，陪审员往往不会认真考虑法官所给予的指示。法官的指示往往冗长乏味,许多研究表明,陪审员对这些指示理解得并不充分(Charrow & Charrow, 1978; Sales et al., 1978)。针对目击辨认所做的指示,条条款款冗长难懂,哪怕措辞通俗,也不会得到应有的重视。

值得注意的是,英国的司法机构最近正视了这个问题。英国近日赦免了两个分别因错误辨认而被定罪的人,他们的案子令内政大臣颇受震动,他指派了一个委员会负责调查相关刑法规定和警方的执法程序,该委员会提出了如下建议(Devlin, 1976, pp. 149-150):

> 然而,我们确实希望确保一般情况下,不会仅凭目击者证词就提起诉讼,即便提起诉讼,也将以失败告终。我们认为这些案件应该败诉,因为在我们看来,唯有在特殊情况下,辨认证据才具有充分的可靠性,足以排除对罪行的合理怀疑。我们建议法规应对主审法官提出以下要求:
>
> a. 指示陪审团依据目击者证词定罪是有风险的,除非辨认情况特殊或有其他实质性证据佐证目击证据。
> b. 向陪审团指出哪些情况(如果有的话)可以被视作例外,哪些证据(如果有的话)可以被视作对辨认的佐证。
> c. 若法官无法指出这类情况或证据,则指示陪审团做出无罪判决。

从某种意义上说,德夫林委员会的建议将上述几种方案结合了起来。他们建议主审法官给予陪审团特别指示,此外还建议不得仅凭目击者证词定罪,除非该证词存在特殊情况。

心理学专家证词

如何避免错误辨认的风险?最高法院的判决仅涉及审前对质的正当性,并不涉及目击者证词固有的不可靠性。直接排除不可靠证词和要求提出佐证皆非完美的解决方案，因为它们夺走了陪审团的决定权，还可能让许多真正有罪之人免于获罪。给予陪审团特殊指示，虽在朝着正确的方向迈进，但还不够深入。这些指示并未指导陪审员到底该如何评估目击者证词。

另一种解决方案是允许法官，尤其是陪审团，听取专家证人就影响目击者证词可靠性的因素提供的心理学证词。心理学家可以介绍探究人们感知和回忆复杂事件的能力的研究，并报告研究结果，还可以向陪审团陈述当前案件中存在的可能影响辨认准确性的因素。如此一来，陪审员就能掌握足够的信息，全面而恰当地评估辨认证据。这样的专家证词虽然相对新颖，但已经为全国许多州所采纳。

回顾第四章提到的亚伦·路易斯案，亚伦·路易斯从一家杂货店出来后遭到逮捕，身上还携带着几瓶据说未付款的葡萄酒和啤酒。他之所以被捕是因为华盛顿州这家小杂货店的店员报警称，方才离开的男子就是七周前持刀抢劫他的人。警方在距离杂货店几个街区外的地方，将被告逮捕归案。路易斯否认犯有持械抢劫罪，争辩说那名店员认错了人。在该起持械抢劫案的审判中，唯一不利于被告的证据就是一名目击证人的证词。那名店员的辨认可能正确，也可能错误。

庭审时，辩护律师申请提出专家证词，理由有二：一是探讨人类记忆的本质和目击辨认的心理过程；二是探讨在被告受审的这起刑事案件中存在哪些已知会影响辨认准确性的因素。第一个主要因素是长时间的保持间隔——从事发到后续辨认大约已经过去了七周。第二个主要因素是无意识迁移——被告声称他曾在该店员当班时多次去过那家杂货店，那名店员一定是把他和抢劫犯弄混了。心理学家最终介绍了一些针对保持间隔和无意识迁移现象的实验室研究。

副检察官反对采纳心理学家的证词，称这是对陪审员职权的侵犯。他认为，陪审员有权决定目击者证词的分量。尽管如此，高等法院还是采纳了证词。陪审团仅商议了两小时，便做出了有罪判决。他们显然是认为目击证人没有认错人。其中一位陪审员后来在采访中被问及："你们是如何看待目击者证词的？"他的回答是："我们相信时间间隔能严重影响一个人的记忆。我们也相信有时会发生无意识迁移。然而……我们认为心理学实验的被试和一个刀架在脖子上的人……二者的经历截然不同！"

在 1977 年 6 月 3 日发生的另一起案件中，佐治亚州苏厄德堡地区的一名美国陆军四级技术军士遭到了袭击。在侦查开始以前，受害人在证词中表示事件大约发生于清晨 5 点。受害人大概在凌晨 3：30 入睡，而后因嘴部受到重击而惊醒。他用手擦了擦嘴，发现自己在流血。"我抬起头来，看到有人用手枪指着我的头。我告诉他：'别开枪，你说什么我都照做！'"罪犯让他脱下裤子，翻身趴在床上。然后，罪犯试图将他的手枪塞入受害人的直肠。随后两人发生了搏斗，发出了很大的叫喊声，最终受害人拿到了手枪，逃到了室外。

事发当晚，受害人签署了一份声明，称："我此前从未见过那个人，但如果再次见到他，我认为我可以认出他。"他接着对罪犯进行了描述，身高在 5 英尺 11 英寸至 6 英尺之间，中等身材，肤色黝黑，留着中等长度的爆炸头。受害人当时似乎喝醉了。"除了他看起来长得很丑以外，我不记得有什么特别之处。"

6 月 9 日，受害人进行了列队辨认。他认出保罗·鲍尔斯（Paul Powers）就是袭击他的人。翌日，受害人与中士山姆·富兰克林（Sam Franklin）之间发生了一起车祸，这时受害人改口称，他认出富兰克林才是袭击他的人。车祸发生时受害人车上还有一名乘客，该乘客证实富兰克林 6 月 3 日早上确实在营区。受害人没有上报此事，因为他听说富兰克林已经被带走了。6 月 14 日的列队辨认中富兰克林和鲍尔斯双双在场，这次受害人选了富兰克林。

同年 9 月，在富兰克林受审的军事法庭上，辩护律师申请心理学家出庭作证，探讨目击辨认的心理过程和本案中存在的一些已知会影响辨认准确性的因素。第一个主要因素是跨种族辨认：目击证人是白人，而被告是黑人。第二个因素是受害人所经受的压力。第三是武器聚焦现象。第四是受害人自己承认，案发前他喝了酒。这些因素每一项都能削弱个体的感知能力和记忆力，更何况相互叠加。最后，心理学家还向陪审团陈述了无意识迁移现象。受害人在车祸中见到富兰克林时，可能觉得他眼熟。这种熟悉感可能源于两人曾在军事基地里照过面，毕竟他们平时就住在同一个地方。受害人可能误将这种熟悉感与之前的案件联系了起来，致使他认为富兰克林就是袭击他的人。

山姆·富兰克林被判无罪。虽然我们难以准确得知每个陪审团做出判决的原因，但本案的陪审团很可能认为，本案的辨认难度相当大，他们无法排除合理怀疑判定被告有罪。

这两个案子不仅显示出心理学家可以向陪审团陈述什么样的因素，还表明有些陪审员听取这样的专家证词后会判被告无罪，而另一些则会做出有罪判决。几乎所有提出了心理学专家证词的案子，庭审程序都相对简单。目击证人在陈述事件经过和后续辨认时，会暴露出案件中存在的多种因素。然后由专家解释这些因素如何影响了辨认的可靠性。理想情况下，心理学家会将相关研究发现与案件中对应的要素联系起来。因此，若案件涉及压力、事后信息或跨种族辨认，心理学家就会做出相关陈述。

法律案例与问题

任何证据，包括心理学家的证词，其基本目的都是为协助陪审团或事实审理者获取信息，从而有能力做出最终判决。美国法院的证据体系建立在两个原则之上：仅采纳具备合理证明或证据价值的事实；除非政策明令禁止，所有具备这种价值的事实均可采纳。

主审法官具有广泛的自由裁量权，用以判断某项证据（包括专家证词）是否有充足的证明价值。法官必须权衡证据的证明价值和可能产生的不利影响，进而裁定是否在本案中予以采纳。陪审团能否从心理学家的专家证词中获得有力帮助，取决于法官的裁定。

这些原则在美利坚合众国诉阿马拉尔案（*United States v. Amaral*, 1975）的上诉判决中得到了重申，为的是阐明心理学专家证词的可采性。被告曼纽埃尔·阿马拉尔（Manuel P. Amaral）于1973年被控抢劫两家国家银行。同年晚些时候，辩护律师在庭审时申请提出一名心理学家的证词，陈述压力对知觉的影响以及目击辨认普遍的不可靠性。初审法院拒绝采纳证词，理由是"不应当夺走陪审团对目击证据和目击辨认有多少分量或多大影响的自主决定权，而让专家证人的证词替他们做出决定"（p. 1153）。阿马拉尔被判有罪，他以若干理由提出上诉，其中一个理由就是初审法院拒绝采纳专家证词。

美国联邦第九巡回上诉法院裁定初审法院排除该证词的做法无误。上诉法院指出，辩护律师并未在任何一名目击证人的辨认中找出混淆或不确定之处。该院虽然承认压力可能影响知觉，但也指出本案的所有目击证人并非都处于同等的压力状态下。一名证人见到抢匪坐在车里，用自己的车挡住银行停车场的出口，另一人通过自家的安防设备见到抢匪抢完银行后出来的样子，还有一人见到抢匪步入银行朝柜员走去。此外，上诉法院还认为辩护律师可以利用交叉询问，追究目击证人的观察能力和观察机会、他的注意力和关注点，以及他的注意力分散程度。阿马拉尔的罪名成立。

阿马拉尔案的判决之所以重要，在于它重申了关于专家证词的一般性原则：

1. 证人必须是具备资格的专家。
2. 证词必须涉及恰当的主题。
3. 证词必须符合公认的解释理论。
4. 证词的证明价值必须超过其不利影响。

再者，上诉法院还指出主审法官在是否采纳证词方面具有广泛的自由裁量权。阿马拉尔案的法官排除该证词，只是行使了正当的自由裁量权。

伍彻（Woocher, 1977）在分析阿马拉尔案的判决时评论称，上诉法院疏忽了一个重要方面：法院并未建立任何准绳协助主审法官行使自由裁量权。主审法官要如何判定专家证人是否真的具备资格，其证词是否涉及恰当的主题，又是否符合公认的解释理论？法官该用什么标准来衡量证词的证明价值和潜在的不利影响？伍彻为所有这些问题提供了一些答案。

就第一个标准即专家是否具备资格而言，法官可以审查有关专家的知识、经验、受训经历或教育背景方面的证据。除拥有实验心理学的高级学位外，专家还应在该领域开展过研究并发表过研究成果。

判断证词的主题由专家出面作证是否恰当，是一项更为棘手的任务。所谓恰当，就是说它必须超出普通人的知识和经验。许多陪审员对可能造成错误辨认的因素，无疑都具备一些常识性的认识。例如，大多数人知道事发和回忆之间的间隔时间越长，记忆就越差。但我们有充分的证据表明，陪审员在这方面缺乏全面的认识。多数情况下，他们认为目击者证词很可靠的直觉，并未得到科学研究的支持——譬如，大多数人没有充分认识到跨种族辨认的问题。恰当的专家证词除了要超越陪审团的常识外，还应当避免侵犯陪审团的职权。那些认为专家证词侵犯了陪审团职权的人的主要理由是，专家证词关系到另一位证人的可信度，而证人是否可信应当由陪审团来判断。然而，在法庭上提出的专家证词并不会对任何特定证人证词的可信度发表意见。心理学家并不会说他认为某些证词是否准确。相反，专家的任务是概括相关心理学发现，列举影响目击者证词可靠性的各种因素。心理学家要说的是一般目击者的观察力和记忆力。然后由陪审团自行判断目击者证词和专家证词分量几何。

第三个标准是专家证词应符合公认的解释理论。这一标准早已被用于判定测谎、声纹鉴定、呼气酒精测试和"吐真剂"等技术和设备的可采性。然而，通常却没有适用于医学和精神病学专家的证词。鉴于这种区别，伍彻作称，符合"公认解释理论"这一要求的应用具有选择性。应用这项标准的案件是那些陪审团可能误以为某种特殊设备，如测谎仪，能神乎其神地揭露真相的案件。唯有当该设备已获得科学界的普遍接受和认可，陪审团才会获准听取详情。就这项标准来看，人们对呼气酒精测试仪已达成合理共识，但对测谎仪还存在普遍争议。而心理学家并不是要为某些神奇的设备作证，只不过是探讨针对目击能力的广泛研究。这种证词更适合归入医学和精神病学的证词范畴，而这类证词并未将符合"公认解释理论"作为可采性标准。

第四个标准是证词的证明价值必须超过其不利影响。伍彻对该标准的分析大致如下：任何证词只要对判定有罪或无罪很重要，就具有证明价值。当目击辨认在案件中起着关键作用时，就多少存在错判的风险，故目击证人的证词和心理学家的证词都必然具备证明价值。只要专家证词论述的因素与正在审理的案件有关，就具有证明价值。陪审员鲜少怀疑目击者证词，而专家证词能提高陪审员怀疑目击者证词的可能性，其价值正在于此。至于不利影响，科学证据使陪审团产生偏向或误导陪审团的可能性始终是存在的。但法官可以采取措施将这种可能降至最低。法官可以告诫陪审员，专家证词只是他们应该考虑的证据之一，并坚决要求专家只陈述有坚实的科学依据且与本案密切相关的研究，最大限度地降低证词可能产生的不利影响。

法院在对阿马拉尔案的判决中认为可采纳的专家证词必须满足四个标准，伍彻仔细分析后得出结论，探讨目击辨认可信度的专家证词符合这些标准。

对阿马拉尔案做出判决一年后，联邦法院再次遇到了这个问题。1973年2月6日，洛杉矶克罗克国家银行遭抢，随后引发了美利坚合众国诉布朗案（*United States v. Brown*, 1974）和美利坚合众国诉诺布尔斯案（*United States v. Nobles*, 1975）。1973年末，三名男子被送上法庭，其中两人就是汤米·布朗（Tommie Brown）和罗伯特·诺布尔斯（Robert Nobles）。检方认为，在其他抢匪看守着各处的顾客和银行职员时，布朗跃至柜员的窗口后面，沿着一个个柜台搜刮钱柜里的现金。在对布朗和诺布尔斯不利的证据中，均存在目击辨认证据。辩护律师申请提出专家证词陈述目击辨认的缺陷，但初审法院拒绝采纳该证词，理由是这种证据会侵犯陪审团的职权，听证所需时间超过证词的证明价值，且辩护律师提出的采纳证词的理由并不充分。不久前才对阿马拉尔案做出判决的上诉法院认为，本案的主审法官拒绝采纳证词的裁定无误。最高法院就这一心理学证词问题发表评论称："我们也不能认定初审法院的做法有误。"（pp. 150-151）

检方公诉约翰逊案（*People v. Johnson*, 1974）是最早处理这个问题的一个州级案件。该案涉及的罪名有：谋杀、抢劫和使用致命武器伤人。依据检方提供的证据，包括小韦尔维·约翰逊（Welvie Johnson, Jr.）在内的三名男子闯入了加州一个小镇上的一家酒品商店。他们在实施抢劫的过程中，枪杀了该店店主，伤及一名顾客，并抢走了2 000美金的纸币。庭审时没有提出针对约翰逊的物证，但却有一名目击证人的辨认证据。辩护律师申请提出一位心理学博士的专家证词，探讨目击者准确感知、回忆和叙述的能力，以及兴奋和恐惧对知觉和回忆造成的影响。初审法院拒绝采纳该证词，宣称这一证词实际上会取代陪审团判定目击者证词的分量和可信度。上诉法院裁定，主审法官的判断完全在其自由裁量权的范围之内。自约翰逊一案判决后，其他加州上诉法院均支持初审法院行使自由裁量权，以侵犯陪审团的职权为由，拒绝采纳心理学专家的证词。同样，其他州的上诉法院，如纽约州和华盛顿州，也采用一样的法律推理，承认主审法官不允许专家威胁陪审团职能的行使。

加拿大上级法院最近也在考虑同样的问题。里贾纳市诉奥迪案（*Regina v. Audy*, 1977）就是个例子。诉讼的起因是1974年10月渥太华地区发生了一起银行抢劫案。案发过程中，抢匪离开银行时，强行抓走了一位名叫加布里埃尔·盖林（Gabriel Guerin）的男子。他被挟为人质，但又在距离银行几个街区外的地方被释放了。盖林和其他几人就是奥迪案的目击证人。

辩方申请提出一名心理学家的证词，对目击辨认、目击者在压力情境中的感知和回忆能力，以及本案中的列队辨认和照片辨认进行一般性的陈述。主审法官拒绝采纳证词，理由众多：证词提供不了多少普通人不知道的东西；证词晦涩难懂；专家将告诫陪审团辨认证据的危险性，而这素来是主审法官的任务。法院担心科学想承担起陪审团的角色。

奥迪被判犯有持械抢劫罪和绑架罪，上级法院同意主审法官的意见，确认了该案的判决。但上级法院似也表明，这样的专家证词在某些情况下是可以采纳的。"就本案的事实看来，我们认为主审法官的裁定无误。在交叉询问或其他环节中，没有出现任何有必要提出专家证据协助陪审团做出判决的事实。我们并不是说在任何情况下，都不可采纳这类证据。我们只是认为本案不具备那样的情况。"（p. 236）

在所有这些案件中，最高法院、州上诉法院或其他上级法院均裁定法官具有广泛的自由裁量权，可以拒绝采纳专家证词。虽然偶尔有些其他理由，但大多数主审法官之所以这么做，是因为专家证词侵犯了陪审团的职权。正如伍彻所分析的那样，我们可以合理地辩称，以这种理由拒绝采纳专家证词缺乏根据。

涉及这一领域的案件少得可怜，而且判决相当一致（即主审法官拒绝采纳证词，上级法院表示认同），乍一看似乎有些奇怪。究其原因是，被告一般只有在专家证词遭到排除且获判有罪的情况下，才会就这一问题提起上诉。如果主审法官采纳专家证词，无论被告获得怎样的判决，都没有理由就这一问题提起上诉。如果被告获判无罪，也同样不会上诉。因此，上级法院受理的始终是专家证词遭到排除且被告被判有罪的案子。这往往使得上报案件在心理学专家证词的问题上存在立场偏向，因为上级法院鲜少推翻主审法官行使自由裁量权做出的裁定。

心理学专家证词的问题

威尔斯（Wells, 1978）提出，心理学专家证词可能含有一个错误假设，即假定法官和陪审员未能认识到目击证人实际比他们想的更容易犯错。而在威尔斯看来，没有实验证据支持法官和陪审员过度相信目击证人这一假设。也许心理学家的专家证词反而会让陪审员和法官过度质疑目击证人。

针对这一批评，我们认为问题不在于事实审理者是过度相信还是过度质疑目击证人。相反，真正的问题是事实审理者是否了解各种环境和内在因素是如何对目击证人的知觉和记忆产生影响的。我们有证据表明，普通人并不完全了解这些因素的运作方式，这正是专家证词可以提供帮助之处。

威尔斯还争辩说，任何专家证人在法庭上就目击证人的对错发表意见，都可能造成严重错误。他说，譬如一位专家研究过案件细节后，可能会向法庭表示该案的列队辨认十分具有偏向性，证人很可能认错了人。但威尔斯认为，真实的案件牵扯到很多因素（光线、呈现时间、保持间隔等），无偏向的列队辨认准确率可能有 0.95，而有偏向的列队辨认准确率也可能有 0.92。偏向性列队辨认也许是会持续产生不利影响，但一个案件中左右辨认准确率的因素太多了，以致根本无法给出任何看似合理的估计。威尔斯此言同样既对又错。任何心理学家若要就某位目击证人的准确率给出一个确切的概率值，这个值必定远远高于实际概率。但心理学家可以只介绍相关因素的作用，如列队辨认中的偏向性，指出其通常会带来的不利影响，不需要对正在审理的案件究竟受到了多大影响发表意见。

第十章 | 目击者与法律系统

伍彻（Woocher, 1977）则指出了另一个不同的问题。辩方提出心理学专家的证词后，检方为应对这个问题，可能认为他们也必须请一位专家来与之抗衡。检方专家可能会弹劾辩方心理学家的作证资格，或攻击他的分析和侧重。而辩方可能会再找一名专家来反驳。专家们的唇枪舌剑就此拉开序幕。因此，法院要选好休战的时机，以免审判旷日持久，使得陪审团困惑不已。鉴于这个问题解决起来相对简单，没必要为这点问题排除所有探讨目击辨认的心理学专家证词。

酿成错判的错误辨认众多，再加上陪审团对目击者证词毫不怀疑地照单全收，致使法律界面临着一个问题。最高法院裁定保障律师在审前辨认中的权利和审前辨认的正当程序时，曾解决了部分问题。然而最近的判决却表明，最高法院为避免错误辨认而提供的保障已形同虚设。排除不可靠辨认、要求提出佐证和给予陪审团告诫性指示，这三种解决方案并不全面，无法交出一份满意的答卷。准许陪审团就影响辨认证据可靠性的因素听取专家证词，这种解决方案从多方面来看似乎都更令人满意。但其法律依据还尚未得到美国法律系统的一致承认。

心理学家在这种情形下所扮演的角色，反映的其实是一个更大的问题，即法律和社会科学之间的关系。20世纪初，明斯特伯格（Munsterberg, 1908）曾主张这两个领域应该增强交流，他的主张有时在法律界看来可能是种冒犯："令人讶异的是，司法工作一味囿于法庭，竟从未咨询过心理学家，向他们寻求现代科学建议可能提供的一切帮助。"（p. 194）事实上，当时的法律界显然多少觉得受到了冒犯。起码从威格莫尔（Wigmore, 1909）写的一篇精彩的讽刺文章中就可见一斑，文章讲的是1909年4月1日的一场审判。原告是最高法院律师协会的成员。被告就是明斯特伯格，他刚出版了那本即将名噪一时的《论证人席》（*On the Witness Stand*, 1908）。原告认为，明斯特伯格对他们做出了失实且具有伤害性的论断。具体说来，原告认为明斯特伯格断言：

1. 心理学已经发展出了非常精确的方法，用以判断证词和判罪的准确性。这些方法经心理学家认可，适用于美国的司法实践。
2. 这些方法优于美国法院的现行方法，不使用这些方法是律师的重大疏忽。

原告认为明斯特伯格的说法不实，损伤了他们良好的声誉，要求赔偿一美元的损失费。他们提出的证据表明：（1）这些心理学方法并不是很精确；（2）这些方法是否适用于美国司法系统，并未获得普遍认可；（3）没有证据显示这些方法优于现行方法（在英文期刊上甚至都找不到相关文章）；（4）法律人士拒绝采用这些方法并非重大疏忽。

辩护律师称，他的当事人对原告并无任何不敬之意，只是想唤起他们的责任感。双方终结辩论后，法官指示陪审团退庭商议判决结果。陪审员们只是相互低语了片刻，很快就宣布他们已达成一致判决，无须进一步商议。陪审团主席宣读了判决结果："我们判定原告胜诉，获赔一美元。"

在陪审员准备离开法院回家之前，法官稍微发表了一些他的个人看法。大意如下：在文明社会中，没有哪个国家的法律界对探索心理学和其他科学中存在哪些能为国家司法系统所用的东西，如此地不屑一顾。

这场审判当然不是真的。庭审日期是愚人节，案子在冯特县（威廉·冯特是公认的实验心理学之父）最高法院进行审理，而协助被告辩护的其中一人叫 X. 佩里·门特[①]先生。读者读到这些信息时，文章的讽刺意味已不言自明。尽管如此，这篇文章还是包含了许多法律界对明斯特伯格的书的真实反应。

这场"审判"已经过去七十年了。如今，心理学发展出的方法已明显更为精确，完全有理由将之应用于美国司法系统。相关研究成果得到广泛发表，而且几乎尽数发表在英文期刊上。法律界似也对此给予了很大的关注，所以时代已经改变。明斯特伯格当含笑九泉。

[①] X. Perry Ment，音近 experiment（实验）。——译者注

第十一章
一起真实的谋杀案：检方公诉加西亚

1977年10月12日，晚上8：30左右，两名男子进入加州沃森维尔市的一家酒品商店内（图11.1）。第一名抢劫犯站到一位年轻男性店员面前，拿枪指着他，要他把钱统统交出来。第二名抢劫犯站在四五英尺远的地方，拿枪指着站在年轻店员身边的另一位年老的男性店员。第一名抢劫犯对店员说："别动，把钱交出来。装进袋子里。不要慌。把钱包也交出来。统统交出来。"年轻的店员随后在将他的钱包放回身后的裤袋时，听到一声枪响。他立马伏倒在地，再抬头看时，第一名抢劫犯已走出门外。第二名抢劫犯仍在门口，脸上还挂着笑容。年老的店员已遭枪杀。

1978年初，两名男子因这起谋杀案被送上法庭，我受辩方传唤就反映目击辨认不可靠的心理学发现出庭作证。

▶▶ 案件背景

两名陌生男子进入乔治酒品商店前后不过五分钟，杀死了一名72岁的店员，诺曼·格洛弗（Norman Glover）。验尸结果表明，他死于

0.38口径的软铅弹。从射入的角度来看，他被子弹击中时一定正弯着腰。骨骼碎片显示，子弹击中骨头后向下反弹，射穿胃部，切断了主动脉。

图11.1　加州沃森维尔市发生抢劫谋杀案的酒品商店

来源：1977年10月，道格拉斯·科尔（Douglas Cole）摄影。

年轻的店员约瑟夫·梅尔维尔（Joseph Melville）目击了整起案件。抢劫犯一走，他就按下了警铃，商店所在街道的巡逻员罗伊·坎贝尔（Roy Campbell）闻讯而来。坎贝尔报告称梅尔维尔当时惊魂未定，只不断地说："两个男的，一个留着胡子，两个男的，一个留着胡子。"坎贝尔叫来了警察和救护车，随后便离开了现场。约瑟夫·梅尔维尔被带至沃森维尔警察局接受询问。他最初向警方陈述的部分笔录，透露了案发时的一些情况（1977年10月13日，加州，沃森维尔）：

问：好了，乔。我想让你回想一下今晚案发前几分钟的事，说说你还记得些什么。

答：什么时候之前……

问：就是案发前。他们进入店里之前。

答：我当时正在店里搬货……干到了 8∶20，然后我……我打算去前面休息 10 分钟，帮诺曼接待一下客人。大概 8∶25 的时候，我准备回后面继续搬货，那两个男的就拿着枪进来了。

问：他们直接走进了店里……？

答：就拿着枪直接进来了，指着我们说"把钱交出来"，然后我就拿出了收银机里的钱……

问：谁打开的收银机？

答：我。我装的钱……我本来想把钱直接交给他，但他说要装进袋子里。所以我把钱装进袋子里，然后扔在地上……因为我动作很快，我还记得他说："不要慌。"我觉得有些好笑，叫我"不要慌"。我把钱装进袋子里后，他又要我交出钱包。我把钱包放在柜台上，从中拿出一张 5 美元的钞票，跟他说我就只有这么多，真就这么多。接着，我就把钱包放回自己口袋里。正要放回去的时候，听到了一声枪响，我立马伏倒在地，然后看到诺曼倒在地上，我抬起头来，他们已经走了……

在谈论了抢劫犯使用的枪支和开枪的次数之后，询问的焦点开始转向梅尔维尔对其中一名抢劫犯的描述上，那人他看得最清楚：

问：是名墨西哥裔的成年男性？

答：对。

问：你觉得他多大？

答：大概 35 岁。

问：顶多多少岁？

答：我觉得顶多 37 岁。

问：最少呢？

答：32 岁。

问：那就是在 32 岁到 37 岁之间。

答：对。

问：你觉得他多高？

答：我觉得5英尺7英寸或5英尺8英寸吧。站着的时候，他大概到我这里，我身高6英尺1英寸，所以我觉得他应该是5英尺8英寸。

问：你们站得一样高？

答：不是，我比他高。你说我们站的地方？是，是，一样高。

问：所以你推测是5英尺8英寸？

答：是。

问：体重呢？

答：有点斤两。差不多，175磅或180磅吧。

问：身材相当壮硕？

答：是。

问：那，发色呢？

答：黑色。

问：黑色还是深棕色？

答：黑，就是黑色。

问：直的还是卷的？

答：有点……乱糟糟的。类似我这种，不过是那种散开的。你知道的。

问：多长？

答：可能比我这个，短一点。

……

问：好吧，你说乱糟糟是指……

答：很难形容。

问：是一团乱麻似的还是有些蓬乱？

答：有些蓬乱。

问：你有没有注意到他脸上有什么特征？

答：有胡子。

问：嗯，哪种胡子？

答：就像，呃，像你这种。

问：跟我的有点像。留到唇角下面了吗？

答：我觉得是，稍微下面一点。

问：黑色的胡子？

答：对。

问：嗯，你还记得他的脸有什么其他特征吗？

答：有点圆。标准的圆脸。很标准。

问：好，那牙齿呢？

答：牙齿我没注意。

问：你注意到他脸上有什么疤痕了吗？

答：没有。

问：眼睛呢？眼睛有什么特别的吗？他哪个地方让你印象最深？

答：他手里的枪。他就直接把枪拿在手上。他刚进来时，我还以为是恶作剧。

问：好的，他穿什么衣服？衬衣还是夹克？

答：他没穿夹克。

接下来的几个问题问的都是抢劫犯的穿着。然后：

问：那，他拿的什么武器？

答：一把左轮手枪。我觉得是 0.38 口径的。

问：你说的"左轮手枪"是不是就像这把一样？

答：对。

问：你觉得是 0.38 口径的？

答：是。我在军校的时候打过 0.38 口径的，跟那把枪很像。不然就是 0.357 口径的，但我确定……

问：是 0.38 口径，对吧？

答：但我确定绝对不是 0.22 口径的。

问：蓝钢的？

答：是。可惜我不记得枪柄长什么样了。

问：你觉得那把枪的枪管有多长？

答：眼前这把有多长？

问：两英寸。

答：那把可能有四英寸。这是我的第一感觉。

……

问：好了，我们把他标为一号。墨西哥裔成年男性，32 岁至 37 岁，高约 5 英尺 8 英寸，重 175 磅或 180 磅，身材壮硕，黑发长至衣领处，发型蓬乱。有什么不一致的地方吗？

答：没，我觉得没有。我记不清了，但我觉得没有。

问：黑色胡子，留得略低于唇角，圆脸，着短袖彩色衬衣。

答：对。

问：然后你觉得他拿的是把左轮手枪，0.38 口径、蓝钢、四英寸。

警察还询问了第二名抢劫犯的相貌特征，了解了钱是如何被抢走的，他们都说了些什么，以及最终怎么报的警。

这次询问中有些耐人寻味的地方值得注意。首先，警察在询问时最好可以先让梅尔维尔自行讲述事情经过。接着再采用这种控制叙述的方式。就准确性与完整性而言，这样的程序最为理想。

本案所采用的控制叙述既有比较公允的地方，也有尚待改进之处。"你觉得他多大？"是最为中立的表达。但之后警察问的几个问题，比如"身材相当壮硕？"，使用的就是目击者从未用过的表达。最后在总结梅尔维尔的描述时，警察再次使用了"身材壮硕"这一表达，无异于在暗示这就是梅尔维尔自己说的。

我们还可以看出在这次询问中,目击者有些地方是在猜测。他猜测了枪管的长度和抢劫犯的身高。随着时间的推移,这些猜测很有可能变成目击者的记忆,牢不可破。最后,还有一些证据表明本案存在武器聚焦现象。最起码也有充分的证据显示,梅尔维尔对抢劫犯手中的枪给予了极大的关注。"他哪个地方让你印象最深?"问到这个问题时他的回答是:"他手里的枪。"

梅尔维尔和警察一起绘制了站在柜台前的那名抢劫犯的合成画像(图11.2)。1977年10月15日,梅尔维尔前往位于圣克鲁兹的监狱进行列队辨认,他没有选择任何人。10月26日,他前往位于萨利纳斯的蒙特利监狱进行列队辨认,仍没有选择任何人。当天,回到沃森维尔警察局后,梅尔维尔观看了一大堆黑白照片,他报告称其中一张照片看着很像当时跟他说话的抢劫犯。照片中的人是何塞·加西亚(Jose Garcia)。事实上,那组照片中有两张何塞·加西亚的照片。梅尔维尔跳过了第一张,选择了第二张。当周晚些时候,警察又给梅尔维尔看了同一组照片,梅尔维尔仍选择了加西亚的那张。10月31日,梅尔维尔观看了六张彩色照片。他在翻阅照片时,看到了加西亚的照片。他把它抽出来放在一边,继续看剩余的照片,最后拿起加西亚的照片说:"就是这个人,我忘不了这张脸。"

图11.2 沃森维尔酒品商店抢劫谋杀案的嫌疑人的合成画像

来源:1977年10月13日,圣何塞警察局,画像师汤姆·马克里斯(Tom Macris)绘。

11月3日,梅尔维尔被带往奥克兰进行列队辨认,他从队列中选择了一名男子,因为他的声音听着很像那名抢劫犯。这个人是奥克兰的一名警察。当周晚些时候,警方再次找到梅尔维尔,要他再看一遍那六张彩照。他们想看看他到底更倾向于哪个人——是他根据声音从辨认队列中选出的那人，还是他根据长相从照片中选出的那人。他认定照片是正确的。

何塞·加西亚因涉嫌抢劫、谋杀和使用枪支犯下重罪而被捕。他的登记表上的日期是1977年11月11日，上面显示他出生于1948年，身高5英尺10英寸，体重242磅。加西亚有着浓重的西班牙口音，是加州墨西哥裔监狱帮派"家族帮"（Nuestra Familia）的成员，他背上文着大写的"弗雷斯诺家族帮"几个字。两条手臂上也都有文身：左臂文着深蓝色的粗线条和花朵，还有一个很大的海盗头像，那海盗留着长长的傅满洲式的胡子；右臂文着一个穿泳装的女人，从胳膊肘一直延伸到腋下。由于在使用锯条时出过一次事故，加西亚左手的第二、第三和第四根手指的第二指节只能向下弯着。其拇指关节上文着"弗雷斯诺"一词，下面还有一个十字架。

11月29日，加西亚案预审。梅尔维尔是关键证人（源自加利福尼亚州，圣克鲁兹，庭审笔录）：

问：他们进入店里后发生了什么？

答：勒索——他们一人走到角落的雪茄柜那里，另一人就站在我跟前……

问：然后呢？

答：一号向我勒索钱财。

问：当时你距他有多远？

答：大约两英尺。

问：你能看见他身体的哪部分？

答：上半身。

问：能看到哪只手？

答：我不太确定，但我想还是右手。握枪的手。他用握枪的手拿走了钱。但我不确定,因为我从未看到他的左手。

问:你为什么没看到他的左手?

答:我根本没注意他的左手。可能揣在兜里还是怎样。我不清楚。

梅尔维尔接着讲述了枪击经过、他按下报警按钮、警察赶到现场、他在警局接受询问、绘制画像、警方为了增强他的记忆对他施以催眠和他在多次列队辨认中的表现等。最后:

问:1977 年 10 月 12 日晚 8:30 左右,进入店内的两人中现在是否有人在法庭上?

答:是的,就是被告。

问:请你指出此人,以便记录。

答:(伸手指了指)

法官:他穿什么衣服?坐在哪个位置?

证人:身着橙色囚衣,坐在左侧。

法官:身着橙色囚衣,坐在左侧?

证人:审判台的左侧。

法官:请记录证人指认了被告加西亚。

预审前,加西亚的辩护律师曾问过:"如果真是加西亚,为什么梅尔维尔没注意到他畸形的左手?为什么没提到他浓重的西班牙口音?"梅尔维尔的预审证词解释了第一个明显的矛盾——他声称没看到嫌疑人的左手。他说嫌疑人右手持枪,并用同一只手拿走了钱袋。第二个明显的矛盾则根本没有做出解释。

问:你还记得那人说了什么吗?

答:"别动,把钱交出来。"

……

问:你当时能看到那人的手吗?

答：只能看到拿枪的手。

问：你有没有在他手上看到什么东西？

答：左轮手枪。

……

问：他说"别动，把钱交出来"之后，你做了什么？

答：我打开收银机，把钱拿出来，准备交给他。他让我把钱放进袋子里。

……

问：你把钱取出来之后，发生了什么？

答：他还要钱包。

问：钱从收银机里取出来之后，你怎么处置那些钱的？

答：我交给他，他让我装进袋子里。

问：你用哪只手交给他的？

答：我吗，右手。

问：当时你的另一只手在做什么？

答：噢，我把钱——我右手拿着袋子，左手把钱放进袋里，然后照他说的那样递给他。

问：然后又发生了什么？

答：他拿了钱袋，还要钱包。

问：他当时和你说话了吗？

答：他说："快点，快点。不要慌，不要慌。"

……

问：你把钱放进袋子里后，怎么处置那个袋子的？

答：我交给了他。

问：他碰那个袋子了吗？

答：是的，他拿走了。

约瑟夫·梅尔维尔并不是唯一一名认出加西亚的目击证人。1977年12月5日，罗伊·坎贝尔向警方提供了一份口供。案发时坎贝尔正与沃森维尔地区的一名地方检察官谈论另一起案件，他说在接到报警得知有人持械抢劫的两三分钟前（他从车载短波电台里听到了报警），他曾看到酒品商店里有两个人。他说他之所以没有早些站出来，是因为他认为他看到的人不符合警方对嫌疑人的描述：两个墨西哥裔，身材苗条，一高一矮。坎贝尔以每小时10英里至20英里的速度驶过商店时，看到有两个墨西哥裔在里面。他开车经过，以斜45度的视角看到了那两人。他从六张彩照里选中了加西亚。不过，坎贝尔承认他此前在报纸上看过加西亚被押去接受预审时的照片。

庭审

加西亚案开庭审理。他的辩护律师，来自加州圣克鲁兹的杰拉尔德·克里斯滕森（Gerald Christensen）和首席侦查员道格拉斯·科尔认为，考虑到本案唯一的证据就是目击者证词，有必要邀请一位心理学家就相关问题出庭作证。证词记录经最低限度的编辑，刊于本书附录。

这份证词从探讨我的资格开始。我们有必要向法庭和陪审团表明，这位心理学家（或其他任何专家）有资格就要探讨的主题出庭作证。证词的主要内容从简要探讨人类记忆的本质说起：记忆不似录像机，人们不会呆坐着被动地接收信息，像录像机一样将一切刻录下来。相反，他们会在不同的时间、从不同的来源接收散碎的信息，然后将这些信息整合起来。从某种意义上说，我们实际上是在建构记忆。

我接着解释说心理学家将记忆的过程分作三个主要阶段：获得阶段、保持阶段和提取阶段。在获得阶段，人们会实际目击一些事件，接收相关信息。随后是保持阶段，也就是信息在被调用之前，储存在记忆里的这段时间。最后是提取阶段，在此阶段人们会被问到一些需要进行回忆的问题，并做出回答。这时，记忆的内容就显露出来了。在这三个阶段中，每个阶段都有许多因素会影响目击报告的准确性和完整性。

　　随后我探讨了检方公诉加西亚案中存在的影响目击者证词的心理因素，并介绍了每种因素的相关实验研究。第一个因素是保持间隔，即从事件发生到目击者回忆事件之间的那段时间。梅尔维尔在案发两三周后完成了辨认，但坎贝尔的辨认却已时隔七周之久。第二个因素是压力。我们有理由推断，抢劫谋杀案的目击者会经受极大的压力。事实上，坎贝尔赶到凶杀现场时，据他描述，梅尔维尔正处于惊魂未定的状态。第三个因素是武器聚焦。本案中的两名抢劫犯均持有枪械，他们的武器显然极大地吸引了梅尔维尔的注意。

　　接下来我探讨了跨种族辨认现象。梅尔维尔和坎贝尔均是白人，而抢劫犯是墨西哥裔。我的证词继而谈到了事后信息这一因素。事后信息也是本案的相关因素，因为坎贝尔在辨认前看过报纸刊登的加西亚的照片，这可能填补了他的记忆，就像实验室实验显示的那样。无意识迁移现象也与本案息息相关。目击者起初看到一张照片尚不确定，之后再看到同一个人的另一张照片时，突然就变得比较确定了，可能正是发生了无意识迁移：目击者可能误将看到第二张照片时的熟悉感与发生的事件联系了起来，并未与这种熟悉感的真正来源，也就是之前看过的照片联系起来。梅尔维尔在第一次辨认时，表达了自己的疑虑，但之后再看到别的照片时，却变得越发肯定了。

　　最后，我的证词还介绍了人们倾向于高估复杂事件的持续时间。梅尔维尔说抢劫持续了大约 5 分钟。坎贝尔说他看到了那两人 30 秒。

　　庭审结束后，陪审员开始了他们的审议。他们没能对加西亚做出判决。首席侦查员在庭审后采访了一些陪审员，并于 1978 年 5 月 1 日给我写了一封信，说："无论他们喜不喜欢你，最重要的是他们花了大量时间探讨你的证词。"

1978年5月,加西亚案再次开庭审理。我的证词几乎没有变动,而陪审员也再次未能做出判决。他们在采访中表示,最后一次投票的结果是九票无罪,三票有罪。首席侦查员在1978年6月23日写给我的信中说:"陪审团似乎一致认为,你的证词不仅有价值,还是很实用的工具。"

参 考 文 献

Abernathy, E. 1940. The effect of changed environmental conditions upon the results of college examinations. *Journal of Psychology* 10: 293-301.

Allport, G. W., and L. J. Postman. 1947. *The psychology of rumor*. New York: Henry Holt and Company. Also in *Readings in social psychology*, ed. E. E. Maccoby, T. M. Newcomb, and E. L. Hartley. New York: Holt, Rinehart and Winston, 1958.

Anderson, J. R., and G. H. Bower. 1973. *Human associative memory*. Washington, D.C.: V. H. Winston and Sons.

Baddeley, A. D. 1972. Selective attention and performance in dangerous environments. *British Journal of Psychology* 63: 537-546.

Baltes, P. B., and K. W. Schaie. 1976. On the plasticity of intelligence in adulthood and old age. *American Psychologist* 31: 720-725.

Bartlett, F. C. 1932. *Remembering: a study in experimental and social psychology*. London: Cambridge University Press; New York: Macmillan.

Berkun, M. M., H. M. Bialek, R. P. Kern, and K. Yagi. 1962. Experimental studies of psychological stress in man. *Psychological Monographs* 76, no. 15.

Bird, C. 1927. The influence of the press upon the accuracy of report. *Journal of Abnormal and Social Psychology* 22: 123-129.

Blakemore, C. 1977. The unsolved marvel of memory. *The New York Times Magazine*, Feb. 6. (Rpt. in *Readings in psychology 78/79*. Guildford, Conn.: Annual Editions, Dushkin Publishing Group, 1978.)

Block, Eugene B. 1976. *Hypnosis: a new tool in crime detection*. New York: David McKay.

Borchard, E. M. 1932. *Convicting the innocent: errors of criminal justice.* New Haven: Yale University Press.
Bornstein, M. H. 1974. Perceptual generalization: a note on the peak shift. *Psychological Bulletin* 81: 802-808.
———. 1976. Name codes and color memory. *American Journal of Psychology* 89: 269-279.
Bower, G. H., and M. B. Karlin. 1974. Depth of processing pictures of faces and recognition memory. *Journal of Experimental Psychology* 103: 751-757.
Bregman, A. S. 1966. Is recognition memory all or none? *Journal of Verbal Learning and Verbal Behavior* 5: 1-6.
Bricker, P. D., and A. Chapanis. 1953. Do incorrectly perceived tachistoscopic stimuli convey some information? *Psychological Review* 60: 181-188.
Brigham, J. C., and P. Barkowitz. 1978. Do "they all look alike?" The effect of race, sex, experience, and attitudes on the ability to recognize faces. *Journal of Applied Psychology* 8: 306-318.
Brown, E., K. Deffenbacher, and W. Sturgill. 1977. Memory for faces and the circumstances of encounter. *Journal of Applied Psychology* 62: 311-318.
Brown, M. R. 1926. *Legal psychology.* Indianapolis: Bobbs-Merrill.
Bruner, J. S., and L. Postman. 1949. On the perception of incongruity: a paradigm. *Journal of Personality* 18: 206-223.
Buckhout, R. 1974. Eyewitness testimony. *Scientific American* 231: 23-31.
———. 1975. Nearly 2000 witnesses can be wrong. *Social Action and the Law* 2: 7.
———. 1977. Eyewitness identification and psychology in the courtroom. *Criminal Defense* 4: 5-10.
Buckhout, R., D. Figueroa, and E. Hoff. 1975. Eyewitness identification: effects of suggestion and bias in identification from photographs. *Bulletin of the Psychonomic Society* 6: 71-74.
Bugelski, B. R., and D. A. Alampay. 1961. The role of frequency in developing perceptual sets. *Canadian Journal of Psychology* 15: 205-211.
Burtt, H. E. 1948. *Applied psychology.* New York: Prentice-Hall.

Cady, H. M. 1924. On the psychology of testimony. *American Journal of Psychology* 35: 110-112.
Carmichael, L. C., H. P. Hogan, and A. A. Walter. 1932. An experimental study of the effect of language on the reproduction of visually perceived form. *Journal of Experimental Psychology* 15: 73-86.
Cattell, J. M. 1895. Measurements of the accuracy of recollection. *Science*, n.s. 2: 761-766.

Charrow, V. R., and R. P. Charrow. 1978. The comprehension of standard jury instructions: a psycholinguistic approach. Unpublished (American Institutes for Research).

Clifford, B. R., and J. Scott. 1978. Individual and situational factors in eyewitness testimony. *Journal of Applied Psychology* 63: 352-359.

Cole, W. G., and E. F. Loftus. In press. Incorporating new information into memory. *American Journal of Psychology*.

Crowder, R. F. 1976. *Principles of learning and memory*. Hillsdale, N.J.: Erlbaum Press.

Dale, P. S., E. F. Loftus, and L. Rathbun. 1978. The influence of the question on the eyewitness testimony of preschool children. *Journal of Psycholinguistic Research* 7: 269-277.

Davis, R. D., and D. Sinha. 1950. The effect of one experience upon the recall of another. *Quarterly Journal of Experimental Psychology* 2: 43-52.

Devlin, Honorable Lord Patrick (chair). 1976. *Report to the secretary of state for the home department of the departmental committee on evidence of identification in criminal cases*. London: Her Majesty's Stationery Office.

Doob, A. N., and H. M. Kirshenbaum. 1973. Bias in police lineups — partial remembering. *Journal of Police Science and Administration* 1: 287-293.

Dooling, D. J., and R. E. Christiaansen. 1977. Episodic and semantic aspects of memory for prose. *Journal of Experimental Psychology: Human Learning and Memory* 3: 428-436.

Dritsas, W. J., and V. L. Hamilton. 1977. Evidence about evidence: effects of presuppositions, item salience, stress, and perceiver set on accident recall. Unpublished (University of Michigan).

Eagly, A. H. 1978. Sex differences in influenceability. *Psychological Bulletin* 85: 86-116.

Easterbrook, J. A. 1959. The effect of emotion on the utilization and organization of behavior. *Psychological Review* 66: 183-201.

Ebbinghaus, H. E. 1885. *Memory: a contribution to experimental psychology*. New York: Dover, 1964.

Ellis, H., J. Shepherd, and A. Bruce. 1973. The effect of age and sex upon adolescents' recognition of faces. *The Journal of Genetic Psychology* 123: 173-174.

Erickson, B., E. A. Lind, B. C. Johnson, and W. M. O'Barr. 1978. Speech style and impression formation in a court setting: the effects of "power" and "powerless" speech. *Journal of Experimental Social Psychology* 14: 266-279.

Evans, F. J., and J. F. Kihlstrom. 1975. Contextual and temporal disorganization during posthypnotic amnesia. Paper presented at the American Psychological Association, Chicago.

Eysenck, H. J. 1967. *The biological basis of personality*. Springfield, Ill.: Thomas.

Federal Rules of Evidence for United States Courts and Magistrates. 1975. St. Paul, Minn.: West Publishing Company.

Feingold, G. A. 1914. The influence of environment on identification of persons and things. *Journal of Criminal Law and Criminology* 5: 39-51.

Feuerlicht, R. S. 1977. *Justice crucified: the story of Sacco and Vanzetti*. New York: McGraw-Hill.

Fischhoff, B. 1975. Hindsight ≠ foresight: the effect of outcome knowledge on judgment under uncertainty. *Journal of Experimental Psychology: Human Perception and Performance* 1: 288-299.

―――. 1977. Perceived informativeness of facts. *Journal of Experimental Psychology: Human Perception and Performance* 3: 349-358.

Fisher, G. 1968. Ambiguity of form: old and new. *Perception and Psychophysics* 4: 189-192.

Frankfurter, F. 1927. *The case of Sacco and Vanzetti*. New York: Little, Brown. (Rpt. Universal Library edition, 1962.)

Garcia, L. T., and W. Griffitt. 1978. Impact of testimonial evidence as a function of witness characteristics. *Bulletin of the Psychonomic Society* 11: 37-40.

Gardner, D. S. 1933. The perception and memory of witnesses. *Cornell Law Quarterly* 8: 391-409.

Gerbasi, K. C., M. Zuckerman, and H. T. Reis. 1977. Justice needs a new blindfold: a review of mock jury research. *Psychological Bulletin* 84: 323-345.

Gilbert v. California. 1967. 388 US 263; 87 S Ct 1951; 18 L Ed 2d 1178.

Goldstein, A. G., and J. Chance. 1964. Recognition of children's faces. *Child Development* 35: 129-136.

―――. 1965. Recognition of children's faces II. *Perceptual and Motor Skills* 20: 548-549.

Hall, D. F., and T. M. Ostrom. 1975. Accuracy of eyewitness identification after biased or unbiased instructions. Unpublished (Ohio State University).

Hall, J. A., R. Rosenthal, D. Archer, M. R. Dimatteo, and P. L. Rogers. 1978. Decoding wordless messages. *Human Nature* 1: 68-75.

Harris, R. J. 1973. Answering questions containing marked and unmarked adjectives and adverbs. *Journal of Experimental Psychology* 97: 399-401.

Hart, J. T. 1967. Memory and the memory-monitoring process. *Journal of Verbal Learning and Verbal Behavior* 6: 685-691.
Hastie, R., R. Landsman, and E. F. Loftus. 1978. Eyewitness testimony: the dangers of guessing. *Jurimetrics Journal* 19: 1-8.
Hastorf, A. H., and H. Cantrill. 1954. They saw a game: a case study. *Journal of Abnormal and Social Psychology* 97: 399-401.
Hilgard, E. R., R. C. Atkinson, and R. L. Atkinson. 1975. *Introduction to psychology*, 6th ed. New York: Harcourt, Brace, Jovanovich.
Hooker, B. 1914. Hugo Munsterberg's "Psychology and social sanity." *The Bookman* 39: 454-457.

Johnson, C., and B. Scott. 1976. Eyewitness testimony and suspect identification as a function of arousal, sex of witness, and scheduling of interrogation. Paper presented at the American Psychological Association, Washington, D.C.
Jones, A. 1977. The Narciso-Perez case: nurse hunting in Michigan. *Nation* 224:584-588.

Kagan, J., R. E. Klein, M. M. Haith, and F. J. Morrison. 1973. Memory and meaning in two cultures. *Child Development* 44: 221-223.
Kay, H. 1955. Learning and retaining verbal material. *British Journal of Psychology* 46: 81-100.
Kintsch, W. 1974. *The representation of meaning in memory*. Hillsdale, N.J.: Erlbaum Press.
Kirby v. Illinois. 1972. 406 US 682; 92 S Ct 1877; 32 L Ed 411.
Kosslyn, S. M. 1975. Information representation in visual images. *Cognitive Psychology* 7: 341-370.

Lakoff, R. 1975. *Language and woman's place*. New York: Harper and Row.
Laughery, K. R., J. E. Alexander, and A. B. Lane. 1971. Recognition of human faces: effects of target exposure time, target position, pose position, and type of photograph. *Journal of Applied Psychology* 55: 477-483.
Lavrakas, P. J., and L. Bickman. 1975. What makes a good witness? Paper presented at the American Psychological Association, Chicago.
Leippe, M. R., G. L. Wells, and T. M. Ostrom. 1978. Crime seriousness as a determinant of accuracy in eyewitness identification. *Journal of Applied Psychology* 63: 345-351.
Lesgold, A. M., and A. R. Petrush. 1977. Do leading questions alter memories? Unpublished (University of Pittsburgh).
Levine, F. J., and J. L. Tapp. 1973. The psychology of criminal identifi-

cation: the gap from Wade to Kirby. *University of Pennsylvania Law Review* 121: 1079-1131.

Lipmann, P. 1911. Pedagogical psychology of report. *Journal of Educational Psychology* 2: 253-261.

Lipton, J. P. 1977. On the psychology of eyewitness testimony. *Journal of Applied Psychology* 62: 90-93.

Loftus, E. F. 1974. Reconstructing memory: the incredible eyewitness. *Psychology Today* 8: 116-119.

———. 1975. Leading questions and the eyewitness report. *Cognitive Psychology* 7: 560-572.

———. 1976. Unconscious transference in eyewitness identification. *Law and Psychology Review* 2: 93-98.

———. 1977. Shifting human color memory. *Memory and Cognition* 5: 696-699.

———. 1978. Reconstructive memory processes in eyewitness testimony. In *Perspectives in law and psychology*, ed. B. D. Sales. New York: Plenum.

Loftus, E. F., D. Altman, and R. Geballe. 1975. Effects of questioning upon a witness' later recollections. *Journal of Police Science and Administration* 3: 162-165.

Loftus, E. F., D. G. Miller, and H. J. Burns. 1978. Semantic integration of verbal information into a visual memory. *Journal of Experimental Psychology: Human Learning and Memory* 4: 19-31.

Loftus, E. F., and J. C. Palmer. 1974. Reconstruction of automobile destruction: an example of the interaction between language and memory. *Journal of Verbal Learning and Verbal Behavior* 13: 585-589.

Loftus, E. F., and G. Zanni. 1975. Eyewitness testimony: the influence of the wording of a question. *Bulletin of the Psychonomic Society* 5: 86-88.

Loftus, G. R., and E. F. Loftus. 1976. *Human memory: the processing of information*. Hillsdale, N. J.: Erlbaum Press.

Luce, T. S. 1974. Blacks, whites and yellows: they all look alike to me. *Psychology Today* 8: 106-108.

Maccoby, E. E., and C. N. Jacklin. 1974. *The psychology of sex differences*. Stanford: Stanford University Press.

Malpass, R. S., and J. Kravitz. 1969. Recognition for faces of own and other race. *Journal of Personality and Social Psychology* 13: 330-334.

Manson v. Brathwaite. 1977. 429 US 1058; 97 S Ct 2243; 50 L Ed 2d 774.

Marquis, K. H., J. Marshall, and S. Oskamp. 1972. Testimony validity as a function of question form, atmosphere, and item difficulty. *Jour-*

nal of Applied Social Psychology 2: 167-186.

Marshall, J. 1966. *Law and psychology in conflict*. New York: Bobbs-Merrill. (Rpt. New York: Anchor Books, Doubleday, 1969.)

Marshall, J., K. H. Marquis, and S. Oskamp. 1971. Effects of kind of question and atmosphere of interrogation on accuracy and completeness of testimony. *Harvard Law Review* 84: 1620-1643.

McCarty, D. G. 1929. *Psychology for the lawyer*. New York: Prentice-Hall.

McKelvie, S. 1976. The effects of verbal labeling on recognition memory for schematic faces. *Quarterly Journal of Experimental Psychology* 28: 459-474.

Michigan State Bar Special Committee on Standard Criminal Jury Instructions. 1977. *Michigan criminal jury instructions* 1. Ann Arbor: Institute of Continuing Legal Education.

Moskowitz, M. J. 1977. Hugo Munsterberg: a study in the history of applied psychology. *American Psychologist* 32: 824-842.

Mueller, J. H., K. L. Bailis, and A. G. Goldstein, 1978. Depth of processing and anxiety in facial recognition. Paper presented at Midwestern Psychological Association, Chicago.

Mueller, J. H., M. Carlomusto, and A. G. Goldstein. 1978. Orienting task and study time in facial recognition. *Bulletin of the Psychonomic Society* 11: 313-316.

Munsterberg, H. 1908. *On the witness stand*. New York: Doubleday, Page.

———. 1914. *Psychology and social sanity*. New York: Doubleday, Page.

Murdock, B. B., Jr. 1974. *Human memory: theory and data*. Hillsdale, N. J.: Erlbaum Press.

My. 1978. The door in the wall. Part 2: Theodore X. Barber. *Human Behavior* 7: 43-46.

Neil v. Biggers. 1972. 409 US 188; 93 S Ct 575; 34 L Ed 2d 401.

Norman, D. A., and D. E. Rumelhart. 1975. *Explorations in cognition*. San Francisco: Freeman.

O'Barr, W. M., and J. M. Conley. 1976. When a juror watches a lawyer. *Barrister* 3: 8-11, 33.

Paivio, A. 1971. *Imagery and verbal processes*. New York: Holt, Rinehart and Winston.

Patterson, K. E., and A. D. Baddeley. 1977. When face recognition fails. *Journal of Experimental Psychology: Human Learning and Memory* 3: 406-407.

Pearlman, S. 1977. The Sawyer brothers. *Good Housekeeping*, August, pp. 82-88.
Penfield, W. 1969. Consciousness, memory, and man's conditioned reflexes. In *On the biology of learning*, ed. K. Pribram. New York: Harcourt, Brace and World.
Penfield, W., and L. Roberts. 1959. *Speech and brain mechanisms*. Princeton: Princeton University Press, 1959.
Penry, J. 1971. *Looking at faces and remembering them: a guide to facial identification*. London: Elek Books.
People v. Anderson. 1973. 389 Mich 1530221; 205 NW 2d 461.
People v. Johnson. 1974. 38 CA 3d 1; 112 Cal Rptr 834 (3rd dist.).
Peterson, M. A. 1976. Witnesses: memory of social events. Ph.D. diss., University of California, Los Angeles.
Piaget, J. 1962. *Play, dreams and imitation in childhood*. New York: W. W. Norton.
Porter, K. A. 1977. The never-ending wrong. *Atlantic Monthly*, June, pp. 38-64.
Powers, P. A., J. L. Andriks, and E. F. Loftus. 1979. The eyewitness accounts of females and males. *Journal of Applied Psychology* 64: 339-347.
Putnam, B. In press. Hypnosis and distortions in eyewitness memory. *International Journal of Clinical and Experimental Hypnosis*.
Pylyshyn, A. W. 1973. What the mind's eye tells the mind's brain: a critique of mental imagery. *Psychological Bulletin* 80: 1-24.

Regina v. Audy. 1977. *Canadian Criminal Cases* (2d), 228-237.
Rouke, F. L. 1957. Psychological research on problems of testimony. *Journal of Social Issues* 13: 50-59.
Rumelhart, D. E., and A. Ortony. 1976. The representation of knowledge in memory. In *Schooling and the acquisition of knowledge*, ed. R. C. Anderson, R. J. Spiro, and W. E. Montague. Hillsdale, N. J.: Erlbaum Press.

Sales, B. D., A. Elwork, and J. J. Alfini. 1978. Improving comprehension for jury instructions. In *Perspectives in law and psychology*, ed. B. D. Sales. New York: Plenum.
Salzberg, H. C. 1977. The hypnotic interview in crime detection. *The American Journal of Clinical Hypnosis* 19: 255-258.
Sarason, I. G., J. H. Johnson, and J. M. Siegel. 1978. Assessing the impact of life change: the development of the Life Experiences Survey. *Journal of Consulting and Clinical Psychology* 46: 932-946.
Sarason, I. G., and R. Stoops. 1978. Test anxiety and the passage of time. *Journal of Consulting and Clinical Psychology* 46: 102-108.
Schaie, K. W., and K. Gribbin. 1975. Adult development and aging. *Annual Review of Psychology* 26: 65-96.
Scott, W. C., and V. Foutch. 1974. The effects of presentation order

and ethnicity on facial recognition. Paper presented at the Oklahoma Academy of Science, Duran.

Shepard, R. N. 1967. Recognition memory for words, sentences and pictures. *Journal of Verbal Learning and Verbal Behavior* 6: 156-163.

Shepard, R. N., D. W. Kilpatrick, and J. P. Cunningham. 1975. The internal representation of numbers. *Cognitive Psychology* 7: 82-138.

Siegel, J. M., and E. F. Loftus. 1978. Impact of anxiety and life stress upon eyewitness testimony. *Bulletin of the Psychonomic Society* 12: 479-480.

Siipola, E. M. 1935. A group study of some effects of preparatory set. *Psychological Monographs* 46: 27-38.

Simmons v. United States. 1968. 390 US 377; 88 S Ct 967; 19 L Ed 2d 1247.

Smith, A. D., and E. Winograd. 1977. Age differences in remembering faces. Paper presented at the Southeastern Psychological Association, Hollywood, Fla.

Snee, T. J., and D. E. Lush. 1941. Interaction of the narrative and interrogatory methods of obtaining testimony. *The Journal of Psychology* 11: 229-336.

Sobel, N. R. 1972. *Eyewitness identification: legal and practical problems.* New York: Clark Boardman. (1976 supplement.)

Sommer, R. 1959. The new look on the witness stand. *Canadian Psychologist* 8: 94-99.

Stafford, C. F. 1962. The child as a witness. *Washington Law Review* 37: 303-324.

Stein, E., ed. 1978. *New frontiers in litigation: twenty-ninth annual Advocacy Institute course handbook.* Ann Arbor: Institute of Continuing Legal Education.

Stern, W. 1910. Abstracts of lectures on the psychology of testimony and on the study of individuality. *American Journal of Psychology* 21: 270-282.

Stovall v. Denno. 1967. 388 US 293, 302; 87 S Ct 1967, 1972; 18 L Ed 2d 1199, 1206.

Stump, A. 1975. That's him — the guy who hit me. *TV Guide*, October 4-10.

Sulin, R. A., and D. J. Dooling. 1974. Intrusion of a thematic guide in retention of prose. *Journal of Experimental Psychology* 103: 255-262.

Swets, J. A., W. P. Tanner, and T. G. Birdsall. 1961. Decision processes in perception. *Psychological Review* 68: 301-340.

Thomas, D. R., and A. L. DeCapito. 1966. Role of stimulus labeling in stimulus generalization. *Journal of Experimental Psychology* 71: 913-915.

Thomas, D. R., A. D. Caronite, G. L. LaMonica, and K. L. Hoving.

1968. Mediated generalization via stimulus labeling: a replication and extension. *Journal of Experimental Psychology* 78: 531-533.

Thorson, G., and L. Hochhaus. 1977. The trained observer: effects of prior information on eyewitness reports. *Bulletin of the Psychonomic Society* 10: 454-456.

Tickner, A. H., and E. C. Poulton. 1975. Watching for people and actions. *Ergonomics* 18: 35-51.

Trankell, A. 1972. *Reliability of evidence*. Stockholm: Bechmans.

Tversky, A., and D. Kahneman. 1977. Causal schemata in judgments under uncertainty. In *Progress in social psychology*, ed. M. Fishbein. Hillsdale, N. J.: Erlbaum Press.

United States v. Amaral. 1973. 488 F 2d 1148 (9th Cir.).
United States v. Brown. 1974. 501 F 2d 146 (9th Cir.).
United States v. Nobles. 1975. 422 US 225.
United States v. Telfaire. 1972. 469 F 2d 552; 152 US app DC 146.
United States v. Wade. 1967. 388 US 218; 87 S Ct 1926; 18 L Ed 2d 1149.

Varendonck, J. 1911. Les témoignages d'enfants dans un procès retentissant. *Archives de Psychologie* 11: 129-171.

Vidmar, N. 1978. Effects of adversary versus non-adversary investigative procedures on testimonial evidence. Paper presented at the Law and Society Association, Minneapolis.

Wall, P. M. 1965. *Eyewitness identification of criminal cases*. Springfield, Ill.: Charles C. Thomas.

Wells, G. L. 1978. Applied eyewitness-testimony research: system variables and estimator variables. *Journal of Personality and Social Psychology* 12: 1546-1557.

Wells, G. L., M. R. Leippe, M. H. Baumgartner, D. D. Simpson, J. Lingle, N. Geva, R. E. Petty, R. L. Bassett, and T. M. Ostrom. 1977. Guidelines for empirically assessing the fairness of a lineup. Unpublished (Ohio State University).

Wells, G. L., C. L. Lindsay, and T. J. Ferguson. 1979. Accuracy, confidence, and juror perceptions in eyewitness identification. *Journal of Applied Psychology*.

Whipple, G. M. 1909. The observer as reporter: a survey of the "psychology of testimony." *Psychological Bulletin* 6: 153-170.

Whipple, G. M. 1911. The psychology of testimony. *Psychological Bulletin* 8: 307-309.

———. 1912. Psychology of testimony and report. *Psychological Bulletin* 9: 264-269.

———. 1913. Review of "Les témoignages d'enfants dans un procès retentissant," by J. Varendonck. *Journal of Criminal Law and Crimi-*

nology 4: 150-154.

——. 1918. The obtaining of information: psychology of observation and report. *Psychological Bulletin* 15: 217-248.

Wigmore, J. H. 1909. Professor Munsterberg and the psychology of evidence. *Illinois Law Review* 3: 399-445.

Witryol, S., and W. Kaess. 1957. Sex differences in social memory tasks. *Journal of Abnormal and Social Psychology* 54: 343-346.

Woocher, F. D. 1977. Did your eyes deceive you? Expert psychological testimony on the unreliability of eyewitness identification. *Stanford Law Review* 29: 969-1030.

Woodhead, M. M., A. D. Baddeley, and D. C. V. Simmonds. In press. On training people to recognize faces. *Ergonomics*.

Yerkes, R. M., and J. D. Dodson. 1908. The relation of strength of stimulus to rapidity of habit-formation. *Journal of Comparative and Neurological Psychology* 18: 459-482.

Zanni, G. R., and J. T. Offermann. 1978. Eyewitness testimony: an exploration of question wording upon recall as a function of neuroticism. *Perceptual and Motor Skills* 46: 163-166.

Zuckerman, M., and B. Lubin. 1965. *Manual for the multiple affect adjective checklist*. San Diego: Educational and Industrial Testing Service.

附　录

这是1978年3月2日我在加州圣克鲁兹检方公诉加西亚案中所提供的证词，只是略经编辑而已。犯罪经过和致使加西亚被捕的详细情况均见于第十一章。检方对加西亚的指控完全建立在店员梅尔维尔和巡逻员坎贝尔这两名目击证人对被告的辨认之上。因此，在检方（以哈利先生为首）停止举证后，辩方（以克里斯滕森先生为首）开始传唤证人——品格证人、不在场证人和专家证人。

我的证词和所有证词一样，也是从庄严宣誓开始，发誓所言句句属实，完整陈述，绝无虚言。接着，向法庭出示了我的资格证明，包括我的学历、任教经历、出版物（书籍和论文）、专业讲座、由政府资助的实验室研究和之前在其他刑事案件中提供的证词。

然后地方检察官就我收集数据的方法提出了一系列问题。他以几个理由反对提出专家证词，其中部分理由是：（1）我只能就人类的知觉和记忆得出非常笼统的结论，无法就梅尔维尔和坎贝尔这两名目击证人的情况具体而论；（2）专家证词的目的是要以不公正的方式弹劾目击证人；（3）实验情境与真实的抢劫谋杀案有天壤之别。法官裁定采纳证词，于是由辩护律师继续进行直接询问。他提了一长串问题，欲借此让陪审团了解犯罪事件中的哪些因素，经心理学文献证实会影响目击者证词的准确性。

以下是论及可采性问题和相关心理因素的部分证词：

哈利先生：法官大人，我反对洛夫特斯博士提供证词的依据是，首先，她是做实验并依据测试结果发表演讲和写论文的专家，但她不是判断梅尔维尔先生和坎贝尔先生的感知、记忆和辨认能力的专家。她只能谈论她所做的那些一般性的测试，而我认为从资格审查的问题中就可以看出，那些测试针对的显然不是抢劫和谋杀的实际目击者和受害人，她不可能为法庭带来什么专业知识，其目的只有一个，也是我认为辩方之所以提出这一证据的目的。那就是间接弹劾梅尔维尔先生和坎贝尔先生感知、回忆和描述事件经过的能力。在此，我想援引检方公诉约翰逊案，即 38 Cal. 3d 1。

克里斯滕森先生：不是 Cal. 3d 1。

哈利先生：Cal. App. 3d 1。我视力不太好。第六页底部写着："《证据法》第 780 条列举了陪审团应予考虑的多种弹劾证据，其中也包括（c）款，即证人的感知、回忆和沟通能力。与被告的主张相悖，该条款并没有说庭上的任何一方有权传唤证人就另一名证人的能力问题作证，以弹劾后者。"

法官：提出这份证词的目的不是那样的，哈利先生。正如你之前听到过的那样，法庭已明确否决就这一目的提出证词。

哈利先生：我要补充一下我的观点，法官大人。《证据法》第——

法官：你的观点已经说得够清楚的了，我不明白还有什么需要补充之处。

哈利先生：好的，那我就不再赘述了。

法官：好，继续。

哈利先生：《证据法》第 801 条（a）款将专家证词涉及的主题限制在寻常经验范围之外，进而改变了主审法院在自由裁量是否采纳专家证词方面的决定性作用。法官大人，此举的目的似乎是——这也是为何我刚才要问她做了些什么。她说她读了梅尔维尔先生的报告，读了坎贝尔先生的报告，还读了警方就这两人提交的报告。她虽没有提到预审笔录，但很可能也看过。我不清楚。不过如果她确实看过，那她看这些资料并就此作证的唯一理由，就是弹劾这两位证人。

法官：我不同意你的看法。洛夫特斯博士，我希望你也听听这些，了解一下基本法规。我之前说过，在我看来，陪审团应予考虑的相关证据是影响辨认的因素，最好由熟悉这些因素的专家来介绍。刚才你提到了获得、保持、提取。之前，你也在听证会上就我们要考虑哪些重要因素和我们对这些因素的重要性存在哪些误解作过证。你明白我的意思吗？

证人：明白。

法官：那么，在我看来，这些内容陪审团应予考虑。而我们现在讨论这些，洛夫特斯博士读过的报告、预审笔录等，其唯一目的就是让她了解案件的实情。我不会允许克里斯滕森先生以任何方式询问她认为梅尔维尔先生或坎贝尔先生的辨认是对是错。但她有资格谈论如果有人置身类似情形下，像本案那样在商店里遭遇持枪抢劫会涉及哪些因素。你们明白我的意思吗？

克里斯滕森先生：我当然明白您的意思。

证人：我也明白。

哈利先生：法官大人，有一点要澄清一下，会涉及的因素指的是会在她的实验中发挥作用的因素，不是在本案这种现实——

法官：这个问题交给我来处理。洛夫特斯博士，据我理解，在你做过的众多实验中，其中有些实验在你看来足以令你有资格出面探讨我所说的这些因素。是这样吗？

证人：是。

法官：那么现在也有专门研究这一领域的书籍、文章之类的东西吗？

证人：研究这一领域的文章成百上千。

法官：那么我想其中大部分你可能都读过？

证人：对，读过。

法官：你是否也会和其他在心理学领域内有同等资历的人进行交流探讨？

证人：我所属的大多数学会都有年会，我们每年都借此机会聚在一起探讨彼此的研究、新发现和新理论。

法官：那么，在你参与过的实验中，有没有专门旨在获悉我们现在所讨论的这类信息的实验？即有人遭遇抢劫——

证人：有。

法官：——之后又被要求回忆事情经过，这其中存在哪些重要因素？

证人：有。

>> 215

法官：也就是说，有些研究是专门针对这个问题的？

证人：是，有这样的研究。

法官：这些研究除了观看影像外，是否也实际观察过真人？

证人：是。

法官：好了，哈利先生，在我看来，洛夫特斯博士有资格出庭作证。再次重申，我认为没有人能够就别人是否做出了正确辨认发表意见，无论他多有经验，因为我认为这是人类力所不逮之事。只有实际目睹事件的人才知道。但她无疑有资格从她的专业知识出发，谈论影响辨认的重要心理因素和其他因素。

克里斯滕森先生：法官大人，我有意没有运用假设——没有准备复刻本案。我故意问她，是否翻阅过这些资料，她以前也这么做过。我认为这是最公正的方式，既能让她了解本案涉及哪些因素，又不必让她发表意见。因为我们一旦直接论及具体情境，就会变成："倘使有两个人在类似的夜晚，走进类似的酒品商店，拿枪指着别人会怎样？"而我以为这正是您不希望我触碰的话题。所以我请她翻阅这些资料，然后由我就本案可能涉及的因素向她提出引导性问题，询问她那些因素是什么、有什么意义，并不会询问她梅尔维尔先生和坎贝尔先生在特定情形下会是何种想法。我不会问那种问题。

哈利先生：我就知道他要这么做。我反对这样提问，包括提出可能涉及本案的问题。我认为她不可能在不具体而论的情况下，给出他所说的那类回答。

克里斯滕森先生：我想她肯定会说，这些问题可能与本案有关。她做过相关研究。虽然她做了这么多研究，但我并不会问她："基于这一点，你对梅尔维尔先生的辨认结果有何看法？"我不会这么问。我知道法庭也不想让我问这种问题，所以我不会问。但除了问些假设性的问题，我所说的方式就是合法探讨这一领域的唯一方式，而我认为由陪审团来判定事实如何，并最终将其纳入讨论才更为合理、更为公正。

法官：好的，在我看来，现在你有权询问她，人在遭遇抢劫的情况下，有哪些心理因素会对获得、保持和提取产生影响。

克里斯滕森先生：是这样的，证词不止于此。事实上我也会提出一些相关因素，例如，时间间隔。但不会论及本案的具体情形，这一点她可以作证，我仍旧只会问她是否翻阅了相关资料，据资料显示本案是否可能存在某些特定事实。除此，我不会再更进一步，然后就是探讨某些因素，交由陪审团自行斟酌，而我也有辩论的权利。

法官：我认为，你有权这么做。

克里斯滕森先生：谢谢您。

法官：请把陪审团带进来，好吗？

法警：是，法官大人。（下午2点陪审团入席）

法官：继续吧，克里斯滕森先生。

克里斯滕森先生：谢谢您，法官大人。

由克里斯滕森先生继续进行直接询问：

问：洛夫特斯博士，在哈利先生对你进行资格审查之前，我问过你是否熟悉本案，我想你说你很熟悉，对吗？

答：对。

问：你之前在描述记忆的功能时，也简要提到了一些可能影响目击辨认的因素，对吗？

答：没错。

问：我想问你的是，在检方公诉加西亚和洛索亚案中，是否存在某些可能影响目击辨认的因素。你明白我的意思吗？

答：明白。

问：好的。首先，说说保持间隔。你之前和哈利先生也提到了这一点。能为我解释一下是什么意思吗？

答：好的，保持间隔指的是从发生犯罪或其他事件到目击者回忆该事件之间的那段时间。

问：有针对这一领域的研究吗？

答：有很多研究都观测了不同时长的保持间隔所带来的影响。

问：心理学家在这方面是否得出了什么结论？

答：是，有结论。

问：能详细说说有何结论吗？

答：好，我可以用下那张纸吗？

法官：请便。这儿还有一些。

证人：好的，那我先留着备用。诸位请看——这便是心理学家就记忆和保持间隔之间的关系所得出的结论。二者之间的关系是个负加速函数。也就是说，它一开始下降得很快，之后的衰减则大幅变缓。艾宾浩斯于1885年首次发现了这一规律。它被称为遗忘曲线，全国各地的实验室使用不同的材料和不同的目击者均再现了这一发现。该发现主要是说，相比较短的保持间隔，经历了长时间的保持间隔后我们记得的东西要少得多。

问：所以通俗地说就是，随着时间的推移我们会遗忘，对吗？

答：嗯，简单说来，是这样。

问：但我们的遗忘也有某种模式可循。我们在某一阶段忘得比较多，在另一阶段忘得比较少？

答：没错。

问：好的，谢谢你。那么压力因素呢？我这么问，你明白我的意思吗？

答：明白。

问：这个因素是什么意思呢？

答：压力通常指的是——心理学家对压力有多种定义，但通常指的是受到唤醒，产生害怕、不安的感受。这是"压力"一词的常见用法。此外，还有很多学术上的定义。

问：这和目击辨认有什么关系吗？

答：嗯，有关系，因为压力和记忆或目击能力有关。

问：你能介绍一下这其中的关系吗？

答：好的，我用张图表加以说明。

问：麻烦你换一张纸。

答：记忆与压力之间的关系相对复杂一些，这个代表记忆或任意一种认知能力，这个代表压力、恐惧或唤醒，二者的关系呈倒U形。这叫耶克斯—多德森定律，以1908年发现该定律的两位心理学家的名字命名。它表明在非常非常低的压力水平下，譬如你早上刚刚睡醒的时候，和在非常高的压力、恐惧或唤醒水平下，我们的记忆和感知都不如在寻常那种中等强度的最佳压力水平下那么好。

问：也就是说我们在状态良好、头脑清醒的时候，记忆力最好，对吗？

答：没错。对此你可以设想一下，假如你刚出了车祸或经历了什么令你非常紧张、非常不安的事，你不会乐意坐下来解个填字游戏或做些需要集中注意力的事。

问：你说这也关系到记忆，意思是当这条线向上走时就代表着我们的记忆在变好，是吗？

答：没错。

问：而在压力很大或压力很小的情况下，记忆就处于较差水平，不太好。是这个意思吗？

答：没错。

问：好的，那么，武器是不是影响辨认好坏的一个因素呢？

答：是的，这是一个影响因素，事实上，这个因素被称为"武器聚焦"。因为武器往往会吸引目击者的部分注意力，占用目击者的加工时间，令其无暇注意事件的其他方面和其余细节，从而削弱了目击者描述其他细节的能力，不过他们通常都能很好地描述看到的武器。这就是武器聚焦的含义。

问：有没有相关研究解释了人们为什么能够认出武器？

答：俄克拉荷马州立大学近几年进行的一项研究表明，武器聚焦现象确实存在——在有武器的情况下，人们更善于记住武器，但人们这时对手持武器的人的记忆却不像在对应的控制条件下记得那么清楚。不过，我们还不太了解为什么会发生这种现象。只是知道确实存在这种现象，可能与目击者在武器和其他细节上分别耗费了多少观察时间有关。

问：你说"可能"。你能对此给出什么肯定的答复吗？

答：不能。实际上，我认为，如果能设计一个监测眼动模式的实验，就有可能得出答案，但还没有哪个实验运用过如此精密的仪器。

问：你所说的"监测眼动模式"是什么意思？能起到什么作用？

答：我刚才介绍的实验表明，在有武器的情况下，人们会着重关注武器，较少关注其他细节。我们之所以能得知这一点，靠的是人们的最终报告。我们最后会问他们一些问题，而他们能清楚地记得武器，但对面孔的记忆却不太清晰。要想真正证实这是因为他们一直关注着武器所致，最好的办法是设计一项研究，追踪眼球运动——为此你可以使用一种仪器，这种仪器能让你知道人们的目光落在了哪里，但它相当昂贵，大多数科研项目都求之不得。

问：这个概念被称为"武器聚焦"，对吗？

答：对。

问：但这并不一定意味着人们一直盯着武器？

答：我们推测是这样的，因为他们之后记住了武器，而记忆其他细节的能力则受到了损害。

问：就压力和武器聚焦这些因素而言，你是否听过一种说辞——目击者在压力情境下声称，"我永远忘不了那张脸"？

哈利先生：法官大人，我反对这个问题。证人不具备这方面的专业知识。她从未在经历过持枪抢劫的人身上做过类似实验。

法官：哈利先生，我想她之前已经表明，她做过旨在获取这类信息的实验，从这些信息中你可以得知，如有那样的经历，之后的辨认过程可能牵扯到哪些因素。现在，你的意思是想要弄清某件事发生时的状况，唯一的办法就是让相同的事再发生一次吗？这就是你的基本论点吗？

哈利先生：我不是这个意思。

法官：好了，克里斯滕森先生，你能换个问法吗？

克里斯滕森先生（问）：好的，我看看。在你读过或做过的研究中，还有你阅读过的相关文献中，是否有证据显示在压力情境下所说的"我永远忘不了那张脸"，这种说辞是有效还是无效？

哈利先生：法官大人，我反对。她从未说过她做的实验涉及人们说——

克里斯滕森先生：她是这方面的专家，阅读了——

法官：你何不问问洛夫特斯博士，根据她的实验经验，有些人是否倾向于高估自己的辨认结果。重点不就是这个吗？

克里斯滕森先生：是的，特别是身处压力之下时。

法官：好的。

克里斯滕森先生（问）：问题刚才已经说过了。你能作答吗？

答：可以。人们确实高估了他们的辨认准确性，其中部分原因是他们并不了解压力的运作和对记忆的影响。

问：谢谢你。你熟悉"跨种族辨认"这个概念吗？

答：是，熟悉。

问：是什么意思呢？

答：跨种族辨认指的是，一个种族的人要辨认另一个不同种族的人。

问：心理学家研究过这个概念吗？

答：是，研究过。

问：那么结论是？

答：跨种族辨认研究反复发现，我们在辨认其他种族的人时，不如辨认自己种族的人那么好那么准确。

问：有没有专门针对美籍墨西哥裔的研究？

答：没有。这方面的实验——很多跨种族辨认的实验针对的都是白人、黑人、美籍日裔和美籍华裔。研究得出的结论也是基于这些种族的被试人群。美籍墨西哥裔并非研究的主要群体。

问：根据你的背景、经验和教育经历，你认为这些概念是否也适用于白人和美籍墨西哥裔？

答：在我看来，其他群体之间存在的这种跨种族问题，也会扩展到白人和美籍墨西哥裔之间的跨种族辨认，因此这是适用的。

问：谢谢你。为什么辨认其他种族的人更困难，这一点可有定论？

答：这个嘛，我们提出了很多假设。其中最主要的一个假设是，这关系到你在辨认其他种族的人和辨认自己种族的人这两方面各有多少经验、受过多少训练，但就连这个假设也没能站得住脚。有研究表明，就算在辨认其他种族的面孔方面有着丰富的经验、受过大量训练，跨种族问题也依然存在。所以尽管该发现一再得到证实，但我们对此并没有什么很好的解释。

问：这个现象是存在的，但你们不知道原因？

答：没错。

问：你听说过一个叫"事后信息"的概念吗？

答：知道。

问：答得很肯定啊。

答：是的。

问：是什么意思呢？

答：事后信息指的是，需要记忆的事件彻底结束后，目击者通过某种方式接触到的相关信息。

问：心理学家研究过这类信息会给之后的辨认带来什么影响吗？

答：是，研究过。

问：事实上，你之前也提到过，你自己最近就做了一项相关研究，是吗？

答：是的。

问：得出什么结论了吗？

答：研究事后信息的实验发现，人们会接受在保持间隔内插入的信息，就像我在一个实验中于保持间隔内插入了关于谷仓的信息一样。他们会接受这一信息，整合进自己的记忆里，或是对自己的记忆进行补充、改变或增添，从某种意义上讲，该信息已经变成了他们回忆的一部分。人们这么做的概率完全取决于其他一些因素：目击者对需要记住的内容看得有多仔细；事后信息本身有多大说服力。但插入事后信息的方式多种多样。你观看了一个实验，或者听我介绍了一个实验，然后在提问时就会插入事后信息。此外，在听人谈话、与人对话或阅读新闻报道的过程中，也会插入事后信息。通过这些方式接触到的信息，可能成为目击者记忆的一部分，而目击者会对此深信不疑——深深地相信他亲眼见到了耳闻的内容。

问：或是深深地相信他当时看到了实际上是在其他地方看到的东西？

答：嗯，这种情况也是一样。

问：这是否再次说明大脑不是录像机——记忆也不是录像带？

答：针对这个因素的研究，很好地说明了我们是如何从不同的来源乃至不同的形态中获取信息的。比如，你实际上是看到了事件，但之后是听到或读到了事后信息，而你还是会接受这些信息，我们都会这么做，将之整合起来，产生一些与我们的实际经历有别的东西。

问：这方面的研究也开展有一段时间了吗？

答：是的。

问："无意识迁移"，你了解吗？

答：是的。这个术语指的是错误的回忆，或者说将在某个情境中看到的人与在另一个情境或环境中看到的人弄混了。这个定义听着有点绕,我可以借用帕特里克·沃尔(Patrick Wall)书中的一个例子更好地解释它的意思,书名叫《刑事案件中的目击辨认》(*Eyewitness Identification in Criminal Cases*)。沃尔先生举的例子是,一名火车站的售票员遭到了抢劫。我记得是持枪抢劫。售票员随后进行了列队辨认,从中选出了一个水手。水手并没有犯案,他有确凿的不在场证明,但他曾先后三次在这名售票员那里买过车票。不难看出这其中究竟是怎么回事。火车站的售票员,也就是目击者,去做列队辨认。队列中有张面孔他看着眼熟,他误将这种熟悉感与犯罪联系了起来,未能与原本的购票一事联系起来。这就是典型的无意识迁移。

问:除了沃尔先生举的这个例子外,还有其他相关研究吗?

答:是,有的。

问:结论是什么?

答:我们从研究无意识迁移的实验中得知的最主要的一点是,这种现象真实存在,可以在受控的实验室环境下引发这种现象。人们会在实验中看到许多面孔,这些面孔他们之前在不同的时间不同的环境中见到过,他们会误将这些面孔与错误的情境联系起来。

问:谢谢你。我还有最后一个问题,不过我不确定这是个可能影响目击辨认的概念还是因素,什么是时间知觉?人们能正确感知事件的耗时吗,尤其是压力事件?

答:不能。事实上,人们几乎总是高估事件的耗时。事件结束后,若要他们进行回想并尽量准确地估计耗时,他们给出的估时通常都长很多。

问:在这一点上,他们也不至于撒谎。我的意思是,他们不会有意不说实话吧?

答:不会,他们只是要试着给出一个精确的估时,但通常都差很多。说"通常"都太客气了。几乎人人都会高估事件的耗时。

问:我想这也是经过研究的吧?

答:是,有研究。

问:而结论就是你说的,几乎总是高估?

答:是的。

问：你知道原因吗？心理学家知道其中的原因吗？

答：心理学家为了弄清原因，提出了这样的问题：这是不是和一个时间段内是充满活动还是没有太多活动有关？他们在实验中操控这一因素，结果发现答案是肯定的，的确是有关系。充满活动的时间段会让人感觉更长。所以高估耗时可能和该时间段内发生的事情很多有关，相对而言，富于压力的时间段发生的事情可能更多。因此你会发现，即便只是处于压力情境中或有些人平时就觉得很有压力，他们对事件的估时也往往比平均高估的耗时还长。

克里斯滕森先生：谢谢你，博士。我没有其他问题了。

......

由哈利先生进行交叉询问：

问：洛夫特斯博士，这是你说的耶克斯—多德森定律吧？这条曲线会不会始终呈现出相同的形状，是否和下面写的这个压力因素有什么关系？

答：耶克斯—多德森定律确实涵盖各种形状的曲线，但无论如何都是个倒 U 形。只是具体有多高多宽之类的，取决于很多不同的因素。

问：所以这个最低点，我们可以认为是某人睡了个饱觉，早上起来，压力水平低时的状态？

答：一般说来，这里说的压力水平低是指相当低的时候——就算睡了个饱觉，刚刚醒来的那一刻也是一样。

问：也就是说，彻底醒来之后，曲线很快就会上升？

答：这倒不一定，但在日常生活中周围总有事发生，或许到了中午，你就有可能达到这种适当的压力水平，可以发挥出最佳状态。

问：这么说我们应该努力达到曲线的顶端，是吗？

答：我是不知道有没有必要努力达到曲线的顶端。这得看你是不是想拿出最佳表现来。

问：但要是我们想拥有良好的记忆力，就该努力达到曲线的顶端，而不是处于低压力水平或高压力水平的那一端，是这个意思吗？

答：是的。

问：引发压力的事件是否重要，会不会影响这个测试的测量结果？

答：这个问题我没听明白。

问：好的。这么说吧，就用你说的武器聚焦为例。假设有人手持武器，看到武器的人会有相当大的压力，但其中有些人也可能处变不惊，而另一些人则可能极度紧张。是这样吗？

答：这个嘛——

问：根据你做的测试而言。

答：我想可能也有人看到武器也能泰然自若，不会觉得紧张，甚至还能在武器面前保持适当的压力水平。

问：好的，我想从这个例子中弄清楚的就是这个。所以，如果事情很重要，目击者也具备观察的条件或能力，那么依据你用耶克斯—多德森定律打的这个比方，在高压情境下，事件的重要性会产生怎样的影响？对感知者来说事件是举足轻重还是无关紧要，有什么区别？

答：如果一件事——如果这整件事对某人来说很重要，他可能会记得这件事发生过，但是他当时顶着很大的压力，便无法很好地记住事件的细节。而如果你所说的"重要"指的是某些引人注目的细节，例如武器，占据了人们大量的加工资源和注意力。你可能会发现，即便有些干扰，你还是能清楚地记得武器的细节。不过，如果你是顶着高度压力看到了武器，你之后的描述就可能不似用同等时间在中等压力下看到武器时那么准确。

问：所以一个东西重不重要，取决于感知的人，对吗？

答：嗯，重要性取决于目击者，没错。

问：是否也还取决于是核心事件还是边缘事件？

答：是的。

问：所以你在测试中询问人们在刚才的影片中看到了什么的时候，如果问的是核心事件，你便预期回答者会对该事件的细节记得更准确，是吗？对事件中比较重要的部分记得更准确？

答：人们对核心事件的回忆确实优于边缘事件。没错。

问：在压力水平很高的情况下，我们有时会发现这种高压其实是各种重要事件造成的，不是吗？

答：没错。

问：如果有个东西在重要事件中处于核心地位，同时在感知者看来也是高度重要和核心的，那么他就有可能对此记得比较清楚，是这样的吧？

答：是。

问：那么核心因素呢？

答：人们记得比较清楚的也是核心因素，而非边缘因素。

问：根据1880年还是多少年发现的那个遗忘曲线，边缘因素很可能会沿着记忆曲线下降，是这样吗？

答：所有记忆都遵循负加速的遗忘曲线，无论是核心事件还是边缘事件。

问：但准确说来，越是重要的事件，便越不可能从曲线顶端陡转直下，即便下降曲线也可能会绵延相当长的一段时间，不是吗？

答：如果你说的"重要"指的是目击事件中的某一核心物体，那么确实如此，它有可能比边缘物体衰减的速率要慢一些。

问：那么，依据你的测试模式，假设有人观察了一起事件，但并未接触像虚构的谷仓那样的虚假信息，之后再测试他看到了些什么。他起初并不知道事件的重要性，但后来他了解了事件的重要性，确定该事件具有重要意义后，他的记忆是否多少会变得清晰一些？

克里斯滕森先生：我反对。我认为这个问题表述不清。起码我没听明白。

法官：你听懂问题了吗？

证人：没有，能重复一下问题吗？

哈利先生（问）：我换个说法，假设人在你的实验室里看到了一些事情，当时他并没引起重视，但在之后的测试过程中，他得知刚才看到的事情很重要，此时再测试他的记忆的话，他是否多少更有可能记起这个重要事件？

答：比什么更有可能？

问：比不知道事情的重要性的话。

克里斯滕森先生：他是怎么知道哪件事很重要的，这是在假设未经证实之事。谁跟他说的事情很重要？因为他把事情告诉了他们，他们才说这事很重要的吗？

哈利先生：法官大人——

克里斯滕森先生：我们可以到法官席前商讨吗？我认为有这个必要。（双方在法官席前商讨，并未记录。)

法官：好了，继续吧，哈利先生。

哈利先生（问）：洛夫特斯博士，就算有些事起初看到时觉得无关紧要，人们是否也有能力记住这些事？

答：当然，我们身边每时每刻都在发生一些无关紧要的事，那些事我们也能够记住一些。

问：高度压力会干扰记忆细节的能力，这么说是否恰当？

答：是。

问：但我们是不是也可以说，如果事情很重要，观察时的注意力也集中在某一重要事件上，记忆便会得到改善？

答：是的，一些引人注意的特别重要或重大的事件，能够改善或提升人们对这方面的记忆。

问：观察者以前观察某一特定物体或地点的经验，是否足以左右他们能在测试中记住些什么？

答：嗯，当然。如果对某种或某类物体具有预备知识，就能更轻易地感知和记住它们。研究某类叶子的科学家，对这类叶片只消看上一眼，就能感知和记住它的种类。

问：在你做过的测试中，你是否曾在日后再向同一被试呈现同一材料，然后重新测试他们看到了些什么？

答：在我的大多数实验中，通常只会让被试观看一次事件。

问：是那些影片中的事件吗？

答：对，影片。因为我们试着在一定程度上模拟自然发生的事件，这些事件一般只会发生一次。

问：在测试过程中，你有没有发现有人出现了和影片中类似的情形？

答：你是想问，实验中是否真的发生了犯罪？

问：是的。

答：我不知道。

问：这不是你要测试的结果吗？

答：不是。

问：那么是不是可以这么说，纵然你针对武器聚焦现象进行了测试和实验，纵然在有武器的情况下,压力水平会很高,但仍有人能够记住一些事?是这样吗?

答:是,当然没错。

问:但他们记得的是更核心的部分,细节则记不清了?

答:我们只能说,一般情况下,人们更容易记住核心物体、核心事件,而非那些边缘的。

哈利先生:我没有其他问题了,谢谢你,洛夫特斯博士。

法官:克里斯滕森先生?

克里斯滕森先生:我没有要补充的问题。

法官:我有几个问题,但还是先问陪审员要问的问题,由我把问题读出来,我觉得这是最方便的法子。我现在已经熟识一些人的笔迹了,所以其中有两个问题应该是同一个人问的,我就一并读给你听,因为这两个问题可能相关。第一个问题是:"除了坐在房间里观看影片外,被试是否目击过真实的事件?"

证人:是的。在我们的一些实验中,他们观看的就是真实的现场事件,而我们全国各地的同僚也用现场事件做过许多实验,我了解这些实验,研究过他们的方法。通常是在大学校园或哪条街上上演抢包或袭击事件,所以采用现场事件还比较常见,只是不如影片那么常见。因为心理学家希望能控制实验材料,这样每次将材料呈现给新的群体时,你就能确保呈现的材料一模一样,而现场事件每次上演时可能都多少有点不同。

法官:第二个问题的第一部分是:"被试是否在间隔一两个月后接受过测试?"第二部分是:"能否给保持曲线加上一个时间跨度?"

证人:保持间隔的研究跨度从事发后不久到数月不等。我最先想到的一项研究,使用了长达四个月的保持间隔,最终发现被试四个月后的表现相对较差。要给遗忘曲线加上一个时间跨度是不可能的。它完全取决于你观看的材料类型、观看的次数、观看得有多仔细等。我们所知道的只是曲线的大致形状,无法加上一个时间范围。我们无法断言曲线两周后就会趋于平稳之类的。

附 录

由法官进行询问：

问：好了，既然你是位心理学家，我想你对催眠也有些经验吧。

答：我对催眠没什么经验。只是知道。

问：我要问你一个问题，你看你能不能作答。目击者处于催眠状态下时，是否仍存在你提到的无意识迁移？

答：这样吧，就让我简要介绍一下我对催眠的认识，这样您就能明白我对这方面的了解是多么有限。我在哈佛做过一年研究员，那是1975—1976年，在那儿我和一位教授有过大量交流，还一起做了一项研究。这位教授是催眠方面的专家，我们一起做了一个研究催眠和记忆的实验。通过和他交流，还有阅读一些文章，我了解到催眠存在很大的争议，催眠能做些什么，催眠究竟是什么，这些都莫衷一是。在我看来，这种材料能产生——催眠有时能产生使人放松、易于合作的效果，并没有什么神乎其神之处。在这种合作和放松的状态下，人们所产生的念头和想法亦有真有假。

问：我想你可能不愿回答这个问题。我的意思是就催眠和无意识迁移的关系而言，有没有办法弄清处于催眠状态下的人，是否还存在无意识迁移现象？

答：没有办法。我们所知道的只是这个现象确实存在。我们能在实验室里引发这一现象，但不知道哪些条件会影响它发生的概率。

问：下一个问题是：博士的测试和实验结果，还有发表结果的论文，仅是一些理论还是公认的事实？

答：这得看您具体指的是什么。我可以说，今天我在这里说的东西几乎都是既定事实。耶克斯—多德森定律早在我出生以前就被发现了。艾宾浩斯遗忘曲线是心理学上一个相当完善的理论概念。我的实验也都发表在当下最权威的期刊上。

问：意思是这些都代表着你们这一领域的共识，是吗？

答：是，我是这么认为的。

问：我还有一个关于压力的问题。根据我的理解，耶克斯—多德森定律涉及的是一个人耗费在观察的对象，也就是之后需要他回忆的对象上的实际时间,是吗?

答:是的,说的是初次观察的时候。

问:好的。那么,若一个人在回忆时感到很有压力,是否会影响其回忆的能力?

答:我相信有人研究过压力在提取时造成的影响。但我对此了解不多,不足以在此细说。

问:这么说肯定是有影响——

答:在获得阶段肯定有影响。

法官:哈利先生,还有别的问题吗?

哈利先生:是的,法官大人。我想补充一个问题。

进一步的交叉询问:

哈利先生(问):洛夫特斯博士,之前克里斯滕森先生询问"记忆"的普遍定义时,你曾提到过记忆不是录像带,但你并没有说记忆究竟是什么。

答:实验心理学家所说的——我们说记忆不是录像带的意思是,事实不会尽数进入记忆中,被动地停留在那儿,丝毫不被今后的事情所影响。真实的情况是,我们从环境中获取的似乎只是些片段和重点。这些东西进入记忆后,会和我们固有的预备知识和预期相互作用。等事件彻底结束后,还会有新的信息插进来,添补我们的记忆——所以我们认为记忆是一个整合的过程、建构的过程,而不是一个被动记录的过程。

问:难道这不得看一个人是否有能力——与之抗衡吗?你和你的同事之所以断定记忆不是录像带是基于你们的测试,对吗?

答:在一定程度上,是这样。

问:那么根据你们的测试,是否能得出结论说,世上绝没有人拥有影像记忆?

答:"影像记忆"是个通俗的说法。我们实际拥有的与之类似的一种能力叫遗觉象,这种能力偶见于儿童而鲜见于成人。让这类人观看一幅图画后,再把画拿开,他们的脑海中仍能留下完整而清晰的图像,而且持续的时间相对较长——持续数秒,乃至一分钟——但很少见。

问:不过要是真有人有这个本事,他们的记忆岂不是和录像带一样?

答:少数——极少数成人拥有遗觉象记忆,我不清楚这能持续多久。我的意思是，他们确实能将图像在脑海中保留数秒，乃至数分钟，但我不知道究竟能维持多长时间。这是种罕见的现象。起码在成年人中是这样的。非常罕见。

问：如果画一条正态分布的钟形曲线，我们会发现有极少数人能记住所有事，还有极少数人位于曲线底部或另一端，一点儿事都记不住，对吗？

答：有些大脑受损的情况是可能导致记忆全面丧失。

问：大多数人落在两个极端之间，是吧，他们能记住一些事，能修改自己的见闻，也能把这些记忆提取出来，告诉其他人，对吗？

答：我们大多数人是可以轻易做到这些——

问：那么你——

克里斯滕森先生：能让她把话说完吗？

法官：请讲。

证人：大多数情况下，我们的记忆并不需要精确得分毫不差，所以我们不知道自己何时容易记错，也不知道自身记忆的优势在哪儿，因为我们不曾全面测试过我们的记忆。

哈利先生（问）：那么你所做的工作就是测试人们的记忆，从中收集资料，统计数据，然后著书立学，没错吧？

答：是，这是我的部分工作。

哈利先生：谢谢你。

克里斯滕森先生：我没有其他问题了。

法官：非常感谢。

证人：谢谢。

在结辩陈词中，辩护律师多次提及专家证词，以向陪审团表明许多因素都可能影响目击者证词的准确性。最终，陪审团未能就何塞·加西亚的罪行做出判决。我们难以得知每位陪审员对专家证词的具体反应，但庭审结束后，有几位陪审员接受了非正式的采访，他们表示陪审团花了很多时间探讨专家证词。经审议，有些陪审员认为尽管存在一些不利因素，但辨认结果仍可能是准确的。另一些陪审员则提出了合理的怀疑，这些怀疑足以令"无罪"成为他们唯一能做出的判决。

索 引[1]

Acquisition stage 获得阶段
    defined 定义，21-22
    exposure time and 呈现时间与～，23-24
    frequency of exposure and 呈现频率与～，24-25
    detail salience and 细节的显著性与～，25-27
    type of fact and 事实的类型与～，27-31
    violence and 暴力与～，31-32，174
    stress during ～的压力，33-36
    expectations and 预期与～，36-48
    perceptual activity during ～的感知活动，48-49
    advance knowledge and 预先知晓与～，49-51
Advance knowledge 预先知晓
    and witness perception ～与目击感知，49-51
Age 年龄
    and eyewitness ability ～与目击能力，159-163
Annual Advocacy Institute (University of Michigan) 辩护协会年度大会（密歇根大学），78
Anxiety 焦虑，见 Stress 压力

Boston Strangler 波士顿杀人狂，105
Breathalyzer 呼气酒精测试仪，196-197

Coexistence 共存
    vs. alteration ～与改变，115-133
Composite drawings 合成画像，151，209
Confidence 信心
    of witness 目击者的～，19，100-

---

[1] 索引中的页码为英文原书页码，即本书边码，见于正文侧边。——译者注

101, 177

Controlled narrative form 控制叙述式, 90-94, 208

Corroborating evidence 佐证, 188, 201

Cross-racial identification 跨种族辨认, 136-142, 152, 171-173, 193, 214

Detail salience 细节的显著性, 25-27, 63

Devlin Report《德夫林报告》, 8-9, 190

Diary of a Student Revolution《学生革命日记》

 use in experimentation ～在实验中的运用, 56, 71

Event factors 事件因素

 exposure time 呈现时间, 23-24

 frequency of exposure 呈现频率, 24-25

 detail salience 细节的显著性, 25-27

 type of fact 事实的类型, 27-31

 violence of event 事件的暴力程度, 31-32, 174

Expectations 预期, 36-48

 cultural expectations 文化预期, 37-39

 from past experience 源自过往经验的～, 39-40

 personal prejudices 个人偏见, 40-41

 temporary biases 暂时性偏向, 42-47

 positive 积极～, 73

Expert psychological testimony 心理学专家证词, 191-203, 213-215

 probative value of ～的证明价值, 194-200

 problems of ～的问题, 200-203

Exposure to event 接触事件

 length of ～的时长, 23-24

 frequency of ～的频率, 24-25

Eyewitness ability 目击能力

 effect of general anxiety on 广泛性焦虑对～的影响, 153-156

 effect of neuroticism on 神经质对～的影响, 155-156

 effect of gender on 性别对～的影响, 156-159

 effect of age on 年龄对～的影响, 159-163

 effect of training on 训练对～的影响, 163-170

 common beliefs about 对～的普遍认识, 171-177

 另见 Witness perception 目击感知

Eysenck Personality Inventory 艾森克人格调查表, 156

Federal Rules of Evidence《联邦证据规则》, 97

"Flashback" responses "闪回"反应, 116-117

"Forgetting curve" (Ebbinghaus) "遗忘曲线"（艾宾浩斯）, 53

索　引

Freezing effect 冻结效应，84-86，97

Gender 性别
　　and eyewitness ability ～与目击能力，156-159
Gilbert v. California 吉尔伯特诉加利福尼亚州案，180，182-183

Hunting accidents 狩猎事故，36-37，42-43
Hypnosis 催眠，104-108，131
Incentives 奖励
　　and memory ～与记忆，118，120
Interrogator 询问人
　　as authority figure 权威人物作为～，97-98
　　as supportive interviewer 支持型访谈者作为～，99
　　as challenging interviewer 质疑型访谈者作为～，99
Interrogatory report form 询问报告式，90-94

Jury instructions 对陪审团的指示，189-190

Kirby v. Illinois 柯比诉伊利诺伊州案，184-185
"Knew-it-all-along" effect "早就知道"效应，101-104

Labeling 贴标签，80-82
Legal Aid and Defenders Association of Detroit 底特律法律援助与辩护人协会，178
Life Experiences Survey 生活经历调查，154
Likableness 喜好度
　　and witness credibility ～与目击证人的可信度，14，16-17
Lineups 列队辨认，见 Photospreads and lineups 照片辨认和列队辨认

Manson v. Brathwaite 曼森市诉布拉思韦特案，185-186
Memory fragments 记忆片段，111-115
Memory stages 记忆阶段，21-22，213
　　acquisition stage 获得阶段，22-51，174
　　retention stage 保持阶段，52-87，151，176，192，214
　　retrieval stage 提取阶段，88-109，175-176，177
　　另见 Acquisition stage 获得阶段；Retention stage 保持阶段；Retrieval stage 提取阶段
Memory theories 记忆理论，110-133
　　propositional memory 命题记忆，110-111
　　nonpropositional memory 非命题记忆，110-111
　　effect of postevent information on 事后信息对～的影响，112

>> 235

coexistence versus alteration 共存与改变，115-133
    incentives and 奖励和～，118-120
    second-guess technique 二次猜测技术，120-124
    introduction of blatantly false information and 植入明显的虚假信息与～，124-128
    response speed and 回答速度与～，128-130
Michigan State Bar Association 密歇根州律师协会，189
Mistaken identification 错误辨认，1-7，135，152，159，184，187，191，201
Motivation 动机
    and witness credibility ～与目击证人的可信度，17
Multiple Affect Adjective Checklist 多重情绪形容词调查表，154

Narrative report form 叙述报告式，90-94
National Broadcasting Corporation 美国全国广播公司
    experiment conducted by ～开展的实验，135
Neil v. Biggers 尼尔诉比格斯案，185

Paired-associate learning 配对联想学习，120
Peasant Wedding (Pieter Bruegel the Elder)《农民的婚礼》（老彼得·勃鲁盖尔）
    use in experimentation ～在实验中的运用，69-70
People v. Anderson 检方公诉安德森案，179
People v. Garcia 检方公诉加西亚案，204-215
People v. Johnson 检方公诉约翰逊案，198
Perceptual activity 感知活动，48-50
Personal prejudices 个人偏见，40-41
Photo-biased lineups 受照片偏向影响的列队辨认，150-151
Photospreads and lineups 照片辨认和列队辨认，144-152
    detecting biases in 检测～的偏向性，145-148，180-187
    functional size of 辨认队列的有效规模，148-150
Polygraph 测谎仪，131，196-197
Postevent information 事后信息
    memory enhancement and 记忆增强与～，55-56，66
    memory compromise and 记忆折中与～，56-87,176
    non-existent objects as ～中的不存在物体，58-63
    central and peripheral details as ～中的核心细节与边缘细节，63
    timing of ～的时机，64-70
    subjective recollections and 主观记

索引

忆与～，70-72

nonverbal influences as ～中的非语言影响，72-74

official investigations and 正式调查与～，74-77

另见 Retention stage 保持阶段

Psychophysical thresholds 心理物理阈限，120

Recognition 再认

factors affecting 影响～的因素，48-49

of people 对人的～，134-152，156，165-170

Regina v. Audy 里贾纳市诉奥迪案，198-199

Regina v. Shatford 里贾纳市诉沙特福德案，146-148

Retention stage 保持阶段

defined 定义，52-53

retention interval 保持间隔，55-54，151，192，214

postevent information and 事后信息与～，54，78，176

labeling during 在～贴标签，80-82

guessing and 猜测与～，82-84

freezing effects and 冻结效应与～，84-86

另见 Postevent information 事后信息

Retrieval stage 提取阶段

defined 定义，88

retrieval environment 提取环境，89-90

type of retrieval 提取类型，90-94

question wording during ～的问题措辞，94-97，175-176

influence of interrogator during 询问人在～的影响，97-99

confidence of witness and 目击者的信心与～，100-101，177

hypnosis and 催眠与～，104-108

San Francisco cable car nymphomaniac 洛杉矶缆车色情狂，105

San Quentin Six Trial 圣昆廷六囚审判案，171-172

Self-preoccupation scale 自我专注量表，155

Sex 性，见 Gender 性别

Simmons v. United States 西蒙斯诉美利坚合众国案，18

Sixth Amendment 第六修正案，181

Sodium pentothal 硫喷妥钠，115，196

Speech patterns 言语模式，15-17

Spontaneous recovery 自发恢复，117

Stovall v. Denno 斯托瓦尔诉登诺案，180，183-184

Stress 压力，33-36，151，153-156，171-174，214

Supreme Court decisions 最高法院的判决，180-187

>> 237

Tachistoscopic recognition 速示辨认, 120

Temporary biases 暂时性偏向, 42-47

Training 训练
 and eyewitness ability ～与目击能力, 163-170

Unconscious transference 无意识迁移, 142-144, 151, 152, 192, 193, 214

United States v. Amaral 美利坚合众国诉阿马拉尔案, 194-195, 197, 198

United States v. Brown 美利坚合众国诉布朗案, 197-198

United States v. Mills 美利坚合众国诉米尔斯案, 149

United States v. Nobles 美利坚合众国诉诺布尔斯案, 197-198

United States v. Telfaire 美利坚合众国诉特尔费尔案, 189

United States v. Wade 美利坚合众国诉韦德案, 180-182

Violence 暴力
 and memory ～与记忆, 31-32, 174
 另见 Weapon focus 武器聚焦

Witness credibility 目击证人的可信度
 effect of likableness on 喜好度对～的影响, 14, 16-17
 effect of speech patterns on 言语模式对～的影响, 15-17
 effect of jury estimate of motivation on 陪审团揣测的动机对～的影响, 17
 effect of confidence on 信心对～的影响, 19

Witness perception 目击感知, 32-51
 effect of stress on 压力对～的影响, 33-36, 151, 171-172, 173-174, 214
 effect of cultural expectations on 文化预期对～的影响, 37-39
 effect of expectations from past experience on 源自过往经验的预期对～的影响, 39, 40
 effect of personal prejudices on 个人偏见对～的影响, 40-41
 effect of temporary biases on 暂时性偏向对～的影响, 42-47
 effect of advance knowledge on 预先知晓对～的影响, 49-50
 另见 Acquisition stage 获得阶段; Cross-racial identification 跨种族辨认; Eyewitness ability 目击能力

Yerkes-Dodson law 耶克斯—多德森定律, 33

西方心理学大师经典译丛

001	自卑与超越	[奥]	阿尔弗雷德·阿德勒
002	我们时代的神经症人格	[美]	卡伦·霍妮
003	动机与人格（第三版）	[美]	亚伯拉罕·马斯洛
004	当事人中心治疗：实践、运用和理论	[美]	卡尔·罗杰斯 等
005	人的自我寻求	[美]	罗洛·梅
006	社会学习理论	[美]	阿尔伯特·班杜拉
007	精神病学的人际关系理论	[美]	哈里·沙利文
008	追求意义的意志	[奥]	维克多·弗兰克尔
009	心理物理学纲要	[德]	古斯塔夫·费希纳
010	教育心理学简编	[美]	爱德华·桑代克
011	寻找灵魂的现代人	[瑞士]	卡尔·荣格
012	理解人性	[奥]	阿尔弗雷德·阿德勒
013	动力心理学	[美]	罗伯特·伍德沃斯
014	性学三论与爱情心理学	[奥]	西格蒙德·弗洛伊德
015	人类的遗产："文明社会"的演化与未来	[美]	利昂·费斯汀格
016	挫折与攻击	[美]	约翰·多拉德 等
017	实现自我：神经症与人的成长	[美]	卡伦·霍妮
018	压力：评价与应对	[美]	理查德·拉扎勒斯 等
019	心理学与灵魂	[奥]	奥托·兰克
020	习得性无助	[美]	马丁·塞利格曼
021	思维风格	[美]	罗伯特·斯滕伯格
022	偏见的本质	[美]	戈登·奥尔波特
023	理智、疯狂与家庭	[英]	R. D. 莱因 等
024	整合与完满：埃里克森论老年	[美]	埃里克·埃里克森 等
025	**目击者证词**	**[美]**	**伊丽莎白·洛夫特斯**

* * * *

了解图书详细信息，请登录中国人民大学出版社官方网站
www.crup.com.cn

Eyewitness Testimony: With a New Preface

By Elizabeth F. Loftus

Copyright © 1979, 1996 by the President and Fellows of Harvard College

Published by arrangement with Harvard University Press

through Bardon-Chinese Media Agency

Simplified Chinese version © 2022 by China Renmin University Press.

All Rights Reserved.

Figure 3.1 in HUP's edition is not included in the Chinese edition due to third-party copyright.

图书在版编目（CIP）数据

目击者证词 /（美）伊丽莎白·洛夫特斯
（Elizabeth F. Loftus）著；李倩译 . -- 北京：中国
人民大学出版社，2022.8
（西方心理学大师经典译丛）
书名原文：Eyewitness Testimony
ISBN 978-7-300-30797-8

Ⅰ . ①目… Ⅱ . ①伊…②李… Ⅲ . ①证人 – 研究
Ⅳ . ① D915.13

中国版本图书馆 CIP 数据核字（2022）第 122819 号

西方心理学大师经典译丛
目击者证词
［美］伊丽莎白·洛夫特斯　著
李倩　译
Mujizhe Zhengci

出版发行	中国人民大学出版社			
社　　址	北京中关村大街31号	邮政编码	100080	
电　　话	010-62511242（总编室）	010-62511770（质管部）		
	010-82501766（邮购部）	010-62514148（门市部）		
	010-62515195（发行公司）	010-62515275（盗版举报）		
网　　址	http://www.crup.com.cn			
经　　销	新华书店			
印　　刷	北京宏伟双华印刷有限公司			
规　　格	155 mm×230 mm　16开本	版　次	2022年8月第1版	
印　　张	16 插页 2	印　次	2022年8月第1次印刷	
字　　数	201 000	定　价	68.00元	

版权所有　　侵权必究　　印装差错　　负责调换